AF458047

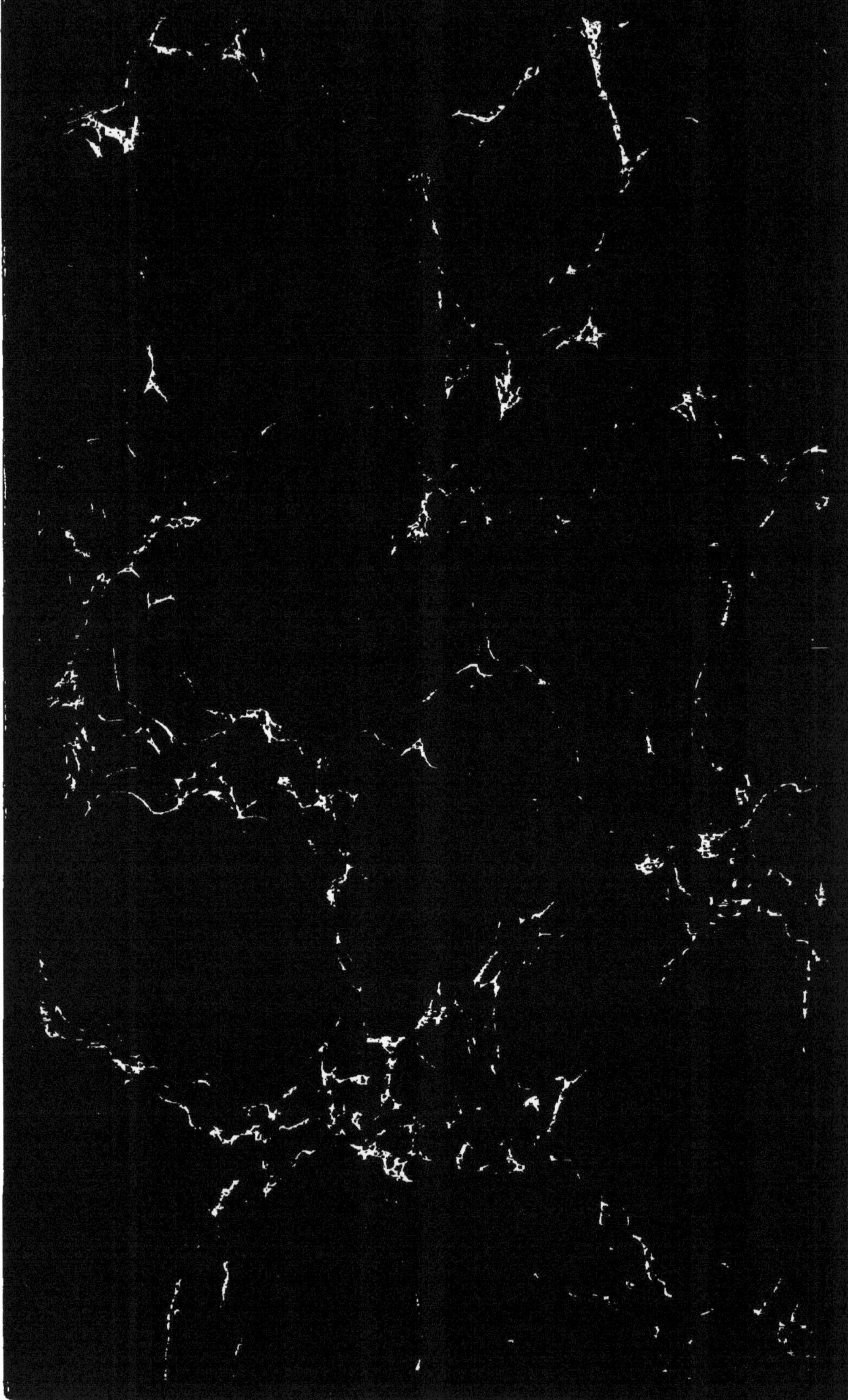

BIBLIOTHÈQUE DES MERVEILLES

PUBLIÉE SOUS LA DIRECTION

DE M. ÉDOUARD CHARTON

GROTTES ET CAVERNES

IMPRIMERIE GÉNÉRALE DE CH. LAHURE
Rue de Fleurus, 9, à Paris

BIBLIOTHÈQUE DES MERVEILLES

GROTTES ET CAVERNES

PAR

ADOLPHE BADIN

OUVRAGE ILLUSTRÉ DE 55 VIGNETTES
PAR CAMILLE SAGLIO

PARIS
LIBRAIRIE DE L. HACHETTE ET Cie
BOULEVARD SAINT-GERMAIN, N° 77

1867

PREMIÈRE PARTIE

TRADITIONS RELIGIEUSES ET HISTORIQUES

Spéos de Phré, à Ebsamboul.

CHAPITRE I.

ANTIQUITÉ ÉGYPTIENNE.

---

§ 1. Le grand *Spéos* d'Ebsamboul.

En remontant le cours du Nil, dans la Nubie inférieure, à soixante lieues Sud-Ouest de la première cataracte, à douze lieues Nord de la dernière, le voyageur, attristé par l'aspect pauvre et désolé du pays, s'arrête tout à coup, frappé d'étonnement et d'admiration, en apercevant au milieu de l'encombrement des sables mouvants du désert, de gigantesques statues taillées en plein dans les flancs d'une colline de grès peu élevée, nommée *Djebel Ebsamboul* (montagne d'Ebsamboul) et qui vient se plonger dans le Nil à la hauteur d'Aboccis.

Ces statues colossales, sculptées en ronde bosse dans le rocher, ont vingt et un mètres de hauteur. Entre les fauteuils où sont assises les deux statues du milieu, on voit une porte étroite : c'est l'entrée d'un *spéos* ou temple souterrain, connu sous le nom de grand temple de Phré ou d'Ebsamboul (quelques voyageurs écrivent Ibsamboul ou même Abou-Sembil) : les quatre statues colossales représentent Rhamsès II, dit le Grand, ou Sésostris, le Pharaon qui construisit ce temple imposant et le consacra au dieu soleil Phré, dont l'image est représentée par la cinquième statue colossale qui surmonte la porte du *spéos*.

En franchissant cette porte, on pénètre dans l'intérieur du temple, qui est digne, en tous points, de la façade. La première salle dans laquelle on entre, est le *pronaos*, vaste salle, large de seize mètres et profonde de dix-sept mètres cinquante centimètres ; elle est soutenue par huit piliers isolés, alignés sur deux rangées, contre lesquels sont adossées huit statues de dix mètres chacune, taillées dans le roc comme les piliers eux-mêmes. Ces huit statues sont debout, les mains croisées sur la poitrine ; elles représentent encore Rhamsès le Grand, et les conquêtes de ce Pharaon sont retracées dans une file de grands bas-reliefs historiques qui ornent les parois à droite et à gauche ;

un de ces bas-reliefs, représentant son char de triomphe, accompagné de groupes de prisonniers nubiens, nègres, etc., de grandeur naturelle, offre une composition de toute beauté et du plus grand effet. L'ensemble de cette vaste et mystérieuse enceinte, qui ne reçoit de jour que par la porte, est saisissant, et les huit statues colossales qui soutiennent le plafond lui donnent un air de grandeur et de solennité fort remarquable.

Du *pronaos* on passe dans le *naos* ou *cella*, salle moins vaste, que supportent par le milieu quatre gros piliers.

Puis, on entre par trois portes différentes dans une troisième pièce, moins vaste encore, qui communique au *sékos* ou sanctuaire, petite salle profonde de sept mètres, au fond de laquelle sont assises sur un même banc quatre belles statues, plus grandes que nature et d'un très-bon travail, représentant les trois divinités de la *Trimourti* ou Trinité égyptienne (Ammon-Rha, Phré, Phtha), puis, assis au milieu d'elles, Rhamsès le Grand.

De chaque côté du sanctuaire, il y a une petite pièce dont l'entrée s'ouvre sur la *cella*. Ces deux petites salles ne semblent pas avoir été terminées.

Après les proportions imposantes de l'ensemble, il faut admirer encore l'exécution des bas-reliefs sculptés et des statues qui décorent chaque salle. Ces statues et ces bas-reliefs paraissent avoir été enduits d'une couche de stuc et peints par-dessus de couleurs riches et variées. Le fond du plafond est bleu; une bordure tricolore ornée d'oiseaux symboliques l'encadre.

Quand on sort de ce *spéos*, les magnificences que

l'on vient d'admirer font trouver plus misérable encore le pays environnant.

Il n'y a pas fort longtemps que ces restes splendides de la vieille civilisation égyptienne sont connus.

En mars 1816, le chevalier Drovetti, consul général de France en Égypte, découvrit par hasard la façade du *spéos*, mais rien ne put faire consentir les superstitieux habitants, pas même l'appât du gain, à lui ouvrir l'issue du temple : les plus grandes calamités devraient fondre sur ces braves gens, si le temple était une fois ouvert aux chrétiens.

Un an plus tard, Belzoni, voyageur anglais, fut plus heureux, il fit déblayer l'entrée et pénétra jusqu'au sanctuaire ; il trouva même dans la grande salle deux sphinx à tête d'épervier (symbole de Phré, le dieu soleil) qu'il fit transporter en Angleterre.

Depuis cette époque, le temple d'Ebsamboul, rendu célèbre par les relations de ces premiers visiteurs, n'a pas cessé d'être le principal objet des excursions des Européens et le sujet de leur admiration.

« C'est la plus gigantesque conception, dit l'un d'eux, M. Ch. Lenormant[1], qu'ait jamais enfantée le génie des Pharaons. »

« Le temple d'Ebsamboul, dit un autre, M. Champollion jeune[2], vaut à lui seul le voyage de Nubie. »

Malheureusement, toutes ces merveilles se dégradent de plus en plus chaque jour.

1. *Esquisse de la basse Nubie.* (*Revue française*, novembre 1839.)

2. *Lettres* écrites d'Égypte et de Nubie en 1828 et 1829.

Quant à l'antiquité de ce *spéos*, quelques écrivains le considèrent comme le modèle primitif de toute l'architecture égyptienne, mais les légendes hiéroglyphiques et les sujets des bas-reliefs paraissent montrer clairement que ce temple appartient à la dix-neuvième dynastie, ou dynastie thébaine, dont le troisième Pharaon, Rhamsès II Meïamoun, ou, si l'on veut, Sésostris, aurait régné de 1400 à 1339 avant Jésus-Christ, ce qui fait une antiquité encore assez respectable.

§ 2. Le petit *spéos* d'Ebsamboul.

Sur le flanc de la même colline dans laquelle est creusé le grand *spéos* d'Ebsamboul, mais plus près du Nil et parallèlement à lui, à une journée environ au-dessous d'Ibrim, l'ancienne Premmis, on voit se développer à plus de vingt-cinq pieds au-dessus des eaux une façade monumentale moins considérable, mais tout aussi remarquable par la perfection des sculptures, que celle du *spéos* de Phré. Elle est également entièrement taillée dans le roc et décorée de six statues colossales de douze mètres environ de hauteur qui se détachent en haut relief sur la masse compacte du rocher ; sa longueur totale est de vingt-sept mètres et sa hauteur de douze mètres.

Ce petit *spéos* est connu sous le nom de petit temple d'Ebsamboul ou de *spéos* d'Hathor. Hathor est le nom de la divinité (la Venus égyptienne) à laquelle ce *spéos* a été dédié par la reine Nofré-Afri, femme de Sésostris.

Les six colosses de la façade forment deux groupes composés d'une figure de femme entre deux figures d'hommes et répétés symétriquement de chaque côté de la porte ; ils représentent, dit-on, la reine Nofré-Afri entre deux figures de son royal époux. Contre les jambes de chaque colosse, on voit deux figures de moindre dimension, quoique cependant doubles encore de la stature humaine : ces figures représentent les fils et les filles du roi et de la reine avec leurs noms et leurs titres ; les fils sont aux pieds de leur père, les filles à ceux de leur mère.

Toutes ces statues sont d'une sculpture excellente et très-finie : les corps de femme surtout ont toute la rondeur et tout le moelleux de la nature ; les autres sont fort élégants aussi, quoique leur principal mérite soit leur style grave, noble et imposant.

L'intérieur de cet élégant *spéos*, pour être moins remarquable que la façade, n'est pas cependant sans intérêt : il est divisé, comme le grand temple, en plusieurs pièces, le *pronaos*, le *naos* ou *cella*, le *sékos* ou sanctuaire, et deux autres petites pièces de chaque côté de la *cella ;* il mesure vingt-trois mètres de profondeur sur seize mètres de largeur. Le plafond du *pronaos* est supporté par six larges piliers carrés un peu massifs posant sur un large socle et couronnés par une tête de femme sculptée en relief.

Les parois de chacune des salles sont ornées de bas-reliefs peints d'un bon style et d'un travail excellent, ainsi que d'un grand nombre d'ornements sculptés et d'hiéroglyphes. Le plafond, peint en bleu, est encadré

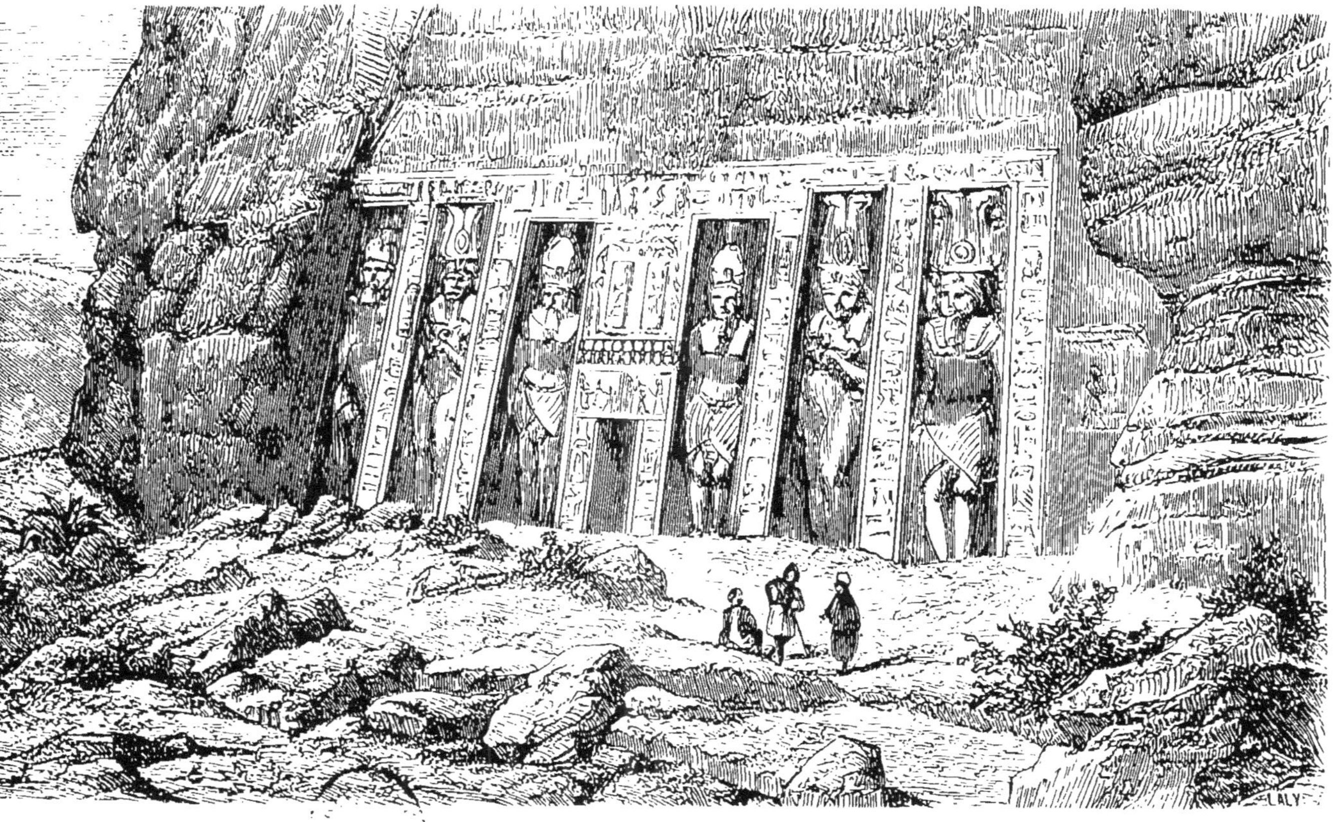

Spéos d'Hathor, à Ebsamboul.

d'une bordure en trois couleurs. Tous ces ornements sont assez bien conservés, mais seulement un peu enfumés par les feux qu'allument les Kennous du voisinage, auxquels le *spéos* sert de refuge ; il y a déjà longtemps, en effet, que les habitants de Beyllagy, village situé à une demi-lieue au sud, et ceux des villages voisins se réfugient avec leurs troupeaux dans ce temple pour échapper aux attaques des Bédouins du Gharb ou de la Libye.

Le *spéos* d'Hathor est de la même époque que celui de Phré ; il remonte au siècle de Sésostris, le quatorzième siècle avant Jésus-Christ.

§ 3. Autres *spéos* de Nubie.

Les deux *spéos* d'Ebsamboul ne sont pas les seuls que l'on rencontre en Nubie. Il en est encore un grand nombre d'autres, qui témoignent de la patience incroyable des anciennes populations égyptiennes, en même temps que de la puissance du sentiment religieux qui les animait. Ces temples souterrains sont fort curieux à visiter, sans approcher toutefois de la beauté et de la magnificence des deux *spéos* que nous avons déjà décrits ; ils sont d'ailleurs construits sur le même plan et semblent se rapporter à la même époque.

Nous citerons parmi les plus remarquables le temple de Derr ou de Derri, qui n'a pas moins de trente-quatre mètres cinquante centimètres de profondeur : il a été également construit par Sésostris et dédié à Ammon-Rha, le dieu suprême, et à Phré, le dieu soleil.

Citons encore les quatre *spéos* connus sous le nom de *Spéos* d'Ibrim; ils sont d'époques différentes, mais appartenant tous aux temps pharaoniques.

Le plus ancien remonte jusqu'au règne de Touthmosis Ier, c'est-à-dire au quinzième siècle avant Jésus-Christ. Quatre figures assises, au tiers de nature, occupent le fond de son enceinte; deux de ces figures, celles qui tiennent le milieu, représentent le Pharaon qui construisit le temple; les deux autres représentent le dieu seigneur d'Ibrim (une des formes du dieu Toth à tête d'épervier) et la déesse Saté (la Junon égyptienne), dame d'Éléphantine et dame de Nubie.

Le second appartient au règne de Touthmosis III (ou Mœris.) La statue de ce Pharaon est assise dans la niche qui occupe le fond de l'enceinte, entre celle du dieu seigneur d'Ibrim et la déesse Saté. Une inscription, placée au-dessus de la porte, indique que ce *spéos* a été construit par les soins d'un prince nommé Nahi, gouverneur de Nubie.

Le troisième est du règne d'Aménophis II, successeur de Touthmosis III.

Le quatrième enfin est moins ancien; il date de Rhamsès le Grand. Il a été construit par un gouverneur de Nubie en l'honneur des dieux d'Ibrim, Hermès à tête d'épervier et Saté, et à la gloire du Pharaon, dont la statue est assise, au fond du *spéos*, entre celles des deux divinités.

Les voyageurs doivent encore aller visiter non loin de Tosco, dans un site remarquable, un monument souterrain assez grossièrement taillé dans le roc et qui semble d'ailleurs avoir servi de sépulture plutôt que de temple.

Burckardt, célèbre voyageur anglais, parle aussi d'un souterrain à peu près semblable, situé au nord d'Ibrim, à une heure de distance du Nil.

Dans les mêmes parages et sur les rives mêmes du fleuve, non loin de l'île de Kette, on voit les entrées d'un certain nombre de tombeaux creusés dans le roc et excavés jusqu'à une hauteur de douze à quinze mètres.

Enfin, il existe encore à Kalabsché, l'ancienne Talmis, deux temples assez remarquables, dont l'un est souterrain.

§ 4. Les *hémi-spéos* de Nubie.

A côté des *spéos*, ou temples complétement souterrains, il est d'autres temples égyptiens dont une partie seulement est creusée dans le rocher et dont l'autre est construite en pierres taillées; on appelle ceux-là des *hémi-spéos*.

De tous les *hémi-spéos* que l'on peut admirer en Nubie, le plus remarquable est celui de Girché (ou Ghirsché, ou même, suivant quelques voyageurs, Gerf-Hussein). Girché est un petit village, situé sur la rive gauche du Nil, dans la basse Nubie, et sur l'emplacement même d'une ancienne ville, nommée Ptaheï ou Typthah, dont il ne reste rien aujourd'hui que ce temple.

La partie la plus ancienne de l'*hémi-spéos* de Girché, et qui était en même temps la plus nécessaire au culte, est creusée dans un rocher calcaire qui s'élève à pic à trois cents pas du rivage. La partie la plus moderne, comprenant l'*area* et les *propylées*, est bâtie en grès; cette dernière partie est à demi détruite : il ne reste guère debout que quatre piliers qui servaient à joindre la colonnade des propylées au *spéos* proprement dit; ces quatre piliers sont ornés de statues colossales coiffées du *pschent* et portant dans leurs mains croisées sur leur poitrine l'aspersoir et la crosse, emblèmes ordinaires d'Osiris.

Le *spéos* proprement dit est divisé, comme les *spéos* que nous avons déjà vus, en *pronaos*, en *naos* et en *sékos*.

Le *pronaos* est une vaste salle soutenue par six énormes piliers dans lesquels on a creusé un nombre égal de colosses de six mètres de hauteur environ, et dont l'exécution barbare et informe offre un singulier contraste avec la perfection du travail des bas-reliefs qui ornent cette même salle. Sur les parois latérales, on voit huit niches carrées renfermant chacune trois personnages debout, grossièrement sculptés en plein relief et représentant les trois grandes divinités de ce temple, Phtah, sa compagne Hathor, et, au milieu d'eux, Rhamsès.

De cette vaste salle on passe dans le *naos* et de là dans le *sékos*, ou sanctuaire, au fond duquel on aperçoit quatre statues assises, plus grandes que nature, qui sont d'une assez bonne sculpture et représentent Phré, Rhamsès, Phtah et Hathor.

Ce *spéos*, qui mesure en tout soixante mètres de longueur, est surtout remarquable par la sévérité de son style et l'aspect imposant de son architecture; jadis ses murs et ses sculptures étaient rehaussés de couleurs qui ont complétement disparu sous une couche épaisse de suie ou de poussière. Ce qui ajoute encore à l'impression profonde que l'on ressent dans ce temple, c'est qu'il ne reçoit d'autre jour que celui de la porte d'entrée.

« L'aspect de ce temple, dit M. Gailhabaud, a quelque chose de primitif qui rappelle la sombre majesté du passé, quelque chose qui attriste le cœur en élevant la pensée. On est saisi d'étonnement en entrant dans ce mystérieux *spéos* et en contemplant les lourdes figures colossales. »

La belle exécution des bas-reliefs, à côté de la sculpture grossière des statues colossales qui, de l'entrée du *spéos*, se dessinent et frappent l'imagination par leurs proportions imposantes, mais qui, vues de près, ne paraissent plus que des masses informes, a fait penser à plusieurs voyageurs que le temple de Girché remontait tout à fait à l'enfance de l'architecture pharaonique, mais qu'il avait été restauré et orné de bas-reliefs par Rhamsès le Grand.

§ 5. Hypogées de Béni-Hassen el Gadim.

Nous citerons encore, avant de terminer ce chapitre, sur un petit plateau de la montagne qui domine le village arabe de Béni-Hassen el Gadim, une trentaine d'hypogées d'une architecture simple et sévère et dont quelques-uns surtout, couverts de peintures variées, sont des plus intéressants.

§ 6. Les grottes de Samoun ou des Crocodiles.

Les fameuses grottes de Samoun, ou des Crocodiles, sont d'immenses souterrains, situés dans la haute Égypte, non loin de Monfalout. Ces souterrains sont remplis d'une quantité incalculable de momies humaines et de momies de quadrupèdes, d'oiseaux, de reptiles, etc.; on y trouve particulièrement un très-grand nombre de crocodiles embaumés, ce qui a fait donner à ces grottes le surnom par lequel on les désigne parfois. On suppose que toute cette population de momies vient de la ville antique qu'a remplacée Monfalout, et de la grande Hermopolis, toutes deux situées sur la rive gauche du Nil.

Les grottes de Samoun n'ont pas été très-souvent explorées, soit que bien des voyageurs n'en aient point connu l'existence, soit qu'ils en aient trouvé l'exploration trop pénible ou trop funèbre. Cependant un voyageur contemporain, M. A. Georges[1], dit avoir vu sur leurs noires parois, près du chantier des momies, le nom d'une dame romaine gravé avec soin et en gros caractères parmi quelques autres noms. D'ailleurs, dans le pays même, ces grottes inspirent aux gens des environs une sorte de terreur superstitieuse, et il n'est pas toujours facile de se procurer un guide qui consente à y descendre.

L'entrée des grottes de Samoun est une simple cre-

1. *Excursion aux grottes de Samoun ou des Crocodiles* (*Tour du Monde*, 1862, 1er semestre).

vasse à fleur de terre, d'un mètre environ de diamètre et de trois mètres de profondeur. Quand on s'est glissé par ce soupirail, on rampe, plutôt qu'on ne marche, dans un couloir étroit et tortueux, dont le fond est un sable fin et doux, qui se soulève sous les pieds en poussière impalpable et rend la respiration difficile. L'obscurité est complète et l'on n'a que la pâle lueur des bougies pour se diriger dans ce pénible voyage.

« Après un long temps, dit M. A. Georges, nous quittons le fond de sable pour un fond accidenté, barré de grosses pierres transversales; les parois se resserrent, s'élargissent, s'exhaussent, s'abaissent, ondulent, prennent souvent la forme de stalactites horizontales et droites comme des piques menaçant la poitrine et la tête. Souvent on peut se redresser à moitié, mais souvent aussi des pierres pendent de la voûte, aigües, coniques, et vous forcent rudement à vous replier. Parfois on rencontre un espace plus large, plus élevé, où l'on peut se redresser tout à fait et marcher; cela réjouit comme une oasis dans le désert. On arrive enfin à une enceinte assez large et assez étendue; de grosses pierres adossées pêle-mêle l'une contre l'autre en forment le fond; on avance comme on peut, circulant tout autour ou grimpant dessus. »

Il y a quelques années, on voyait dans cette enceinte, dont parle M. Georges, le cadavre d'un voyageur qui s'était perdu dans les grottes et qui était venu mourir à cette place d'épuisement et de faim. Voici la description saisissante que fait M. Maxime du Camp de ce cadavre dans la relation de son voyage en Égypte et en Nubie:

« Lorsqu'on relève les yeux, on aperçoit un spectacle horrible. Un cadavre encore couvert de sa peau est assis sur une roche arrondie ; il est hideux. Il étend ses bras comme un homme qui bâille en se réveillant ; sa tête, rejetée en arrière et convulsionnée par l'agonie, a courbé son cou maigre et desséché. Son corps pincé, ses yeux démesurément agrandis, son menton crispé par un effort surhumain, sa bouche tordue et entr'ouverte comme pour un cri suprême, ses cheveux droits sur le crâne, tous ses traits convulsionnés par une épouvantable souffrance, lui donnent un aspect effroyable. Cela fait peur ; involontairement on pense à soi. Ses mains ratatinées enfoncent leurs ongles dans la chair ; le thorax est fendu, on voit les poumons et la trachée-artère ; lorsqu'on frappe le ventre, il résonne sourdement comme un tambour crevé. Cet homme était plein de vie lorsqu'il a été pris par la mort ; sans doute il s'est perdu dans ces couloirs obscurs, sa lanterne épuisée a fini par s'éteindre, il a en vain recherché sa route en poussant de grands cris que personne n'entendait ; la faim, la soif, la fatigue, la peur l'ont rendu presque fou ; il s'est assis sur cette pierre et il a hurlé de désespoir jusqu'à ce que la mort fût venue le délivrer ; l'humidité chaude, les exhalaisons bitumineuses l'ont si bien pénétré que maintenant sa peau est noire, tannée, impérissable, comme celle d'une momie. Il y a huit ans que ce malheureux est là.

« En quittant cette enceinte de lugubre mémoire, on prend à gauche par un couloir à la voûte et aux parois noircies par les vapeurs bitumineuses, dans lequel on

Intérieur des grottes de Samoun.

peut marcher debout; des milliers de chauves-souris, attirées par la lumière, assaillent l'explorateur avec un grand bruit d'ailes et gênent considérablement sa marche. Puis, on arrive à la partie la plus intéressante des grottes; le sol, qui cède sous le pied, est composé de débris de momies et de bandelettes; à chaque pas on soulève une poussière noirâtre, âcre, nauséabonde, amère comme un composé de suie et d'aloès. Une énorme quantité de crocodiles de toutes dimensions encombre les galeries : il y en a de noirs, de ventrus, de gigantesques et d'autres petits comme des lézards. Puis, côte à côte avec les crocodiles, on voit d'innombrables momies de toutes sortes, momies humaines et momies d'animaux, juxtaposées et superposées par lits que séparent des couches de feuilles de palmier d'une remarquable conservation. Les momies humaines, soigneusement entourées de bandelettes, sont le plus souvent pressées entre deux planches de sycomore, bois réputé incorruptible comme le cèdre.

« On va ainsi sur cette voie pavée de cadavres qui s'étend toujours devant vous, béante, sombre, profonde, et Dieu sait où l'on aboutirait sans la fatigue, l'oppression, le manque de lumière, l'impatient désir de revenir au jour, mal à l'aise comme on l'est et las de ces funèbres impressions. La chaleur est d'ailleurs difficile à supporter. En fouillant tous ces fragments et tous ces débris, la poussière, devenue plus épaisse, pénètre comme un caustique dans les yeux, le nez, la bouche, et, pour ainsi dire, par tous les pores. » (A. GEORGES.)

Il paraît que le feu prit un jour dans ces grottes,

mis imprudemment, selon les uns par un Anglais ou un Américain, selon les autres par quatre Arabes qui étaient venus ramasser des fientes de chauves-souris, engrais énergique, et s'étaient aventurés avec des mèches à huile brûlant à nu dans des lampes. L'incendie gagna le souterrain tout entier et dura, dit-on, trois ans, ou un an suivant une autre version. Toutefois, cet incendie n'a pas laissé dans les galeries de traces bien caractéristiques, peut-être parce que la combustion, concentrée dans ces étroits couloirs peu aérés, avait consumé tout lentement.

Quand on sort enfin de cette longue nécropole obscure et méphitique, c'est avec une satisfaction des plus vives qu'on revoit le soleil et que l'on respire un air pur.

§ 7. Les Grottes de la basse Thébaïde.

La Thébaïde ou haute Égypte, comprenant les déserts au delà des chaînes libyque et arabique, faisait suite à l'Heptanomide ou moyenne Égypte, qui finissait aux environs de Cuses, c'est-à-dire à peu près au point où le désert de l'Est vient aboutir à la mer Rouge, à la hauteur de l'extrémité de la presqu'île du Sinaï. Les déserts du Sud-Est et du Nord-Ouest servirent de retraite aux chrétiens qui, exaltés par les prédications des évangélistes Luc et Marc, imitèrent l'exemple de saint Antoine.

Les Grottes de la basse Thébaïde ne sont autre chose que des concavités creusées par la main des hommes dans une montagne qui fait face au Nil. et qui s'échelonnent de distance en distance sur une étendue de quinze à vingt lieues.

Il est facile de reconnaître, à première vue, que ces grottes ont été creusées afin de fournir des matériaux à la construction des villes voisines, ou bien encore à celle des pyramides. En effet, les pierres qu'on a tirées de ces carrières ont laissé des cavités vastes, obscures, basses, formant une espèce d'enfilade sans ordre et sans symétrie; les voûtes de ces cavités, basses et inégales, sont soutenues de distance en distance par des piliers évidemment laissés exprès pour leur servir d'appui par les ouvriers.

Rien ne ressemble donc plus à des carrières que ce qu'on appelle aujourd'hui les Grottes de la Thébaïde, et l'histoire est là d'ailleurs pour prouver que telle fut leur origine. En effet, nous voyons dans Hérodote que le roi Cléopas employa cent mille hommes, pendant l'espace de dix ans, à ouvrir des carrières dans la montagne du levant du Nil, et à en transporter les pierres au delà du fleuve; et que, pendant dix autres années, les mêmes cent mille hommes furent occupés à élever une pyramide construite de ces pierres, qui étaient tendres et blanches en sortant de la carrière, mais qui peu à peu se durcissaient et se brunissaient à l'air. Plus tard, les successeurs d'Alexandre, et après eux les Romains, ont tiré de ces mêmes carrières une quantité prodigieuse de pierres pour l'établissement de leurs colonies.

On trouve dans ces carrières des trous réguliers, taillés dans l'épaisseur du roc; on suppose que ces trous, longs de six pieds et larges de deux, ont pu servir de sépulcres.

On remarque aussi, pratiquées dans les voûtes de ces ténébreuses cavernes, diverses cellules très-petites, dont les portes et les fenêtres n'ont guère plus d'un pied carré. On a pensé que ces cellules avaient dû servir de retraite à de pieux solitaires.

Si l'on s'en rapporte au véridique Hérodote, les Grottes de la Thébaïde remonteraient à une antiquité fort reculée.

§ 8. Les Catacombes d'Alexandrie.

Quelques personnes croient que les catacombes n'existent pas en dehors du christianisme et en dehors de Rome : c'est une double erreur. Il est démontré aujourd'hui que, de tout temps, les Égyptiens, de même du reste qu'un grand nombre d'autres peuples, avaient la coutume de confier leurs morts à la terre et en outre de les réunir dans des sépultures communes. Il est vrai qu'il ne faut pas confondre ici les hypogées avec les catacombes ; les hypogées étaient des sépultures particulières et n'admettaient guère que les membres d'un très-petit nombre de familles; les catacombes, beaucoup moins anciennes, étaient des sépultures communes, ouvertes à tous ceux qui avaient vécu dans la même croyance.

Mais, même parmi les catacombes, il y en a qui sont chrétiennes et d'autres qui sont païennes; ainsi, la ville d'Alexandrie possède à la fois des catacombes païennes et des catacombes chrétiennes.

Les catacombes païennes d'Alexandrie, mentionnées par Strabon (Géog., XVII, 1), sous le nom de *Necropolis*, s'étendent sur le littoral à l'Ouest de l'ancienne Alexandrie. Elles ne sont remarquables ni par leur étendue ni autrement, pas plus d'ailleurs que les catacombes chrétiennes, qui sont fort peu connues, n'ayant guère été explorées. M. Carl Wescher en a cependant donné une courte description dans sa lettre à M. J.-B. de Rossi, « le Christophe Colomb des catacombes romaines[1]. »

§ 9. Le *Serapeum*.

Nous ne quitterons pas l'Égypte sans dire quelques mots du *Serapeum*, dont la découverte ne remonte guère plus loin que ces dernières années.

Le *Serapeum*, situé dans la Nécropole de Memphis, est une longue galerie souterraine consacrée au tombeau du dieu Apis ou Sérapis, le Dieu suprême dont la représentation visible était le bœuf sacré ou bœuf Apis : c'est dans cette galerie qu'on enterrait pompeusement, après sa mort, chacun des animaux qui avait joué pendant sa vie le rôle du dieu incarné. Du reste, le mot de *Serapeum* s'explique de lui-même, car *Serapis* veut dire Apis mort.

Le fond de la galerie est occupé par un sarcophage monumental; d'autres sarcophages s'échelonnent à droite et à gauche de chaque côté et dans toute la longueur de la galerie. Quelques-uns de ces sarcophages

1. *Lettre de M. Carl. Wescher à M. J. B. de Rossi*, dans le *Bulletino de archeologia cristiana* (33e année, n° 8, p. 57).

étaient enrichis de peintures et renfermaient même des bijoux et autres objets précieux; mais presque tous ont été violés et sont complétement vides aujourd'hui.

C'est à M. Auguste Mariette que l'on doit la découverte du *Serapeum*, qui date des années 1851, 1852, 1853 et 1854. Dans les fouilles que cet infatigable et savant chercheur fit exécuter lui-même, il eut la bonne fortune de découvrir un sarcophage qui n'avait pas été violé et qui renfermait un certain nombre de bijoux en or et en autre matière précieuse, et plus remarquables encore par leurs formes élégantes et gracieuses que par leur valeur intrinsèque.

C'est aussi M. Auguste Mariette qui a découvert, en 1858, le temple d'Armachis au pied du grand Sphinx; mais, quelque intérêt que présente ce temple, sa description nous entraînerait trop loin. Elle trouvera sa place ailleurs.

Hypogées de Béni-Hassen el Gadim.

Entrée des grottes d'Eléphanta.

CHAPITRE II.

ANTIQUITÉ HINDOUE.

L'Égypte n'a pas eu seule le privilége de posséder des temples souterrains : on en voit encore de magnifiques vestiges dans l'Inde, où la religion était jadis le principe fondamental de l'organisation sociale.

Il était bien naturel d'ailleurs qu'en Inde, ainsi que partout où prédomina le culte de la nature, cette sombre religion, ennemie déclarée du soleil, qui a enfanté les sacrifices humains, les temples s'enfouissent dans les entrailles de la terre, et que leurs lugubres cérémonies fussent célébrées à la lueur des torches.

Les temples souterrains, que l'on rencontre en nombre considérable dans l'Inde, diffèrent essentiellement et à plusieurs points de vue des *spéos* que nous avons vus en Égypte; le plan et l'élévation sont tout à fait dissemblables: la division en *pronaos*, *naos* et *sékos*, que nous avons retrouvée partout en Égypte, n'existe nulle part dans l'Inde. En outre, les *spéos* indiens ont presque tous leur plafond taillé en berceau ogival, forme inconnue en Égypte. Puis, les colonnes indiennes ont toujours des piédestaux de même hauteur que leur fût, et toutes les figures sont représentées d'une façon bizarre, satanique; les colonnes égyptiennes au contraire n'ont jamais de piédestaux, et les statues qui les accompagnent ont toujours une pose tranquille et monumentale, une figure noble et gracieuse. Enfin, les excavations égyptiennes sont plus profondes et plus richement ornées; elles sont aussi d'une antiquité beaucoup plus reculée, car nous avons vu qu'elles remontaient pour la plupart au quatorzième ou au quinzième siècle avant Jésus-Christ, tandis que les plus anciennes des excavations indiennes ne remontent guère au delà de cinq cents ou six cents ans avant notre ère.

C'est au culte de Brahma et, en partie, à celui de Bouddha que sont consacrés les temples souterrains de l'Inde : les sculptures, qui les décorent, représentent toutes des sujets de la même mythologie.

Il n'y a pas fort longtemps que ces temples sont connus et visités.

Les voyageurs européens, disait M. de Schlegel en 1831[1], n'ont visité avant le dix-huitième siècle qu'un petit nombre de temples et d'édifices de l'Inde ancienne, situés sur des îles, telles que celles de l'Éléphant et de Salcette, ou sur les côtes, comme à Mahavalipuram. La plupart des monuments de l'Inde, ajoute le même auteur, ne nous sont connus que depuis à peu près une cinquantaine d'années.

Depuis cette époque, les choses ont un peu changé. Si nous ne connaissons pas tous les temples indiens, nous connaissons certainement les plus remarquables et les plus importants, et nous pouvons dire dès aujourd'hui que, de tous les monuments remarquables et gigantesques que nous a laissés l'antiquité, c'est l'Inde qui nous offre les plus extraordinaires et les plus étonnants. Un voyageur autorisé, Veltheim, est même d'avis que ces monuments surpassent de beaucoup les constructions égyptiennes tant par l'excellent goût de leur exécution que par la grandeur et la hardiesse de leur conception.

Les Brahmanes prêtent à ces temples une antiquité difficile à admettre; il est une chose certaine cependant, c'est qu'ils remontent au monde primitif de l'Inde, alors que le peuple indien était libre et indépendant, et, comme dit Veltheim, qu'ils ont dû être précédés par des siècles d'une civilisation fort avancée.

1. *De l'accroissement et de l'état actuel de nos connaissances sur l'Inde.* (*Almanach de Berlin*, 1831.)

En tout cas, leur conception colossale, grandiose, merveilleuse, ainsi que la finesse et la richesse de leurs détails, prouvent qu'ils sont l'œuvre d'un grand nombre de générations successives, poussées par l'inspiration religieuse.

Les temples souterrains de l'Inde sont tous compris dans une région de huit cents lieues environ, qui s'étend depuis la partie la plus septentrionale de l'Inde et même en deçà de l'Indus, à Bamiyan, jusqu'aux îles les plus méridionales.

Le plus ancien paraît être celui de l'île d'Éléphanta ou de l'Éléphant.

§ 1. Temple d'Éléphanta.

L'île d'Éléphanta ou de l'Éléphant (*Gharipour* des Indiens) est une île de l'Inde anglaise, située sur la côte occidentale du Dekan, dans le golfe de Bombay ou mer d'Oman, et à neuf kilomètres Est de la ville de Bombay. Son nom lui vient, dit-on, d'un grand éléphant de pierre qu'on voyait autrefois sur la plage.

Le temple souterrain se trouve dans l'intérieur d'une grotte creusée au haut d'une montagne à double cime, qui s'élève rapidement de la côte.

Il faut, pour arriver au temple, monter un escalier de trois cents ou quatre cents marches, taillé presque à pic dans les flancs de la montagne; cet escalier conduit à une terrasse de peu d'étendue d'où l'on jouit d'une vue magnifique sur la mer. C'est là que se trouve l'entrée principale de la grotte; deux piliers massifs supportent cette entrée et la divisent en trois portes principales, par où l'on pénètre dans une vaste et mystérieuse enceinte, qui mesure trente-neuf mètres soixante-deux centimètres de longueur sur trente-sept mètres quarante centimètres de largeur.

Comme le temple ne reçoit la lumière que de côté, par deux cours qui le flanquent à l'Est et à l'Ouest, il faut quelque temps au visiteur pour que ses yeux s'habituent au demi-jour. Quand l'ombre est à peu près dissipée, on est frappé tout d'abord par l'aspect régulier et symétrique des seize colonnes cannelées qui soutiennent le plafond plat de cette vaste salle et la divisent en trois nefs. Ces colonnes, qui étaient primitivement au nombre de vingt-six, ont cinq mètres environ de haut; elles sont surmontées de chapiteaux hémisphériques.

L'effet général de cette sombre enceinte avec son architecture étrange et cette population de colonnes, est très-beau et très-saisissant, malgré quelques irrégularités de détail.

Toutes les parois, ainsi que les colonnes, sont couvertes de sculptures ayant trait à la vie de Siva, le dieu auquel est consacré ce temple : on y voit, à côté de Siva, Parvati son épouse, Ganessa et Cartik ses deux fils, puis le Kailasa ou la réunion des dieux, le Dhagob, l'ornement du Lotus, etc. Les figures s'enlèvent vigoureusement en ronde bosse de la paroi et frappent l'esprit par leurs dimensions gigantesques et la variété de leurs attitudes.

Dans le fond de la salle, et au centre, se trouve la

fameuse idole de la Trinité indienne (Brahma, Siva et Vishnou), groupe colossal taillé dans le roc et entouré d'énormes gardiens sous les formes les plus variées. Il y avait autrefois auprès de cette espèce de trône deux lions que l'on a transportés à l'entrée de l'une des nombreuses autres salles avec lesquelles communique la salle principale; cette pièce en a pris le nom de Cour des Lions.

Les autres salles du temple ne manquent pas non plus d'intérêt : leurs parois sont également couvertes de remarquables sculptures.

Après la surprise et l'admiration, un autre sentiment domine le voyageur dans ce merveilleux temple, c'est le regret de voir se dégrader rapidement de jour en jour ce célèbre monument de l'antiquité indienne. Un correspondant du *Times*, qui visita les grottes d'Éléphanta en 1864, écrivait à son journal, dans une lettre datée de Seconderabad, pour lui signaler l'irrévérencieuse et dévastatrice curiosité des touristes, et principalement des touristes anglais : « Les sculptures les plus délicates ont sans aucun doute souffert pendant de longues années des violences des Portugais, comme dans notre pays quelques-uns des plus admirables monuments de l'architecture gothique ont été détériorés par le zèle sincère, mais mal entendu, des premiers réformateurs. Malheureusement, ce que le fanatisme portugais avait commencé a été rapidement achevé par des spoliateurs de musées et d'ignorants amateurs. Sur le front de la plus grande des statues, qui se trouve en face du visiteur à son entrée dans

Cour des Lions, à Éléphanta.

le temple, et qu'on regarde comme représentant la trinité indienne (Brahma, le créateur; Vishnou, le sauveur, et Siva, le destructeur), on voit maintenant des noms de visiteurs tracés au crayon, écrits à l'encre ou grossièrement gravés, soit avec le sabre du soldat, soit avec le couteau du matelot. Casser un nez, pourvu qu'on ne le fasse pas méchamment, pour le plaisir de détruire, est chose regardée comme un acte presque honorable de sentiment national. Manger et boire sur des tables grossières dans ce temple désert des divinités du vieux temps ne suffit pas à l'ardeur du vif penchant nouvellement développé dans la jeune Angleterre, dont les représentants, à demi américanisés, ne seraient pas satisfaits de leurs joyeux pique-niques s'ils ne les épiçaient de l'atmosphère des merveilleux monuments. Mais ce n'est pas là tout : il y a à l'œuvre, en ce moment, une compagnie territoriale qui emploie plusieurs milliers de coolies; elle est déjà en activité sur l'île, sous les auspices des entrepreneurs de la maison Nicolas et Cie; il y en a une autre qui propose d'unir par des ponts et un chemin de fer les îles d'Éléphanta et de Bombay, ce qui pourra avoir lieu quand la panique actuelle sera passée. Alors peut-être fera-t-on la proposition de transporter les sculptures du temple au musée Victoria, à Bombay, ou à South Kensington Museum. C'est aux lieux où sont maintenant ces précieux objets, aux lieux où l'art ancien, les sciences antiques et la vieille superstition les ont sculptés, aux lieux où ils se mirent dans les flots bleus, où l'ombre des palmiers les caresse, qu'est leur véritable place. Ce sont les images tangibles des antiques et solennelles rêveries des vieux sages de l'Orient; ils sont à la fois pour nous une énigme et une leçon, abandonnés aujourd'hui comme temples de l'idolâtrie et désertés comme ses autels. »

§ 2. Temples d'Ellora.

Si le temple d'Éléphanta paraît être le plus ancien temple souterrain de l'Inde, les plus remarquables sous tous les autres rapports, et principalement sous le rapport des proportions imposantes, sont les célèbres temples souterrains d'Ellora, près de la ville de ce nom, c'est-à-dire à vingt-six kilomètres Nord-Ouest de Daouletabad, capitale de la province d'Aurungabad, à peu près vers le centre de la presqu'île de l'Inde.

Ces monuments ont été creusés par la main des hommes dans une ceinture de montagnes de granit rouge, qui s'étend en forme de fer à cheval sur un espace de plus d'une heure de marche, en tournant sa face concave vers le village de Rosah. Ils forment des galeries souterraines qui n'ont pas moins de deux lieues d'étendue, et qui, en certains endroits, ont plusieurs étages communiquant entre eux. L'imagination recule épouvantée à la pensée de la patience et du travail qu'ont dû coûter ces excavations gigantesques et les sculptures de toute espèce qui les décorent à profusion. La rare perfection de certaines parties et l'exécution presque grossière de certaines autres montrent d'ailleurs clairement que ces ouvrages ont été produits par des milliers d'artistes et d'ouvriers qui travaillèrent successivement pendant un grand nombre de siècles.

Quant à l'origine des temples d'Ellora, elle est à peu près inconnue. Sir Charles Malet rapporte plusieurs traditions bien différentes sur le roi qui en fut l'auteur. Les Musulmans les attribuent au râdjâ Êl, qui vivait il y a neuf cents ans; les Indiens les font remonter jusqu'à Êlou, qui aurait régné dans le Dwaparâ-Youga, c'est-à-dire il y a plus de sept mille neuf cents ans; enfin les Pourânas parlent d'un roi Êla, autrement appelé Pourouravas, qui date du commencement de la monarchie indienne. Rien n'est moins certain que toutes ces traditions; mais, ce que l'on peut affirmer, c'est que les sculptures gravées sur ces monuments leur assignent une date beaucoup moins ancienne. Une antiquité de deux mille ans, selon M. Gailhabaud, serait tout ce que l'on doit accorder à ces belles ruines.

Parmi les monuments d'Ellora, celui qui passe avec raison pour le plus beau et le plus parfait est le Kailasa ou Kélaça, ainsi nommé encore aujourd'hui par les Indiens eux-mêmes.

Ce monument, extrêmement compliqué, aussi grand que l'église de la Madeleine à Paris (il couvre un espace de cent vingt-trois mètres de longueur sur soixante mètres de largeur), n'a point été exécuté comme ceux qui l'environnent, c'est-à-dire creusé souterrainement; il est taillé dans le roc vif et complétement détaché de la montagne, et, quoique toutes ses parties ne forment qu'un seul et même bloc, quoiqu'il se compose en entier d'un seul rocher dans lequel il a été comme sculpté, il a néanmoins toute l'apparence d'un édifice construit pierre à pierre.

Le Kailasa sortant par conséquent de notre cadre, nous ne nous y serions pas arrêtés, s'il nous avait été possible de parler des temples d'Ellora sans mentionner le plus remarquable et le plus célèbre. Toutefois nous serons brefs.

On pénètre dans le Kailasa par une porte de granit, puis, cette porte franchie, on arrive à travers un portique dans une espèce de cour de soixante-seize mètres environ de longueur sur quarante-deux mètres de largeur, et dont les parois ont trente mètres d'élévation. « Cette cour, dit M. Daniel Ramée, entièrement taillée dans le roc, ressemble plutôt à une carrière magique de pierres entourée et couronnée de tous côtés par des sommets de montagne, qu'à un ouvrage produit par la main et l'art de l'homme. » (*Histoire de l'Architecture*).

En sortant du portique, on arrive d'abord, par un pont, à un pavillon carré dans lequel est la chapelle de Nandi, le compagnon de Siva. Ensuite, on traverse un second pont et on arrive enfin au temple principal. Ce temple, le plus grand temple monolithe connu, est supporté par d'énormes pilastres carrés, disposés sur quatre rangs; ceux placés dans les angles et au pourtour, au nombre de vingt, sont soutenus eux-mêmes par des éléphants qui semblent soulever sur leurs

Temple de Kailasa, à Ellora.

reins cette masse énorme et lui communiquer le mouvement et la vie.

Le grand temple est flanqué de porches, de terrasses, de bassins et de chapelles, et la cour qui l'environne de tous côtés est décorée d'obélisques et de gigantesques éléphants. Enfin, les parois des murs sont ornées de milliers de statues et de bas-reliefs sculptés.

On est frappé d'une véritable stupéfaction quand on songe au travail qu'ont dû coûter ces interminables constructions.

« Pour élever le Panthéon, dit le capitaine Seely dans son *Voyage à Ellora*, le Parthénon d'Athènes, Saint-Pierre de Rome, Saint-Paul de Londres ou l'abbaye de Fonthill, il en coûte de la science et du travail, nous concevons comment cela fut exécuté, poursuivi et achevé; mais ce qu'on ne peut s'imaginer, c'est qu'une réunion d'hommes aussi nombreux et aussi infatigables qu'on voudra se les figurer et munis de tous les moyens nécessaires à la réalisation de leur conception s'attaquent à un rocher naturel, haut de cent pieds dans quelques parties, le creusent, l'évident lentement avec le ciseau et produisent un temple tel que celui-là, avec ses galeries, véritable Panthéon, accompagné de sa vaste cour, de son nombre infini de sculptures et d'ornements.... Non, cette œuvre est inimaginable et l'esprit se perd dans la surprise et l'admiration. »

Passons maintenant aux temples complètement souterrains creusés dans la montagne qui sert d'enceinte au Kailasa et qui rentrent plus complétement dans notre cadre.

L'un des plus intéressants, non pas précisément pour l'étendue de ses proportions, mais plutôt pour l'élégance et l'originalité de son exécution, c'est le temple ou la maison de Visouacarmâ (Visouacarmâ, ou Visvacarma, est la personnification de Brahma considéré comme architecte primitif).

Ce temple est creusé dans le roc à une quarantaine de mètres de profondeur environ; il se compose d'une longue galerie, à plafond circulaire, séparée dans toute sa longueur en trois nefs principales par deux rangées de piliers octogones, qui mesurent deux mètres quatre-vingt et un centimètres de circonférence.

La statue du dieu, représenté comme architecte primitif, est assise dans une niche sur un siége; à ses pieds sont deux lions, images de la puissance et de la force; à ses côtés sont deux de ses serviteurs, dont l'un tient une fleur de Lotus, symbole de la création et de la production, ainsi qu'un petit bâton représentant le sceptre et le pouvoir; l'autre serviteur place un niveau en forme de triangle sur une espèce de colonne. Au-dessus de Visouacarmâ on voit un œil, symbole de la pénétration et de la sagesse ordonnatrice; au-dessus de cet œil est placé un plomb d'ouvrier qui descend sur une ligne horizontale formant ainsi deux angles droits, principes absolus de toute espèce de création, de formation et de construction régulières.

On peut donner, comme date d'origine à ce temple, les derniers siècles qui ont précédé notre ère.

Une excavation fort intéressante encore est celle de Para-Lanka qui a son entrée au deuxième étage d'une galerie souterraine à deux étages. Un escalier de vingt-sept marches y donne accès.

La nature parfaitement sèche de la roche, qui ne laisse passer aucune infiltration et ne contient pas de trace d'humidité, a conservé de très-belles peintures appliquées sur une sorte de stuc, au plafond de la grotte, et qui représentent des sujets de la mythologie indienne. D'énormes piliers, sculptés du haut en bas, supportent ce plafond qui brillerait encore à nos yeux dans toute la splendeur première de ses riches décorations, si la main de l'homme ne s'était appliquée à les détruire. Les soldats musulmans de l'empereur mongol Aureng-Zeb ont voulu anéantir, au nom de Mahomet, ces travaux de la superstition des anciens Brahmes; heureusement l'œuvre de destruction eût demandé trop de temps et trop de peine, ils y ont renoncé; les Hindous n'ont pas manqué de dire que Siva avait daigné intervenir pour sauver son temple. Toutefois, l'intervention de Siva n'aurait pas été jusqu'à prévenir l'effet de la fumée; les troupes d'Aureng-Zeb paraissent avoir fait ici très-irrévérencieusement la cuisine au nez des idoles et la fumée a noirci le plafond et gâté presque toutes leurs peintures; il en reste assez toutefois pour faire vivement regretter ce qui a péri.

En sortant de la grotte de Para-Lanka, on se trouve sous un péristyle, d'où le regard embrasse l'ensemble de toute la partie extérieure des monuments d'Ellora.

Nous ne parlerons que pour mémoire des autres temples d'Ellora, tels que celui du Dher Wara et celui d'Indra, et nous passerons aux remarquables excavations que renferme l'île de Salcette.

§ 3. Temples de Salcette.

L'île de Salcette, que l'on écrit quelquefois Salsette (*Djhalta* en Hindou), est une île de l'Inde anglaise, au nord et tout près de l'île de Bombay, à laquelle elle est jointe par une chaussée.

L'île de Salcette renferme un grand nombre de temples souterrains : les plus remarquables et les plus célèbres sont ceux de Kennery, situés sur la côte Nord-Est de l'île, auprès de la forteresse de Tanna.

Les temples de Kennery sont adossés entre les deux versants d'une chaîne de montagne de porphyre qui s'étend en forme de fer à cheval, et sont en nombre si considérable qu'ils forment une véritable ville troglodyte : ils communiquent ensemble par des escaliers qui conduisent au sommet de la montagne. Tous ces temples ne sont pas aussi considérables les uns que les autres.

Le plus grand est surtout intéressant et curieux pour l'histoire du culte de Bouddha et pour celle de la puissance des Brahmines dans le Dekan ; il mesure vingt-sept mètres quarante-trois centimètres de longueur sur onze mètres cinquante-huit centimètres de largeur. Deux rangées de colonnes le séparent en trois vaisseaux dont le principal, celui du centre, se termine à son extrémité en hémicycle (c'est le plan complet d'une ancienne basilique romaine). Dans l'hémicycle, on voit le Dhagob, ce pilier mystérieux du culte de Bouddha, que l'évêque Heber prit, en 1825, pour le symbole du Lingam et dont Guillaume de Humboldt a démontré depuis la véritable signification dans son ouvrage sur la langue Karvi en usage sur l'île de Java. De longues inscriptions couvrent les piliers carrés du portique élevé par lequel on pénètre dans ce grand temple souterrain.

Les inscriptions qu'on a pu lire dans ce temple et dans les autres excavations de l'île de Salcette s'espacent depuis l'an 150 avant Jésus-Christ jusqu'à l'an 1400 après : les dernières sont écrites en persan et en arabe et se rapportent au culte musulman. Il sortira pour l'histoire de l'Inde une grande lumière de l'explication de toutes ces inscriptions.

Les temples de Kennery, nous l'avons dit, ne sont pas les seuls temples que l'on trouve sur l'île de Salcette, il en est d'autres encore qui ne sont pas dépourvus d'intérêt : parmi ceux-ci on remarque surtout un temple de cent pas de longueur sur quarante pas de largeur et dont dépendent un nombre considérable de galeries, d'escaliers, de salles et de bassins artificiels dans lesquels on recueillait l'eau du ciel, qui servait ensuite aux nombreuses ablutions du culte indien.

§ 4. Grottes de Carli.

Les fameuses grottes de Carli sont situées sur la chaîne des Gates occidentales, entre Bombay et Pouna, en face du fort de Lohaghow et non loin de Khandoula. Elles comprennent un grand nombre de salles, de corridors, d'escaliers et de galeries à plusieurs étages. Le principal sanctuaire a son entrée à l'Ouest; il est situé à deux cent quarante mètres au-dessus de la plaine.

§ 5. Temples d'Ajayanti.

Citons encore, après les temples souterrains d'Ellora, de Salcette et de Kennery, les temples d'Ajayanti (mot sanscrit qui signifie passage ou défilé imprenable) situés non loin d'Aurungabad, capitale de l'une des provinces du Dekan.

§ 6. Temples de Pandou-Lena.

Dans la même province, à deux heures Sud-Ouest du fort de Nassouk, sont situés les temples souterrains de Pandou-Lena, qui ne laissent pas non plus d'être fort intéressants à visiter.

§ 7. Temple de Mhar.

La province d'Aurungabad, si riche en temples souterrains, nous offre encore celui de Mhar, près de la forteresse qui porte ce nom et qui se trouve à peu de distance de Pouna et de Sattara, sur le versant occidental des Gates septentrionales, dans la vallée supérieure du fleuve Bancut ou Sawuty.

Ce temple rappelle assez ceux de Salcette : la salle principale, à parois lisses et sans sculptures, mesure dix-huit mètres vingt-huit centimètres de longueur, neuf mètres quatorze centimètres de largeur et trois mètres quatre centimètres d'élévation ; à son extrémité orientale on voit une idole assise sur un trône et taillée dans le roc, de chaque côté de laquelle sont deux statues plus petites et les fragments de deux figures d'animaux. La lumière pénètre dans cette grotte par une colonnade.

§ 8. Grottes de Panch-Pandou.

Les grottes de Panch-Pandou (des cinq Pandous), sont situées près de la petite ville de Bang, dans la province de Malva ; elles sont au nombre de quatre, mais celle du nord est la seule qui soit bien conservée.

§ 9. Grottes de Dhoumnar.

Le colonel Tod a compté à Dhoumnar, dans le nord de la province de Malva, jusqu'à cent soixante-dix souterrains qui servent d'entrée à des temples ainsi qu'à de nombreuses et vastes habitations formant une grande ville souterraine. Bien que ces temples soient moins grandioses que ceux d'Ellora, de Salcette et de Carli, le colonel Tod pense néanmoins qu'ils sont d'une antiquité plus reculée. En effet, ils sont plus barbares, plus hardiment conçus et exécutés ; les inscriptions en outre font défaut, on y rencontre seulement quelques traces de caractères restés encore indéchiffrables.

§ 10. Grottes de Bamiyan.

Bamiyan est situé dans la contrée la plus sauvage de l'Indou-Khou, non loin de la source du Surkhab, l'un des affluents de la rive gauche ou méridionale de l'Oxus (aujourd'hui le Djihoun).

Les grottes innombrables qui se trouvent à Bamiyan ne sont pour la plupart que des excavations carrées sans architecture et sans ornements. Quelques-unes se terminent à leur sommet en forme de dôme, et, à l'endroit où la coupole prend naissance, on voit une petite frise ornée.

Voici ce que nous lisons au sujet des grottes de Bamiyan, dans Abul-Fazel, qui vivait à la fin du seizième siècle.

« Au milieu de la montagne de Bamiyan se trouvent douze mille cavités ou grottes taillées dans le roc avec des ornements et des revêtements en stuc. Elles servaient de séjour d'hiver aux habitants du pays; on les appelle *Summij* (les grottes) : là se trouvent d'énormes figures, un homme haut de quatre-vingts aunes, une femme haute de cinquante aunes, un enfant de quinze aunes. Dans une de ces grottes se trouve un cadavre embaumé dont les naturels ne connaissent pas l'origine et qu'ils tiennent en grand honneur. »

L'opinion de Ritter sur l'âge de ces monuments est qu'ils datent de l'époque de l'introduction du bouddhisme dans ces contrées, c'est-à-dire de cinq ou six siècles avant notre ère. On prétend dans le pays qu'ils sont l'ouvrage d'un roi nommé Joulal et l'on appelle ce lieu Ghoulgoula ou Ghalgala.

Des traditions très-extraordinaires se rattachent à ces grottes. Une d'elles passe pour celle dans laquelle le fameux Vyasa composa les Védas. Dans une autre, une mère perdit, assure-t-on, son enfant, et ce ne fut que douze ans plus tard qu'elle parvint à le retrouver. Quelques historiens ont désigné aussi l'une des grottes du Bamiyan comme étant celle habitée si longtemps par le fameux Mani, hérésiarque de la fin du troisième siècle. Enfin, Ritter croit que c'est à Bamiyan qu'il faut placer la grotte que la fable de Prométhée a rendue si célèbre; un passage de Quinte-Curce (VII, 24) lui semble important surtout pour appuyer cette opinion [1].

1. On voit aussi dans la légende de Vishnou qu'il est question d'un Pramat'hesa (le maître des cinq sens) indien, et d'un aigle nommé Garuda, qui dévora cet audacieux mortel.

Salle principale de la grotte d'Éléphanta.

Grotte de Panaglia, sous l'Acropole.

CHAPITRE III.

ANTIQUITÉ GRECQUE.

Les grottes naturelles ont joué un rôle considérable dans l'histoire religieuse de l'ancienne Grèce.

« Avant que les plus anciens peuples eussent élevé des temples aux divinités, dit Porphyre dans son traité *de Antro Nympharum* (c. xx), ils leur avaient consacré les cavernes et les antres (σπήλαια καὶ ἄντρα), dans l'île de Crète à Jupiter, dans l'Arcadie à la Lune et à Pan, dans l'île de Naxos à Bacchus. Partout où l'on a adoré Mithra, on lui a sacrifié également dans des lieux souterrains. »

Ce sont ces mystères célébrés encore pendant les premiers siècles du christianisme dans des grottes ténébreuses que les Pères de l'Église condamnaient si énergiquement.

§ 1 Le Labyrinthe de Crète.

On trouve dans l'histoire et la mythologie de la Grèce les traces d'un grand nombre de vastes salles, ou plutôt de vastes galeries souterraines à ramifications innombrables, auxquelles on donne le nom de Labyrinthes et sur le modèle desquelles on éleva plus tard certains édifices.

Le plus célèbre de ces Labyrinthes est celui de Crète, connu surtout par la fable du Minotaure.

C'était une ancienne carrière située près de Cnosse, et dont on attribuait le percement à Dédale. Elle était destinée aux sépultures de la famille royale.

Tout le monde sait que le Minotaure, ce monstre de Crète, moitié homme et moitié taureau, né de l'union fabuleuse de Pasiphaé, fille d'Apollon et de la nymphe Perséide et femme de Minos, avec un taureau ou plutôt un certain Taurus général crétois, fut enfermé dans le Labyrinthe de Crète, où tous les sept ans les Athéniens devaient lui envoyer sept jeunes filles et sept jeunes garçons pour qu'il en fît sa nourriture. Thésée, fils d'Énée, roi d'Athènes, se décida à débarrasser les sujets de son père de cet abominable impôt ; il pénétra dans l'inextricable labyrinthe, réussit à ne pas s'y perdre, grâce au peloton de fil conducteur qu'Ariane, fille de Minos, lui avait donné pour l'amour de lui, et tua le monstre.

On sait aussi que le héros récompensa l'amour d'Ariane en l'enlevant de Crète, et en l'abandonnant ensuite pendant son sommeil sur l'île de Naxos où Bacchus la trouva, et, par pitié, l'épousa.

Aujourd'hui le Labyrinthe de Crète est complétement détruit.

§ 2. L'Antre de Trophonius.

Il ne reste guère plus de traces des antres prophétiques où les Pythonisses rendaient leurs oracles au nom des divinités.

Toutefois, on montre près de Livadie (l'ancienne Lébadée), chef-lieu actuel de l'antique Béotie, dont le territoire forme un vaïvodilik, dépendant du sangiac de Négrepont, une grande caverne qui fut célèbre jadis comme l'un des oracles les plus renommés de Grèce, sous le nom d'Antre de Trophonius.

Nous trouvons dans Pausanias (*Description de la Grèce*) de curieux détails sur cet oracle.

Mais d'abord qu'était-ce que ce Trophonius? Fils du roi d'Orchomène Erginus selon les uns, fils

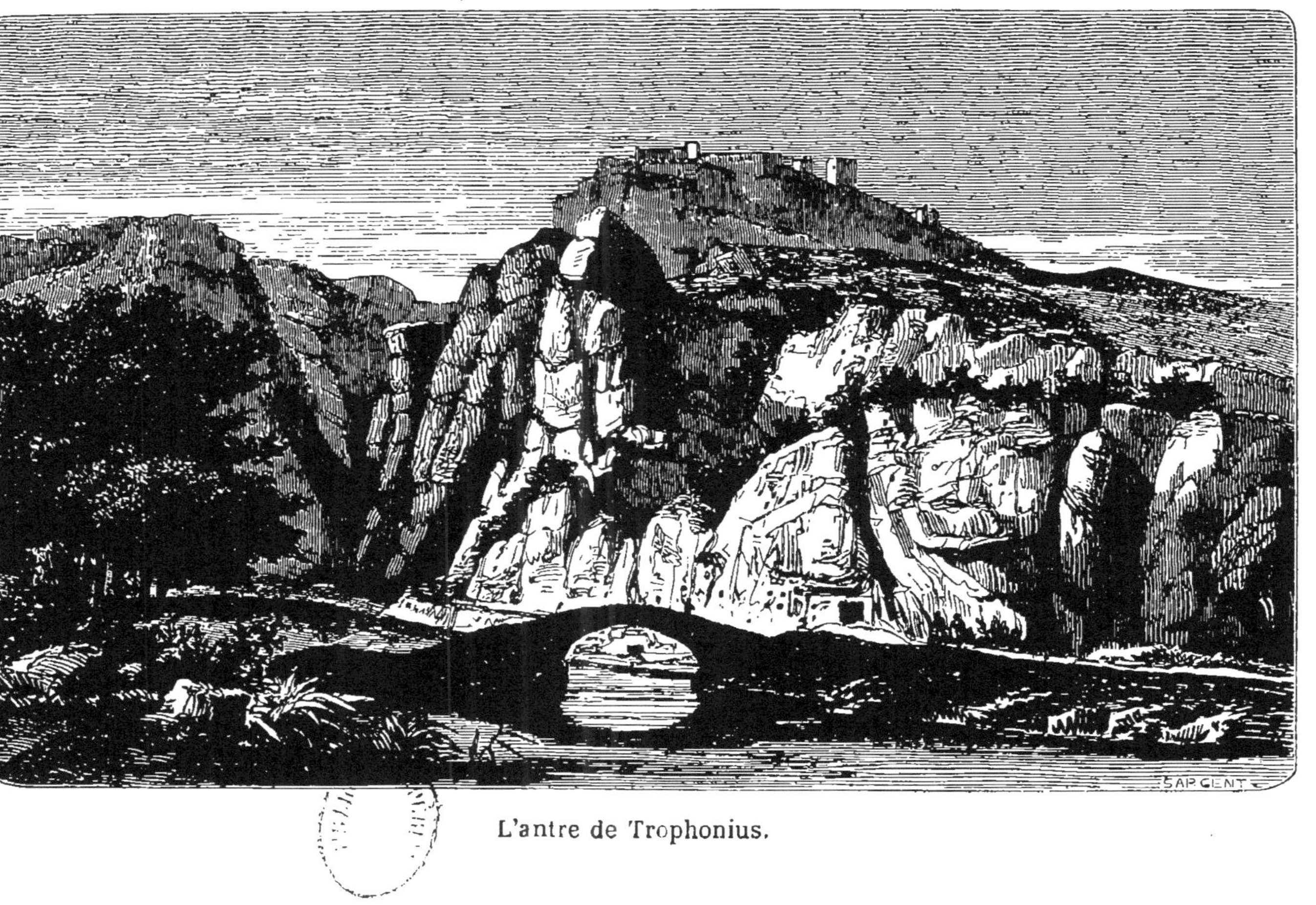

L'antre de Trophonius.

d'Apollon selon les autres, Trophonius s'était rendu célèbre, ainsi que son frère Agamède, par son habileté à construire des temples pour les dieux et des palais pour les rois : ce sont ces célèbres architectes, dit-on, qui bâtirent le temple d'Apollon à Delphes.

Mais la probité de Trophonius et d'Agamède était fort éloignée d'égaler leur talent.

Chargés par le roi d'Orchomène, Hyréius, de construire l'édifice où ce prince voulait renfermer son trésor, ils l'avaient construit de telle façon, dit Pausanias, que du dehors on pouvait en ôter une pierre; et, à l'aide de cette ouverture, ils allaient de temps en temps prendre quelqu'une des choses qui y étaient déposées.

Comme Hyréius ne pouvait concevoir comment il se faisait que, les serrures et les scellés qu'il mettait aux portes étant intacts, la quantité de ses richesses diminuait cependant tous les jours, il plaça sur les vases qui contenaient son argent et son or des piéges, ou quelque chose de semblable, pour arrêter celui qui entrait et dérobait ses trésors.

Agamède, étant entré, se trouva pris, et Trophonius n'imagina rien de mieux que de couper la tête à son frère pour lui épargner les mauvais traitements auxquels il serait exposé lorsque le jour paraîtrait, et sans doute aussi pour ne pas être découvert lui-même.

Du reste, l'énergie de cette résolution héroïque ne porta pas bonheur à Trophonius : la terre s'ouvrit sous ses pas peu après et l'engloutit à Lébadée, dans le bois sacré qui porta depuis son nom, et à l'endroit même où se trouvait la fosse appelée la fosse d'Agamède.

Voilà, ce semble, de singuliers titres de recommandation pour un oracle, qui devint un des plus célèbres de la Grèce. Il paraît que ce fut le dieu Apollon qui, en reconnaissance de ce que cet architecte habile avait bâti son temple à Delphes, lui accorda le don de prédire l'avenir dans l'excavation même où il avait été englouti.

Pausanias raconte ainsi la façon dont les Béotiens découvrirent l'oracle de Trophonius, dont l'emplacement était resté longtemps inconnu :

« Depuis deux ans, il ne pleuvait pas en Béotie. Désespérés, les Béotiens envoyèrent de chacune de leurs villes des députés à Delphes, pour demander au dieu la cessation de la sécheresse. La Pythie leur ordonna d'aller vers Trophonius, à Lébadee, et leur assura qu'ils obtiendraient de lui le remède de leurs maux. Ils allèrent donc à Lébadée, mais ils ne pouvaient trouver l'oracle qu'ils cherchaient. Sur ces entrefaites, Saon, de la ville d'Acrœphnium, qui était le plus avancé en âge de tous les députés, aperçut un essaim d'abeilles et imagina de le suivre partout où il volait; tout à coup il vit ces abeilles se porter vers une grotte mystérieuse où il entra avec elles : l'oracle était découvert. On dit que ce Saon fut instruit par Trophonius lui-même de la manière dont il fallait régler tout ce qui avait rapport à son culte et aux autres cérémonies relatives à l'oracle. »

Voici maintenant les épreuves qu'il fallait subir pour être admis dans la grotte prophétique.

D'abord, il fallait passer un nombre de jours déterminé dans un édifice spécialement consacré au Bon Génie et à la Bonne Fortune. Là, on se purifiait en se baignant dans la rivière Hercyna et en s'abstenant de diverses choses. Toutefois, on avait à discrétion la viande des victimes que l'on était d'ailleurs tenu d'apporter soi-même pour les offrir en sacrifice à Trophonius d'abord et à ses enfants, puis à Apollon, à Saturne, à Jupiter roi, à Junon Hémioché, ainsi qu'à Cérès surnommée Europé, qui passait pour avoir été la nourrice de Trophonius. Un devin inspectait les entrailles des victimes et prédisait si Trophonius recevrait son hôte avec indulgence et avec bienveillance. La nuit qui précédait la descente dans la grotte sacrée, on sacrifiait encore un bélier sur la fosse d'Agamède, puis on conduisait le néophyte à la rivière Hercyna. Après que deux jeunes garçons l'avaient lavé et purifié, les prêtres le menaient successivement boire l'eau des deux fontaines de Léthé (oubli) et de Mnémosyne (mémoire), pour lui faire oublier d'une part tout ce dont il s'était occupé jusqu'alors, et d'autre part pour qu'il se rappelât bien ce qu'il allait voir en descendant. Puis, il était admis à adresser ses hommages à une statue (l'ouvrage de Dédale, dit-on), que les prêtres montraient seulement à ceux qui devaient pénétrer dans l'antre de Trophonius. Après quoi, le mortel purifié allait enfin à l'oracle, revêtu d'une tunique de lin, bandelettes par-dessus, et chaussé d'une manière particulière au pays.

L'oracle, placé sur la montagne qui dominait le bois sacré, était fermé par une plate-forme ronde en marbre blanc, encadrée par une grille de fer à travers laquelle étaient pratiquées les portes. Dans l'intérieur de l'enceinte, une ouverture en forme de four, construite avec beaucoup d'art et de régularité, permettait au courageux explorateur de se glisser dans l'antre. Il n'y avait pas d'escalier pour y descendre, il fallait se contenter d'une échelle étroite et légère, disposée pour cet usage. Au bas de l'échelle l'on trouvait, entre le sol et l'édifice, un trou fort étroit, dans lequel on mettait ses pieds en se couchant sur le carreau et en tenant à chaque main un gâteau pétri avec du miel. Aussitôt qu'on était entré jusqu'aux genoux dans l'ouverture, le corps était entraîné « avec autant de violence et de rapidité que l'est un homme par un de ces tourbillons que forment les fleuves les plus grands et les plus rapides. »

Une fois qu'on était parvenu au fond de l'antre secret, on n'apprenait pas toujours l'avenir de la même manière : tantôt, en effet, on voyait ce qui devait arriver, et tantôt on entendait une voix grave et terrible qui prononçait des paroles prophétiques; on remontait ensuite par l'ouverture qui avait servi pour descendre et on en ressortait les pieds les premiers.

Les prêtres s'emparaient alors de nouveau du visiteur, et, après l'avoir placé sur ce qu'on appelait le trône de Mnémosyne, qui était à peu de distance de l'antre secret, ils l'interrogeaient sur ce qu'il avait vu et entendu, après quoi, ils le remettaient entre les mains de ses amis, qui l'emportaient « encore tout épouvanté et méconnaissable, tant à lui-même qu'à ses proches, » dans le temple du Bon Génie et de la Bonne Fortune.

Et Pausanias ajoute ces paroles qui ne sont qu'à demi rassurantes : « On recouvre cependant plus tard sa raison ainsi que la faculté de rire. »

Ces épreuves avaient une réputation si terrible, qu'il était passé en proverbe, en Grèce, de dire de quelqu'un qui paraissait grave et soucieux : « il revient de l'antre de Trophonius. »

Toutefois, ces épreuves paraissent avoir été plus effrayantes que réellement dangereuses, puisque Pausanias affirme que de tous ceux qui sont descendus dans la grotte prophétique aucun n'est mort, sauf un certain garde du corps de Démétrius, qui avait eu l'imprudence d'y descendre sans observer aucune des cérémonies en usage et dont l'intention, du reste, était moins de consulter le devin que d'emporter l'or et l'argent qu'il croyait trouver dans l'antre.

En tout cas, cet oracle était fort renommé en Grèce, et l'on raconte que dans les guerres de Messénie, le vaillant Aristomène, ayant perdu son bouclier en poursuivant avec trop d'ardeur l'armée des Spartiates, descendit dans l'antre de Trophonius, ainsi que le lui avait ordonné le Pythie de Delphes, et retrouva son bouclier que dans la suite il consacra par reconnaissance à Lébadée, où on put le voir longtemps.

Il paraît que l'oracle de Trophonius ne cessa d'opérer des prodiges que longtemps après l'extinction de tous les soupiraux prophétiques de la Grèce.

«.Quoique la raison humaine eût fait des progrès,

dit M. de Pouqueville, le bois sacré et l'antre de Trophonius continuaient d'attirer de nombreuses théories à la fin du deuxième siècle de notre ère. »

Lucien qui vécut, à ce que l'on suppose, sous le règne des deux Antonins et de Commode, c'est-à-dire de l'an 120, ou environ, jusqu'à l'an 200 après Jésus-Christ, Lucien a raillé fort gaiement, avec son admirable bon sens, le héros et son oracle dans un de ses dialogues.

Trophonius vante son oracle en ces termes à Ménippe : « Mais moi, je suis un héros, et je fais véritablement connaître les événements futurs à tous ceux qui descendent dans mon antre. Tu n'as donc jamais été à Lébadée ? car tu n'aurais pas le moindre doute là-dessus. »

A quoi Ménippe répond : « Que veux-tu dire? Comment? Pour assurer que tu es mort ici comme nous tous, et voir que ta charlatanerie est la seule chose qui te distingue, il serait nécessaire d'avoir été à Lébadée ? Il faudrait s'être couvert d'un drap mystérieux, avoir porté ridiculement un gâteau entre ses mains, et, dans ce plaisant accoutrement, être descendu au fond de ta caverne, en se glissant par un petit trou étroit et obscur?... Mais dis-moi, je te prie, au nom de ton art divin, ce que c'est qu'un héros ; car, en vérité, je n'en sais rien.

TROPHONIUS.

C'est un être qui participe de la nature des dieux et de celle des hommes.

MÉNIPPE.

C'est-à-dire qui n'est précisément ni dieu ni homme, mais l'un et l'autre à la fois. En ce cas, où est maintenant ta partie divine ?

TROPHONIUS.

Elle rend des oracles en Béotie.

MÉNIPPE.

Je n'entends rien à toutes ces distinctions d'oracle ; mais ce dont je suis bien sûr, c'est que je vois ici Trophonius tout entier parmi les morts. »

(LUCIEN, *Dialogue des morts*, dial. III).

Le bon sens de Lucien a devancé le bon sens public, qui a fait justice depuis longtemps de ces absurdes superstitions. Et cependant pourrait-on affirmer, sans crainte de se voir démenti, que dans quelques-unes de nos provinces, celles qui sont les moins favorisées sous le rapport de l'instruction, la superstition populaire n'ait pas trop souvent prêté l'oreille à des prédictions qui rappellent, et d'assez près, les oracles de l'ancienne Grèce ?

La montagne calcaire, où est située cette caverne, en offre en même temps plusieurs autres, ce qui embarrasse fort les voyageurs jaloux de retrouver celle qui fut véritablement l'antre de la divinité.

« Cependant on s'accorde à regarder comme étant la grotte prophétique, dit M. de Pouqueville, celle à l'entrée de laquelle on lit gravé sur un rocher le mot de passe *Chibolet* (**ΧΙΒΟΛΕΤ** ou, suivant d'autres, **ΖΕΥΣ ΒΟΥΛΑΙΟΣ**, *Jupiter Conseiller*), fragment d'une inscription dont le surplus est illisible. » (*Voyage de la Grèce.*)

Une large croix domine l'inscription mystique, et aujourd'hui l'antre de Trophonius, transformé en chapelle, continue à être visité par quelques chrétiens qui s'y font hisser dans un panier attaché à la corde d'une poulie.

Cette grotte est remplie de niches propres à recevoir des statues et des offrandes; mais on n'y retrouve plus l'ouverture par laquelle on faisait descendre les pèlerins à la ramasse, ni la porte secrète par laquelle les prêtres introduisaient les instruments de leur fantasmagorie.

§ 3. Les Grottes ou Carrières du Pentélique.

Au nord-est de l'Attique se trouvent les fameuses carrières de marbre du Pentélique, qui servirent à la construction de tous les monuments d'Athènes, d'une partie de ceux de la Grèce et qui pourraient encore être exploitées de nos jours.

Sur la gauche des carrières, on remarque une vaste excavation conduisant dans de profondes cavernes. Cette salle d'entrée est embellie par des pilastres et des colonnes formées par des stalactites, que leur couleur et leur éclat feraient prendre pour de l'albâtre et qui lui donnent l'aspect des grottes de Paros. Dans l'une des cavernes, où l'on arrive ensuite, sont les ruines d'une chapelle.

La route qui conduit aux carrières du Pentélique porte, sur le marbre même où elle a été taillée, les

Les Grottes du Pentélique.

traces des roues des chars antiques, qui, jusqu'à l'époque d'Adrien, n'ont pas cessé d'y venir chercher des matériaux destinés à l'embellissement de la ville d'Athènes. On remarque d'endroits en endroits des blocs de marbre qui ont pris la teinte dorée du Parthénon et du temple de Thésée. Sur l'un de ces blocs, on voit aujourd'hui une petite masure, qui probablement servit d'habitation à quelque dévot ermite; il fallait une très-longue échelle pour y parvenir.

§ 4. Grotte de Panaglia.

La grotte de Panaglia ou d'Aglaure, sous l'Acropole, est une grotte d'un aspect pittoresque qui a joué aussi un rôle historique; c'est là que les jeunes Athéniens venaient jurer de mourir pour la patrie, du moins d'après le docteur Wordsworth. (*Voyage pittoresque et historique en Grèce.*)

Le Pentélique.

Un escalier primitif des Catacombes de Rome.

CHAPITRE IV.

ANTIQUITÉ ROMAINE.

§ 1. Les Catacombes de Rome.

Les fameuses Catacombes de Rome sont sans aucun doute un des plus remarquables restes de cette civilisation romaine qui nous a laissé des vestiges de tant de merveilles.

Les Catacombes de Rome sont d'interminables galeries souterraines qui s'étendent sous la ville même et dans la campagne voisine, et qui ne contiennent pas moins, à ce que l'on croit, de six millions de tombes.

Mais, avant d'esquisser l'histoire et la description des Catacombes de Rome, il serait bon, sans doute, de dire quelques mots des catacombes en elles-mêmes, de l'ancienneté et de l'universalité de ce mode de sépulture.

De toute antiquité, un grand nombre de peuples civilisés, ainsi que d'autres qui l'étaient moins, les Égyptiens, les Hébreux, les Perses, les Grecs, les Indiens, les Guanches, les Scythes, etc., comme les Romains, ont tous pratiqué cette religieuse coutume d'inhumer leurs morts, avec cette différence seulement que les uns les déposaient simplement dans la terre, et que les autres, après les avoir embaumés, les conservaient dans leurs propres maisons, ou dans des cavernes soit naturelles, soit artificielles.

« On n'enterrait pas autrement en Syrie, dit M Boissier[1]. Partout où les Tyriens ont pénétré, à Malte, en Sicile, en Sardaigne, on retrouve des sépultures semblables; M. Beulé a constaté l'existence de catacombes à Carthage; M. Renan en a vu dans la Phénicie; l'Asie Mineure, la Cyrénaïque et la Chersonèse en contiennent un grand nombre : il y en a même chez les Étrusques, auxquelles on attribue une origine nationale. »

Les Juifs[2], les Phéniciens, les adorateurs de Mithra

1. *Les Catacombes de Rome* (*Revue des Deux-Mondes*, 5 septembre 1865.)

2. On connaît actuellement à Rome deux catacombes juives,

et de Sabazius, quelquefois aussi les païens eux-mêmes fouillaient le sol pour leur sépulture. L'habitude de brûler les corps, de moins en moins fréquente à partir des Antonins, n'existait presque plus à l'époque de Macrobe.

A Rome enfin, les chrétiens n'ont pas eu le monopole de ce mode de sépulture. Au troisième siècle, rien n'était plus répandu à Rome.

Ici il faut distinguer : les anciens Romains, tant païens que juifs ou chrétiens, qui inhumaient leurs morts, les déposaient soit dans des *hypogées* ou *cryptes*, sépultures particulières qui ne contenaient tout au plus que les restes de quelques familles réunies, soit dans les *catacombes*, sépultures communes où se trouvaient réunis après la mort un grand nombre de gens ayant vécu dans les mêmes croyances, ou simplement à la même époque.

Ce sont les *hypogées* ou les *cryptes* qui remontent à la plus haute antiquité ; quant aux *catacombes*, elles ne semblent guère remonter au delà des derniers temps du paganisme.

Le mot *catacombes* lui-même n'a pas un sens extrêmement explicite : on le fait dériver du grec κατά (en bas ou proche) et κύμβος (cavité) ; quelques savants le font venir de κατά et τύμβος (tombe) en ajoutant qu'autrefois, au lieu de dire *catacombes*, on disait *catatombes*.

celle du Transtevère, qui est antérieure au christianisme, et celle de la voie Appienne. Quant aux hypogées païens, ils commencent à n'être plus rares.

Quoi qu'il en soit, ce nom fut d'abord spécialement consacré, suivant saint Grégoire (livre III, trentième lettre), à désigner le caveau dans lequel avaient été déposés les corps de saint Pierre et de saint Paul, et ce ne fut qu'un peu plus tard qu'on l'appliqua à tous les lieux souterrains qui furent convertis en cimetières publics; on a même été jusqu'à soutenir que les anciens auteurs n'avaient jamais appliqué le mot catacombe aux cimetières de Rome, mais seulement à une chapelle de saint Sébastien, où l'ancien calendrier romain marque qu'ont été mis les corps de saint Pierre et de saint Paul, sous le consulat de Tuscus et de Bassus, en 258. Les documents anciens ne désignent toutes les Catacombes que sous le nom de Cryptes ou Cimetières.

L'opinion la plus généralement admise jusqu'à nos jours était que les Catacombes de Rome devaient être considérées comme d'anciennes carrières abandonnées, asile des vagabonds, refuge des assassins, où les premiers chrétiens avaient été conduits par des esclaves, et où ils s'étaient réunis simplement pour y trouver la liberté de prier leur Dieu à leur façon, et aussi afin d'aller chercher dans le sein de la terre le droit de n'imiter personne et de rompre tout à fait avec une société qu'ils avaient en horreur. Bien des gens ne croyaient pas naguère encore aux découvertes des Bosio, des Bottari, et autres savants, et traitaient de préjugé religieux l'opinion de ceux qui regardaient les Catacombes comme les tombeaux des martyrs.

Il est bien certain que, dans les temps de persécution, les chrétiens des premiers siècles se réfugièrent fréquemment dans les Catacombes pour y célébrer en secret les cérémonies de leur religion, mais il n'est pas moins certain aujourd'hui, grâce aux récents travaux du père Marchi et surtout de M. de Rossi, que les Catacombes ont servi aux premiers chrétiens de lieu de sépulture, et que de plus, malgré l'opinion contraire qui a prévalu pendant deux siècles et juqu'à nos jours, ces Catacombes ne sont pas d'anciennes carrières abandonnées, pour la plupart du moins, mais ont été entièrement et complétement creusées par les Chrétiens.

La puissance de l'esprit d'association, mise au service d'une doctrine nouvelle, suffit avec le respect bien connu que les premiers Chrétiens professaient à l'endroit de leurs morts, pour expliquer comment une société pauvre et proscrite a pu accomplir un si grand ouvrage; d'ailleurs on regarde aujourd'hui comme fort probable que le christianisme a dû compter de riches personnages parmi ses premiers adeptes.

Il faut dire, en outre, qu'au moment où les chrétiens creusèrent leurs Catacombes, les Juifs, les adorateurs de Sabazius et de Mithra, fouillaient déjà le sol romain pour leurs sépultures, sans qu'on songeât à les en empêcher; qu'il est donc probable qu'ils ne rencontrèrent pas plus d'obstacle que ceux-ci dans l'autorité. On peut affirmer que, dans le principe du moins et pendant près de deux siècles, ils n'ont pas eu besoin de cacher leurs travaux.

A l'origine, les cimetières de Rome furent des tombeaux particuliers construits par de riches chrétiens pour eux et pour leurs frères, et dont ils conservaient la propriété sous la sauvegarde de la loi.

Mais avec le temps les conditions changèrent. A la fin du deuxième siècle, il est question dans les écrivains ecclésiastiques de cimetières qui n'appartiennent plus à des particuliers, mais qui sont ouvertement la propriété de l'Église. Tel était celui dont le pape Zéphyrin confia l'administration à Calliste et qui prit le nom de ce personnage. Quelques années plus tard, sous le pape Fabien, il y en avait déjà plusieurs et leur nombre ne cesse point d'augmenter jusqu'à Constantin.

Il est probable que la société chrétienne, pour se mettre à couvert de la loi romaine qui poursuivait sévèrement les sociétés secrètes et n'accordait pas sans examen à des associations le droit d'acquérir et de posséder, se forma en association autorisée par décret de l'empereur, à l'instar des *collegia funeratricia* (sociétés pour les funérailles), associations fort nombreuses alors à Rome, autorisées par un décret impérial et constituées par des pauvres gens qui se réunissaient et contribuaient par égales portions, afin qu'on trouvât à leur mort de quoi les faire enterrer. En tout cas, comme le fait remarquer M. Boissier, si les chrétiens n'ont pas voulu se plier aux mêmes formalités que ces sociétés légalement établies, il est certain qu'ils n'en ont pas moins tiré beaucoup de profit de leur existence.

L'histoire des Catacombes est plus difficile à retrouver que leur origine, surtout si l'on prétend remonter jusqu'à l'époque primitive.

Les documents font défaut pendant les deux premiers siècles; jusqu'au règne de Dèce on en est réduit aux conjectures.

Pendant ce temps, les chrétiens semblent avoir joui presque toujours d'une certaine liberté. Il n'est pas douteux qu'à l'origine leur doctrine n'ait été prêchée sans contrainte; les persécutions de Néron et de Domitien ne furent que des tempêtes passagères, et l'on ne voit pas d'ailleurs qu'elles se soient étendues jusqu'aux Catacombes; dans l'intervalle, sous Vespasien et sous Titus, on laissa les chrétiens tout à fait libres. Les empereurs qui suivirent, jusqu'à Septime-Sévère, prirent surtout contre eux des mesures administratives qui furent quelquefois sévèrement exécutées, mais auxquelles il était facile de se soustraire et qui n'arrêtèrent pas les progrès de la religion nouvelle. Sous Caracalla, sous Alexandre Sévère, sous les deux Philippe, les chrétiens furent non-seulement soufferts, mais protégés. Enfin, jusqu'à l'empereur Dèce, même quand la communauté chrétienne fut inquiétée, on respecta ses cimetières. « Ni l'histoire ni la légende ne disent qu'à cette époque on ait jamais tenté de les en dépouiller. Il n'est question de mesures de ce genre ni dans les vies des saints, ni dans les actes des martyrs, ni dans la fameuse lettre de Pline, ni dans la réponse de Trajan. » (BOISSIER.)

La persécution contre les morts ne date que du règne de Dèce. C'est en Afrique qu'elle commença.

« Pendant qu'Hilarianus était gouverneur, dit Tertullien, le peuple se mit à crier: Qu'ils n'aient plus de cimetières ! Et, dans la fureur de leurs bacchanales, ils osèrent arracher les cadavres des chrétiens au repos de la sépulture et à l'asile de la mort. » L'exemple fut contagieux. En l'an 257, l'empereur Valérien interdit aux fidèles de Rome l'entrée de leurs catacombes ; le pape Sixte II ayant enfreint ces ordres, fut décollé avec ses diacres et ses prêtres dans la catacombe de Prétextat. L'empereur Galien révoqua les ordres de son père, mais l'exemple était donné : les cimetières chrétiens ne retrouvèrent plus la sécurité dont ils avaient joui jusque-là. A partir de ce moment, jusqu'au règne de Constantin, la légende ne parle plus que de martyrs immolés dans les Catacombes ; c'est ainsi que nous voyons l'empereur Dioclétien faire murer toute vivante dans les Catacombes de la voie Salaria une nombreuse société de Chrétiens, qui les fréquentait malgré les édits.

Avec Constantin, les choses changèrent de face : on répara, on élargit, on embellit les Catacombes, on construisit des entrées magnifiques, des escaliers commodes, enfin on honora de toutes les manières l'asile des jours mauvais. Il est vrai qu'en voulant faire les Catacombes plus belles, on leur enleva beaucoup de leur caractère et de leurs souvenirs.

Bientôt, la foi des premiers jours s'attiédissant dans le triomphe, le respect qu'inspiraient les cimetières souterrains, témoins des luttes du passé, diminua avec elle ; dès l'époque de Constance, les inhumations dans les Catacombes devinrent plus rares ; puis, après quelques hésitations, l'habitude d'enterrer les morts dans les églises l'emporta, et les Catacombes furent abandonnées. Il y avait juste cinq siècles qu'on y ensevelissait les morts.

On continua cependant longtemps à visiter les Catacombes, en souvenir des persécutions et pour rendre hommage aux corps des martyrs. Saint Jérôme raconte « qu'étant enfant il y descendait le jour du Seigneur avec ses camarades et pénétrait jusque dans les cryptes, dont les parois montrent de tous côtés des cadavres ensevelis, et où il règne une obscurité si profonde qu'on serait tenté d'y trouver l'accomplissement des paroles du Prophète : Vivants, ils sont descendus dans les enfers. » On y venait de tous les pays de la chrétienté, ainsi que le montrent de curieuses notices fort anciennes qui sont comme des guides du voyageur aux tombeaux des martyrs. Il nous reste aussi quelques itinéraires de pèlerins qui les ont visités dans les dernières années de l'Empire. — « Tous ceux qui venaient les voir, voulaient emporter quelques pieux souvenirs de leur voyage. D'ordinaire ils versaient à profusion des parfums précieux sur la pierre brisée du tombeau et recueillaient les moindres gouttes qui s'échappaient par les fentes inférieures, après avoir touché le corps du saint. Il y eut même une reine de Lombardie qui envoya tout exprès un prêtre pour recueillir et rapporter l'huile des lampes qui brûlaient auprès du tombeau des martyrs. » (Boissier.)

Les invasions des barbares interrompirent ce culte. Pour mettre les saintes reliques à l'abri des ravages des Alaric, des Vitigès, des Ataulf, on se résigna à les enlever des tombeaux des martyrs et à les rapporter à Rome où elles furent distribuées entre les différentes églises. Dès lors on n'eut plus de raison de visiter les Catacombes, on en perdit la trace et le souvenir, personne ne s'occupa plus d'elles.

Cependant des inscriptions trouvées dans les Catacombes prouvent, par la date même à laquelle elles furent tracées, que quelques rares personnes, à diverses époques, eurent la curiosité de se risquer dans leurs galeries et d'en explorer quelques parties. Ainsi une inscription tracée au charbon dans une chambre du cimetière de Prétextat et rapportée par Marangoni (*Act. S. Victorin.*, Append. p. 114) porte la date de 1490 et est ainsi conçue : *Hic D. Raynutius de Farnesio fuit cum sodalibus* (*D. R. de Farnèse est venu ici avec ses amis*). Une autre inscription, tracée dans une chambre voisine, est datée de 1467 et porte le nom d'un abbé de saint Hermès de Pise (*Dns abb id est Dns sci Ermetis*) et ceux de huit de ses religieux.

Mais ces visites sont tout à fait exceptionnelles et l'on peut dire, avec l'abbé Martigny[1], que, jusqu'à l'époque de Bosio, les hypogées sacrés des premiers chrétiens et des martyrs furent presque complétement oubliés. « Le vrai Christophe Colomb des cryptes sacrées des martyrs, dit l'abbé Martigny, c'est l'immortel Bosio. »

Toutefois, avant Bosio, quelques studieux et érudits explorateurs lui ont préparé la voie.

Ainsi Panvinio, vers le milieu du seizième siècle,

1. *Dictionnaire des Antiquités chrétiennes*, au mot *Catacombes*.

fit, en prenant pour guides quelques livres anciens, un relevé de quarante-trois cimetières romains (*De cœmeteriis urbis Romæ in Plotimæ Vitis rom. pontif.* ou dans le *De ritu sepeliend. mort.*, cap XII.)

En 1578, le dominicain Alphonse Ciacconio descendit dans le cimetière de Priscille, sous la voie *Salaria*, le visita soigneusement et réunit dans un album un certain nombre de croquis qu'il y avait pris.

Vers le même temps, Philippe Wingh, gentilhomme de Louvain et neveu de l'antiquaire Philippe Wingh, étant venu à Rome, se lia d'amitié avec Ciacconio, visita à son tour le cimetière de Priscille où il releva bon nombre d'inscriptions et fit beaucoup de dessins qui furent malheureusement perdus.

Bosio paraît avoir eu entre les mains à la fois et les dessins de Wingh et l'*Itinéraire* de Panvinio; on peut donc suppossr qu'il fut mis sur les traces des Catacombes par la découverte de celle de Sainte-Priscille.

Antoine Bosio, dit l'abbé Martigny, était Maltais de naissance, avocat de profession, et résidait à Rome, vers le milieu du seizième siècle, en qualité d'agent de l'ordre de Malte. Jamais vocation d'antiquaire ne fut si fortement prononcée, ni plus vaillamment suivie que la sienne; cet homme de génie, dont les forces physiques durent égaler l'énergie morale, consacra trente-cinq ans de sa vie et des sommes considérables à fouiller les Catacombes dans tous les sens. A l'aide des documents qu'il avait entre les mains, il se mettait d'abord à la recherche de l'emplacement où, selon les probabilités les plus plausibles, chaque cimetière devait être retrouvé ; il saisissait avec empressement et exploitait avec la plus rare sagacité tous les indices que le hasard venait lui fournir, tels qu'un éboulement de terrain, l'excavation d'un puits ou d'une cave, etc. ; et, lorsque enfin un accès quelconque lui était ouvert, il n'y avait plus ni danger ni obstacle qui pût l'empêcher de descendre dans les Catacombes. Il dût plus d'une fois s'ouvrir de ses propres mains, et au péril de sa vie, un passage pour pénétrer dans des galeries qui se trouvaient bouchées par des alluvions ou des éboulements séculaires. Il raconte lui-même que, voulant visiter avec quelque sécurité le cimetière de Saint-Calliste, il se munit d'un peloton de fil, dont il attacha un bout à l'entrée, s'arma de pelles et de pioches, et, avec une abondante provision de bougies et de comestibles, s'enfonça dans ces immenses labyrinthes, pour n'en sortir qu'après plusieurs jours et plusieurs nuits d'incessantes explorations. Il ne laissai rien échapper de ce qui offrait quelque intérêt, il copiait toutes les inscriptions, relevait toutes les peintures, traçait des plans avec une fidélité à laquelle les savants modernes, entre autres d'Agincourt et le P. Marchi, ne se lassent pas de rendre hommage.

Bosio mourut avant d'avoir pu publier le résultat de ses recherches. Son manuscrit fut publié trente ans après sa mort, en un volume grand in-folio sous ce titre : *Roma sotterranea*, par les soins de l'oratorien Jean Severano ; l'édition princeps romaine est de 1632 ; quinze ans après, Aringhi en publia une édition latine ; c'est la plus répandue.

Nombre de savants, depuis Bosio, ont visité en tous sens la Rome souterraine et ont écrit sur elle des ouvrages importants. Au premier rang se placent Aringhi, Boldetti, Bottari, Marchi, et enfin tout récemment M. de Rossi, qui a entrepris un travail considérable et placé à un nouveau point de vue[1], dans lequel il renverse d'une façon irréfutable les fausses idées généralement adoptées sur les Catacombes. Grâce aux travaux de ces savants, ces précieux monuments de l'origine du christianisme sont devenus impérissables et demeurent à tout jamais acquis à la science. Malheureusement, les voies souterraines des galeries sont de plus en plus obstruées par de fréquents éboulements, et auraient bon besoin d'un entretien que l'incurie ou l'indigence du gouvernement romain leur refuse complétement.

Les Catacombes de Rome ont une sorte de renommée légendaire et effrayante que le récit de quelques aventures tragiques, arrivées à diverses époques, n'a pas peu contribué sans doute à entretenir ; on cite en effet plusieurs visiteurs imprudents qui se sont égarés dans les labyrinthes de ces galeries sépulcrales et qui y sont morts de faim, sans avoir pu retrouver l'issue ; le plus connu de ces accidents est celui arrivé au peintre français Robert[2], et qui a fourni à l'abbé De-

1. *Roma sotterrana christiana ed illustrata dal cav. J. B. de Rossi*, t. I, Rome, 1864. (Le tome I a seul paru jusqu'ici.)

2. Le musée du Louvre possède plusieurs tableaux de Robert (Hubert), représentant des ruines antiques avec le contraste de scènes vulgaires de la vie moderne.

lille le sujet d'un remarquable épisode de son poëme de l'*Imagination*.

Voici ces vers qui s'associent tout naturellement à notre sujet :

Sous les remparts de Rome et sous ses vastes plaines
Sont des antres profonds, des voûtes souterraines,
Qui, pendant deux mille ans, creusés par les humains,
Donnèrent leurs rochers aux palais des Romains;
Avec ses rois, ses dieux et sa magnificence,
Rome entière sortit de cet abîme immense.
Depuis, loin des regards et du fer des tyrans,
L'Église encore naissante y cacha ses enfants,
Jusqu'au jour où du sein de cette nuit profonde,
Triomphante, elle vint donner des lois au monde,
Et marqua de sa croix les drapeaux des Césars.
Jaloux de tout connaître, un jeune amant des arts,
L'amour de ses parents, l'espoir de la peinture,
Brûlait de visiter cette demeure obscure,
De notre antique foi vénérable berceau.
Un fil dans une main et dans l'autre un flambeau,
Il entre, il se confie à ces voûtes nombreuses,
Qui croisent en tous sens leurs routes ténébreuses;
Il aime à voir ce lieu, sa triste majesté,
Ce palais de la nuit, cette sombre cité,
Ces temples où le Christ vit ses premiers fidèles,
Et de ces grands tombeaux les ombres éternelles.
Dans un coin écarté se présente un réduit,
Mystérieux asile où l'espoir le conduit.
Il voit des vases saints et des urnes pieuses,
Des vierges, des martyrs dépouilles précieuses;
Il saisit ce trésor, il veut poursuivre, hélas!
Il a perdu le fil qui conduisait ses pas;
Il cherche, mais en vain, il s'égare, il se trouble,

Il s'éloigne, il revient, et sa crainte redouble;
Il prend tous les chemins que lui montre la peur;
Enfin, de route en route et d'erreur en erreur,
Dans les enfoncements de cette obscure enceinte,
Il trouve un vaste espace, effrayant labyrinthe,
D'où vingt chemins divers conduisent à l'entour.
Lequel choisir? Lequel doit le conduire au jour?
Il les consulte tous, il les prend, il les quitte;
Il appelle, l'écho redouble sa frayeur;
De sinistres pensers viennent glacer son cœur.
L'astre heureux qu'il regrette a mesuré dix heures
Depuis qu'il est errant dans ces noires demeures;
Ce lieu d'effroi, ce lieu d'un silence éternel,
En trois lustres entiers voit à peine un mortel;
Et, pour comble d'effroi, dans cette nuit funeste,
Du flambeau qui le guide il voit périr le reste.
Craignant que chaque pas, que chaque mouvement,
En agitant la flamme, en use l'aliment,
Quelquefois il s'arrête et demeure immobile.
Vaines précautions! tout soin est inutile,
L'heure approche, et déjà son cœur épouvanté
Croit de l'affreuse nuit sentir l'obscurité.
Il marche, il erre encor sous cette voûte sombre,
Et le flambeau mourant fume et s'éteint dans l'ombre.
Il gémit; toutefois, d'un souffle haletant
Le flambeau ranimé se rallume à l'instant.
Vain espoir! par le feu la cire consumée,
Par degrés s'abaissant sur la mèche enflammée,
Atteint sa main souffrante, et de ses doigts vaincus
Les nerfs découragés ne la soutiennent plus:
De son bras défaillant enfin la torche tombe,
Et ses derniers rayons ont éclairé sa tombe.
O toi, qui d'Ugolin traças l'affreux tableau,
Terrible Dante, viens, prête-moi ton pinceau,

Prête-moi tes couleurs, peins, dans ces noirs dédales,
Dans la profonde horreur des ombres sépulcrales,
Ce malheureux qui compte un siècle par instants,
Seul... Ah ! les malheureux ne sont pas seuls longtemps ;
L'imagination de fantômes funèbres
Peuple leur solitude et remplit leurs ténèbres.
L'infortuné déjà voit cent spectres hideux :
Le délire brûlant, le désespoir affreux,
La mort.., non cette mort qui plaît à la victoire,
Qui vole avec la foudre et que pare la gloire,
Mais lente, mais horrible, et traînant par la main
La faim qni se déchire et se ronge le sein.
Son sang, à ces pensers, s'arrête dans ses veines.
Et quels regrets touchants viennent aigrir ses peines !
Ses parents, ses amis, qu'il ne reverra plus !
Et ces nobles travaux qu'il laisse suspendus !
Ces travaux qui devaient illustrer sa mémoire,
Qui donnaient le bonheur et promettaient la gloire !
Et celle dont l'amour, celle dont le souris
Fut son plus doux éloge, et son plus digne prix !
Quelques pleurs de ses yeux coulent à cette image,
Versés par le regret et séchés par la rage.
Cependant il espère, il pense quelquefois
Entrevoir des clartés, distinguer une voix.
Il regarde, il écoute... hélas ! dans l'ombre immense
Il ne voit que la nuit, n'entend que le silence ;
Et le silence ajoute encore à sa terreur.
Alors, de son destin sentant toute l'horreur,
Son cœur tumultueux roule de rêve en rêve ;
Il se lève, il retombe, et soudain se relève,
Se traîne quelquefois sur de vieux ossements.
De la mort qu'il veut fuir horribles monuments !
Quand tout à coup son pied trouve un léger obstacle ;
Il sent, il reconnaît le fil qu'il a perdu,

Et de joie et d'espoir il tressaille éperdu.
Ce fil libérateur, il le baise, il l'adore,
Il s'en assure, il craint qu'il ne s'échappe encore,
Il veut le suivre, il veut revoir l'éclat du jour ;
Je ne sais quel instinct l'arrête en ce séjour :
A l'abri du danger, son âme encor tremblante
Veut jouir de ces lieux et de son épouvante.
A leur aspect lugubre il éprouve, en son cœur,
Un plaisir agité d'un reste de terreur.
Enfin, tenant en main son conducteur fidèle,
Il part, il vole aux lieux où la clarté l'appelle.
Dieux ! quel ravissement, quand il revoit les cieux,
Qu'il croyait pour jamais éclipsés à ses yeux !
Avec quel doux transport il promène sa vue
Sur leur majestueuse et brillante étendue !
La cité, le hameau, la verdure, les bois,
Semblent s'offrir à lui pour la première fois ;
Et, rempli d'une joie inconnue et profonde,
Son cœur croit assister au premier jour du monde.

Après l'histoire des Catacombes, nous allons en donner le plus brièvement possible une description succincte.

Qu'on se figure une longue série de galeries interminables, d'un mètre à un mètre cinquante centimètres de largeur sur une hauteur variant d'un à quatre mètres, qui se croisent sans cesse en formant une multitude de carrefours, et constituent un labyrinthe inextricable; il n'y a ni maçonnerie ni voûte; la terre se soutient d'elle-même. Les murailles de ces sortes de rues souterraines sont formées par les niches, ou *loculi*, où l'on mettait les corps. De distance en distance, on rencontre des espaces plus larges, ordinairement carrés; c'est ce qu'on appelle les chambres, ou *cubicula*. Ces galeries reçoivent l'air extérieur par des ouvertures, placées quelquefois à trois cents pas l'une de l'autre, et dont la plupart même sont obstruées par l'éboulement des terres. Presque toutes les galeries sont creusées à deux ou plusieurs étages qui communiquent entre eux au moyen d'escaliers.

Nous avons dit que, si les chrétiens préférèrent les sépultures souterraines, ce fut moins pour déjouer la surveillance du pouvoir que pour rester fidèles aux traditions de l'Église naissante qui, en sortant de la communauté juive, avait conservé d'elle cette habitude; ajoutons que ce fut aussi et surtout pour imiter le tombeau du Christ, dont la vie et la mort étaient l'exemple des chrétiens. Il n'est pas douteux, dit M. Boissier, que le sépulcre de Joseph d'Arimathie, « qui n'avait pas servi et qu'il avait fait tailler dans le roc » avec sa niche horizontale, surmontée, comme unique ornement, d'un arceau cintré (*arcosolium*), n'ait servi de modèle aux premières tombes chrétiennes.

A l'origine, alors que l'on se groupait autour des évêques et des martyrs, les Catacombes avaient peu d'étendue; ce ne fut guère que sous Caracalla, Alexandre Sévère, les deux Philippe, dans les jours de paix et de tranquillité, qu'elles prirent l'immense accroissement qui fait notre admiration aujourd'hui.

Voici comment elles se sont peu à peu développées: dans les galeries, qu'on construisit les premières, les niches où l'on plaçait les morts étaient larges, éloignées les unes des autres, il y avait beaucoup de place perdue; le nombre des fidèles augmentant, il fallut bientôt serrer les tombes et en construire dans les endroits vides; ce moyen ne suffit pas longtemps et l'on dut se décider à agrandir les Catacombes; on creusa à différents niveaux; il y eut quelquefois jusqu'à cinq étages de galeries superposées dans la même crypte: le premier était à sept ou huit mètres du sol, le dernier atteignait à la profondeur de quatre-vingt-cinq mètres; ces agrandissements durent donner beaucoup de place, la communauté des chrétiens a dû s'en contenter longtemps; cependant, le nombre des fidèles s'accroissant toujours, les petits hypogées voisins poussèrent l'un vers l'autre des ramifications nombreuses et plusieurs d'entre eux, en se joignant, formèrent un cimetière. Les cimetières ne sont donc que la réunion de quelques-unes de ces cryptes primitivement isolées, et, s'ils ont encore aujourd'hui un si grand nombre d'entrées, c'est que chaque crypte avait la sienne et la conserva; tous ces cimetières auraient pu même être réunis entre eux et ne former qu'une seule chrétienté souterraine, s'ils ne s'étaient souvent trouvés séparés les uns des autres par des vallées profondes et marécageuses, où l'eau séjournait après les orages.

Jusqu'à ce moment, tous ces travaux s'étaient librement et ouvertement exécutés, on n'avait pas cherché à dissimuler les entrées, des escaliers magnifiques s'ouvraient librement sur la campagne; mais, quand vinrent les persécutions, avec l'empereur Dèce et ses successeurs jusqu'à Constantin, on se mit à creuser timidement des escaliers tortueux dont les entrées s'ouvraient dans des carrières abandonnées, on laissa la terre provenant des fouilles nouvelles, entassée dans les chambres qui ne servent plus et où on les voit encore de nos jours, on obstrua les cryptes, on mura les passages, on déroba si soigneusement à tous les yeux les corps des martyrs, que plusieurs dans la suite ne purent plus être retrouvés ; ces mesures de précaution, d'ombre et de secret, durèrent jusqu'à Constantin.

Sous Constantin, la dévotion mal réglée des fidèles fit courir un autre danger aux Catacombes. « Tout le monde voulait être enterré le plus près possible des martyrs. Quand la place était prise, on s'en faisait une aux dépens du premier occupant : les vieilles inscriptions étaient détruites sans scrupule, on creusait des niches dans des murs couverts de fresques admirables. » (BOISSIER.)

En outre, les tombes, jadis creusées par les fidèles eux-mêmes dévoués à cette œuvre pie, le furent désormais par des mercenaires qui spéculèrent sur la main-d'œuvre et le terrain. On peut voir encore sur les murailles des Catacombes les traces des contrats de vente signés par ces funèbres spéculateurs.

Peu après, les Catacombes étaient abandonnées, et si précipitamment, qu'on a trouvé des chambres et des galeries préparées par le fossoyeur, et qui n'ont pas été occupées.

La plupart des Catacombes qui sont restées accessibles, ont leur entrée dans l'église même qui fut construite, à l'époque où le christianisme triompha de ses adversaires, au-dessus même de leur emplacement, et à la place des petites chapelles primitives (*cellæ* ou *memoriæ majorum*); c'est ce qui a lieu à Saint-Sébastien, à Sainte-Agnès et à Saint-Laurent-hors-des-murs. Dans beaucoup d'autres cimetières, l'entrée se trouve au milieu des vignes qui couvrent une partie du sol de Rome antique, dans l'enceinte même de Rome moderne, ou bien elle est tout à fait perdue, et l'on ne pénètre dans ces cimetières que par des soupiraux extérieurs, ou par des ouvertures pratiquées fortuitement à la surface du sol.

Nous ne pouvons pas donner ici les noms des soixante cimetières et plus, que l'on connaît aujourd'hui, et dont l'ensemble constitue les Catacombes de Rome; nous ne parlerons que des plus connus.

Le plus vaste de tous et celui qui contient le plus de tombeaux illustres, c'est le cimetière de Calliste sous la voie *Appia*. Les anciens documents s'accordent à dire que, depuis Zéphyrin jusqu'à Miltiade, tous les papes y ont été enterrés; seulement, on n'était pas d'accord sur l'emplacement qu'il devait occuper; c'est M. de Rossi qui lui a assigné sa véritable place.

La crypte de Lucine, tout unie qu'elle est au vaste cimetière de Calliste, forme à elle seule un petit ensemble qui a son histoire particulière. C'est évidemment un de ces hypogées qui remontent aux premiers temps du christianisme; elle occupe un espace de cent pieds de long sur cent quatre-vingts de large : c'étaient les limites du champ acheté par Lucina et dans lequel elle avait fait construire un tombeau pour elle et pour ses frères en Jésus-Christ. Au-dessus de l'emplacement occupé par cette crypte, on retrouve les restes d'un monument antique qui devait avoir grande apparence, à en juger par ses fondations qui, seules, ont survécu; c'était sans doute un de ces édifices funèbres, un de ces *memoriæ martyrum*, qu'on avait l'habitude d'élever sur le sol extérieur, au-dessus de l'emplacement des tombeaux. Il est donc fort probable que la crypte de Lucine est une de ces anciennes catacombes qui ont été le principe des grands cimetières chrétiens.

Les cimetières de Prétextat et de Saint-Sébastien, sous le mont Vatican, sont placés près de celui de Calliste, avec lequel on les a souvent confondus. Le premier est célèbre par la mort du pape Sixte II qui y fut surpris et décollé avec tous ses diacres et ses prêtres, sous le règne de Valérien; quant au second, c'est le plus ancien que l'on connaisse et le premier auquel les anciens documents donnent le nom de catacombe : c'est dans une chapelle de ce cimetière que furent déposés, dit-on, les corps de saint Pierre et de saint Paul.

Citons ensuite :

Sous la voie *Aurelia* : le cimetière de Calépodius ou de Saint-Calépode, celui de l'église Saint-Pancrace, celui du pape Jules, celui de Saint-Procès et de Martinien ou de Sainte-Agathe;

Sous la voie *Portuensis* : ceux de Saint-Félix, de Pontien ou Abdon et Sennen, de Généreuse;

Sous la voie *Ostiensis* ou d'Ostia : ceux des Saints-

Félix et d'Adaucte ou de Comodille, de Saint-Cyriaque, de Saint-Timothée, de Saint-Zénon;

Sous la voie *Ardeatina :* celui de Sainte-Pétronille;

Sous la voie *Appia :* ceux de Mars, de Marcellin, de Damase, de Saint-Zéphyrin;

Sous la voie Latine : ceux d'Apronien, de Gordien et d'Épimaque, de Saint-Simplicien, de Servilien, de Quartus et de Quintus, de Tertullien;

Sous les voies *Labicana* et *Prænestina :* ceux de Tiburce, Marcellin, Pierre, Sainte-Hélène, Claude, Nicostrate, Castor, Symphorien, Castule, Zotique;

Sous la voie *Tiburtina* ou de Tivoli : ceux de Saint-Cyriaque;

Sous la voie *Nomentana :* le cimetière *ad Nymphas*, ceux de Niomède, du pape Alexandre, de Prime, de Félicien, etc.;

Sous la voie *Salaria :* ceux de Sainte-Priscille, de Sainte-Félicité, d'Alexandre, de Vital, Martial, Chrysante et Daria, de Novel, d'Ostrien, de Saint-Hilaire, de Thrason, de Saturnin, d'Hermès, de Basile, de Protus, d'Hyacinthe;

Sous la voie *Flaminia*, qui vient regagner la rive gauche du Tibre et qui le traverse à Ponte-Molle, les cimetières de Saint-Valentin, et un autre des papes Jules, etc.

Enfin, tout dernièrement, en 1864, les fouilles ont mis à découvert l'entrée de l'un des plus anciens cimetières de Rome, celui de *Domitilla*. Cette entrée dément tout à fait l'idée qu'on se faisait autrefois des Catacombes; c'est une porte d'une architecture simple et classique, qui dénote une bonne époque de l'art ; au-dessus du fronton, on voit la place d'une inscription qui a disparu ; par la porte, on pénètre dans un vestibule orné de peintures gracieuses qui offrent des scènes champêtres très-habilement exécutées. « C'est comme un coin de Pompéi, » nous dit M. de Rossi. Des deux côtés du vestibule s'étendent des salles destinées sans doute aux repas funèbres ou à la garde du monument. Toute cette partie du cimetière de *Domitilla* s'élevait au-dessus du sol, et devait frapper les yeux de tout le monde. Le cimetière de *Domitilla* paraît à M. de Rossi devoir remonter à l'époque de Vespasien ou de Titus.

Domitilla, suivant M. Desjardins[1], était la femme ou plutôt la nièce de Flavius Clemens, le premier martyr du sang impérial. Ce cimetière n'est pas le seul d'ailleurs que nous trouvons désigné ordinairement dans les plus anciens documents d'un nom propre qui n'est pas celui des martyrs et des confesseurs qui y sont ensevelis, mais qui est probablement celui de ses premiers propriétaires, soit de femmes pieuses comme Lucina, Comodilla, soit de gens riches et généreux comme Calipodius, Prétextat ou Thrason.

Les galeries des cimetières n'ont généralement d'autre décoration que les niches, creusées les unes au-dessus des autres sur plusieurs rangées et fermées au moyen de briques fort larges, ou de morceaux de

1. *Les Catacombes de Rome, M. de Rossi*. Esnest Desjardins (*Moniteur* des 15 et 16 février 1860).

marbre cimentés d'une manière qu'on aurait peine à imiter de nos jours. Ces niches étaient fermées, parce que, les cimetières restant ouverts aux fidèles, il était nécessaire de protéger les corps contre l'indiscrète curiosité des visiteurs ; dans les Catacombes juives, au contraire, qui ne s'ouvraient que quand on voulait y ensevelir quelqu'un, on se contentait de rouler une pierre à l'entrée du caveau.

Les tombeaux des personnages les plus importants sont surmontés d'un arceau cintré ou *arcosolium*, qu'on ne retrouve pas au-dessus des autres. En outre, les chambres, ou *cubicula*, où sont ces tombeaux, sont généralement enduites de stuc et ornées de peintures, dont les plus anciennes figurent des ornements profanes et dont d'autres offrent un singulier mélange de traditions païennes et de sujets chrétiens. « Quand on regarde les meilleures peintures qui tapissent les chambres des Catacombes, dit M. Boissier, il est un souvenir qui revient aussitôt à l'esprit et auquel on ne peut plus échapper, celui des maisons de Pompéi. Ce sont les mêmes bordures gracieuses, les mêmes oiseaux, les mêmes fleurs, les mêmes scènes champêtres avec ces petits génies ailés qui portent le raisin et font la vendange. L'illusion serait complète si l'on n'apercevait de temps en temps ces images de femmes si décemment voilées qu'on appelle les *orantes*, et dont l'attitude grave et l'air sérieux conviennent si bien à des sculptures chrétiennes. Les chrétiens se contentaient de reproduire les peintures anciennes qui, par interprétation, pouvaient le mieux s'appliquer à leurs

Une vue dans les Catacombes de Rome, d'après M. de Rossi.

doctrines. Ils copiaient, par exemple, la fable d'Orphée en la rapportant à la prédication du Christ, ou celle d'Ulysse et des Sirènes, qu'ils expliquaient par la nécessité de résister aux tentations. L'image même du bon pasteur, si fréquente dans les Catacombes et qui semble alors la représentation ordinaire et autorisée du Sauveur[1], n'était pas non plus tout à fait chrétienne; elle se retrouve, à peu de chose près, dans le tombeau de Nason et dans d'autres sépultures païennes, et l'on est à peu près d'accord aujourd'hui pour la regarder comme une reproduction du célèbre Mercure Criophore de Calamis. » Les sculptures et les bas-reliefs qui ornaient les pierres tumulaires étaient également d'un caractère tout à fait païen.

On a trouvé dans les Catacombes un grand nombre d'objets qui avaient été à l'usage des morts et qu'on avait ensevelis avec eux. Il est à remarquer que toutes les sociétés naissantes ont suivi cette pratique, adoptée par les premiers chrétiens, d'ensevelir les morts avec ces souvenirs matériels de leur vie, qui sont aujourd'hui si utiles aux antiquaires pour les aider à ressusciter les âges éteints. Le Musée chrétien de Rome renferme quantité de ces objets recueillis dans les Catacombes; on y remarque des jouets d'enfants consistant en petites poupées d'ivoire ou d'os, en petits masques et en clochettes, des bijoux, des étoffes précieuses, des peignes d'ivoire ou de buis, des anneaux, des colliers

1. Quant à l'image de la croix, elle apparaît rarement dans les Catacombes; ce n'est que beaucoup plus tard, du reste, qu'elle devint le signe distinctif du christianisme.

et des bracelets, des boîtes à parfum, des vases, des miroirs et d'autres objets de toilette, et bon nombre d'ustensiles parmi lesquels des vases en terre ou en verre et des lampes en terre, en bronze, en argent ou même en ambre.

Il nous reste à parler maintenant des anciennes inscriptions qu'on lit encore aujourd'hui dans les Catacombes. Ces inscriptions sont ordinairement tracées sur les plaques de marbre ou sur les briques qui fermaient les tombeaux; presque toujours elles relatent simplement le nom du mort avec le jour où il a été inhumé, sans faire mention de sa position sociale : c'est à peine si les tombes des prêtres et des évêques, ou celles des martyrs, sont désignées par une inscription à la pieuse attention des fidèles. Cette sobriété d'épigraphie est même cause que l'on ne peut guère fixer d'une manière précise l'âge des divers cimetières : on en est réduit à le conjecturer tantôt d'après la forme des lettres et la qualité du travail, tantôt d'après les noms mêmes (car les noms changent suivant les temps), tantôt et surtout d'après le caractère et le mérite des fresques qui couvrent certaines chambres. On voit aussi parfois sur les briques une branche de palmier avec ce chiffre XP peint ou gravé, qu'on interprète communément *pro Christo* ; il paraît cependant que ce chiffre était en usage longtemps avant Jésus-Christ : l'abbé Bencini prétend qu'il est composé des deux lettres grecques XP sous lesquelles était caché quelque sens mystique : mais personne, dit Chambers, ne les expliqua. Parfois, mais assez rarement, les inscriptions ne se contentent pas de relater le nom du mort et la date de l'inhumation, elles contiennent aussi quelques formules, quelques invocations, qui rappellent d'une façon surprenante les inscriptions profanes. C'est ainsi qu'on y retrouve assez souvent l'invocation païenne aux dieux mânes (*diis manibus*). Les autres formules que l'on retrouve le plus fréquemment, sont celles-ci : « Vivez en paix, » qui est d'origine juive, et cette autre, qui paraît au premier abord plus singulière : « Que Dieu vous donne le rafraîchissement ! » Tertullien nous apprend que cette dernière formule était la prière que les dévots d'Osiris faisaient graver sur leurs tombeaux.

A côté des inscriptions anciennes, il ne faut pas oublier de mentionner les inscriptions laissées par les visiteurs le long des escaliers ou des galeries des Catacombes. Ces inscriptions, ou *graffiti*, comme on les appelle en Italie, sont le plus souvent assez insignifiantes. Quelques-unes cependant ne manquent pas d'intérêt et semblent dictées par un élan du cœur : tantôt le pèlerin écrit simplement son nom en demandant avec humilité quelques prières pour lui ou en faisant des souhaits pieux pour les autres (*Eustathius humilis peccator : tu qui legis, ora pro me, et habeas Dominum protectorem*) ; tantôt il implore les saints pour lui ou pour les personnes qu'il aime (Saints martyrs, souvenez-vous de *Dionysius*. — Demandez que *Verecundus* et les siens aient une heureuse navigation. — Obtenez le repos pour mon père et pour mes frères). Le plus souvent, il se contente d'employer cette courte formule : « Vivez, ou, qu'il vive en Dieu ! » A l'entrée de la crypte de Lucine, on trouve ces mots plusieurs fois répétés : « Sophronie, vis en Dieu! *Sophronia, vivas Deo!* » Sans doute, après avoir écrit ces paroles, dit M. Desjardins, le voyageur a pénétré dans la crypte, il s'est agenouillé au pied du tombeau des martyrs, et il est probable qu'avec la prière la confiance est entrée dans son cœur; c'est ce que prouve l'inscription suivante, tracée par la même main, du côté de la sortie : « Sophronie, ma chère Sophronie, tu vivras toujours; oui, tu vivras dans le Seigneur : *Sophronia dulcis, semper vives Deo, Sophronia, vives!* »

Nous ne quitterons pas ces fameuses Catacombes de Rome, qui ont joué un si grand rôle dans les origines du christianisme, sans faire remarquer combien leur influence se fait sentir puissamment encore aujourd'hui. En effet, en abandonnant les Catacombes pour le grand jour, le christianisme a conservé la plupart des usages que le mystère et l'obscurité, où il avait été forcé de vivre, l'avaient contraint d'adopter. Ainsi les premiers autels furent la pierre sépulcrale qui recouvrait le corps d'un martyr mis à mort en confessant la vraie foi : de là le nom de *confession* donné pendant longtemps aux autels chrétiens; de là l'usage de conserver précieusement les reliques des saints sous la pierre sacrée de l'autel. Les cierges qui brûlent dans nos églises, les lumières qui sans cesse y brillent, ne sont que le souvenir des torches et des lampes destinées à combattre l'obscurité des Catacombes. On peut aussi regarder les petits souterrains qui se trouvent disposés autour des chambres principales comme le modèle et l'origine des chapelles latérales qui, dans nos églises, sont rangées autour de la nef principale.

§ 2. Les Catacombes de Naples.

Les catacombes les plus célèbres et les plus remarquables que nous trouvions en Italie après celles de Rome, sont celles de Naples sur la Péninsule, et celles de Syracuse, de Palerme, d'Agrigente et de Catane en Sicile. Nous ne parlerons que des plus intéressantes.

Les Catacombes de Naples n'ont pas l'importance historique de celles de Rome, mais elles sont bien plus belles et plus spacieuses. Celles dites de Saint-Janvier, par exemple, c'est-à-dire celles dont l'entrée est dans l'église de ce nom, ont plus de deux milles de longueur; elles vont depuis *San-Efrino-Vecchio*, église de capucins qui est du côté de *Capo di Chino* sur le chemin de Capoue et de Rome, jusqu'à la *Salute*, qui est du côté du Midi.

Ces catacombes ne s'étendent pas, comme celles de Rome, sous la ville même; elles sont pratiquées dans une montagne voisine, à travers des bancs d'une pouzzolane durcie que l'on prendrait quelquefois pour du tuf.

On y descend par quatre entrées principales, qui sont celles de *San-Severo*, de *Santa-Maria della Sanita*, de *l'Ospicio di San-Gennaro* et de *Santa-Maria della Vita*.

Il y a trois étages de galeries les unes au-dessus des autres; mais, les tremblements de terre et les éboulements ayant comblé en partie l'étage inférieur, on ne peut plus y pénétrer.

On entre d'abord dans une grande galerie droite, large de dix-huit pieds et haute de quatorze à quinze dans les points les plus élevés. Cette galerie devient ensuite tortueuse et aboutit à une espèce de carrefour qui communique à plusieurs autres galeries plus ou moins élevées, plus ou moins étroites, lesquelles semblent avoir été excavées au hasard dans la montagne.

Dans toute la largeur des murs, on aperçoit des deux côtés une quantité prodigieuse de cavités percées horizontalement: on en voit quelquefois cinq, six ou même sept, les unes au-dessous des autres. Ces cavités sont toutes assez grandes pour recevoir un corps humain, elles sont inégales; il semble même qu'on ne les faisait que sur la grandeur de ceux qu'on devait y mettre, tant les mesures en sont variées : il y en a pour tous les âges, et il en est de si petites qu'elles n'ont pu servir qu'à des enfants. Lorsque les corps avaient été déposés dans ces niches, on en fermait l'entrée avec une longue pierre plate, ou avec plusieurs grandes tuiles rapprochées et scellées à chaux et à ciment. Aujourd'hui, toutes ces niches sont vides, on en a enlevé les cadavres; un petit nombre seulement renferment encore quelques ossements.

De distance en distance, on rencontre dans ces catacombes des chambres isolées, qui semblent avoir été les sépultures particulières de certaines familles; elles ont presque toutes au fond et par terre un ou deux cercueils en forme d'auges. On y voit aussi des tombeaux dont plusieurs sont revêtus de mosaïques; quelques-uns n'ont point été ouverts.

On remarque aussi plusieurs salles qui paraissent avoir été les chapelles où l'on récitait jadis les prières des morts au moment des inhumations, car ces catacombes sont trop malsaines pour qu'on admette qu'elles aient jamais pu être habitées. Deux de ces chapelles contiennent encore des autels en pierres brutes et quelques peintures religieuses à fresque d'un très-mauvais goût ; elles paraissent être du dixième siècle.

Ces vastes catacombes, suivant l'opinion générale, seraient d'anciennes carrières abandonnées, d'où auraient été extraits les matériaux qui servirent à la construction de la ville de Naples. Ce qui appuierait assez cette assertion, c'est leur distribution en chambres, en impasses, en carrefours, au milieu desquels on a laissé des piles ou des massifs pour soutenir les terres.

Employées ensuite à la sépulture des païens, elles auraient été, au quatrième siècle, uniquement réservées aux chrétiens. On assure que celles dites de Saint-Janvier ont, en outre, servi souvent de sépultures aux pestiférés.

§ 3. Les Catacombes de Syracuse.

Les catacombes de Syracuse, qu'il ne faut pas confondre, ainsi qu'on l'a fait quelquefois, avec les célèbres latomies de Denys le Tyran, s'étendent sous le sol de l'Achradine. Elles sont bien antérieures aux latomies et ont dû être consacrées de bonne heure aux sépultures des citoyens. Devenues sacrées par cette religieuse affectation, elles servirent aussi à des initiations, à des cérémonies mystérieuses.

Ces remarquables catacombes sont les plus vastes et les mieux conservées que l'on connaisse ; elles forment une immense ville souterraine très-bien distribuée, ayant ses grandes et ses petites rues, ses carrefours et ses places taillés dans le rocher. Rien ne peut donner une plus haute idée de la grandeur, de la puissance et de l'immense population de l'ancienne Syracuse, que ces vastes galeries souterraines, devenues dépositaires des restes d'une partie de cette population. Il y règne une tranquillité mystérieuse qui annonce le sanctuaire du repos ; mais ces galeries, creusées dans une roche blanche très-dure, n'ont pas l'aspect sombre et grandiose de celles de Naples et de Rome.

§ 4. Les Catacombes de Palerme.

Les catacombes du couvent des Capucins de Palerme sont de vastes souterrains situés dans un des faubourgs de cette ville, et sont partagés en quatre galeries régulières, dans les murailles desquelles on a pratiqué un grand nombre de niches verticales, qui ressemblent à des niches disposées pour recevoir des statues. Les corps ont été placés debout et fixés par le cou ou par les épaules à la muraille; on a même laissé pourrir avec eux les vêtements qui les recouvraient lors de l'inhumation. L'aspect de tous ces squelettes, qui se dressent dans leurs niches et dont quelques-uns se penchent vers la salle avec des mouvements étranges et désordonnés, est des plus saisissants. « On ressent dans ces galeries, dit un voyageur contemporain, à la fois la tristesse, la terreur et le dégoût, et, si ce dernier sentiment domine, on est surpris de perdre jusqu'au respect que commandent la douleur et la mort. » (*Magasin pittoresque.*)

Quelques cercueils renferment les restes de personnages de haute distinction, richement vêtus ; on y remarque un roi de Tunis, mort en 1620.

A droite et à gauche de la porte d'entrée sont deux tableaux, dont l'un représente la mort calme et douce de l'homme vertueux, et l'autre la mort hideuse et cruelle du pécheur; entre ces deux peintures, on lit un sonnet sur la fragilité de notre enveloppe mortelle.

A l'extrémité de la grande galerie se trouve un autel, dont la façade est une sorte de mosaïque composée de débris d'ossements.

Enfin, à la suite d'une des autres galeries, est une petite chambre qu'on appelle le Four ; c'est le lieu où l'on faisait sécher les cadavres, avant de les placer dans les niches.

§ 5. Les Catacombes d'Agrigente.

A Agrigente (aujourd'hui Girgenti), les murailles de la ville servaient de tombeaux aux héros et aux défenseurs de la patrie. On peut voir dans les pans de murs qui subsistent encore aujourd'hui les niches destinées à cet usage, et, dans celles qu'on découvre chaque jour, on trouve des corps qui présentent une apparence de consistance, mais qui tombent en poussière au moindre souffle. Quant aux principales familles, elles avaient des sépultures particulières dans des souterrains pratiqués au flanc des rochers voisins, où se trouvent encore des latomies très-étendues. Ces rochers sont d'une pierre calcaire coquillière très-tendre, mais qui durcit à l'air.

§ 6. Les Catacombes de Toscane.

Il existe en Toscane, près de Volterra, des catacombes très-étendues, mais très-dévastées : ce sont celles de Bradone et de Portone.

§ 7. Les Catacombes de l'Étrurie.

On trouve en Étrurie quantité de chambres souterraines et sépulcrales, embellies de travées, de festons, de sculptures et de peintures admirables. Dans la montagne située au-dessus de *Civita Tarchino*, que l'on présume être l'ancienne ville de *Tarquinia*, à trois milles au nord de *Carnuto*, on trouve une très-grande quantité de petits monticules faits de main d'homme et appelés dans le pays *Monti-Rotti;* ils recouvrent chacune de ces catacombes particulières, dont plusieurs sont très-étendues et présentent des rues, des salles et des chambres revêtues en stuc avec des peintures à fresque. Ces hypogées, taillés dans une sorte de tuf ou de *peperino*, sont revêtus de fortes murailles.

§ 8. Les Latomies.

Les latomies, qu'on a souvent confondues, ainsi que nous l'avons déjà dit plus haut, avec les catacombes de Syracuse, sont d'immenses cavités en forme de tranchées, creusées et taillées à pic dans la roche calcaire, jusqu'à la profondeur de cent ou cent cinquante pieds, au sein des collines qui s'élèvent près de la Syracuse moderne et à l'extrémité des principaux quartiers de la ville antique. Il n'est pas douteux qu'elles n'aient été de vastes carrières exploitées pour fournir à la construction des monuments, des murs et des habitations d'une ville immense.

L'ingénieuse cruauté du soupçonneux monarque, qui a gardé dans l'histoire le nom de Denys le Tyran, affecta les latomies de Syracuse à un emploi auquel elles ne semblaient pas destinées : il y fit enfermer d'abord les vaincus, puis les criminels, puis enfin les victimes de sa vengeance et de sa haine. Ainsi le célèbre poëte Philomène accusé du double crime d'avoir trouvé mauvais les vers du tyran et d'avoir plu à sa maîtresse, fut envoyé aux latomies; l'une d'elles a même conservé son nom[1].

Il paraît que les latomies gardèrent longtemps

1. On assure que Philomène, après sa sortie des latomies, fut de nouveau sommé par le tyran de lui donner son avis sur des vers éclos dans cette farouche cervelle, et que, plutôt que de

cette destination barbare, car nous voyons Cicéron reprocher à Verrès d'y avoir entassé de nombreuses victimes. Élien rapporte que plusieurs prisonniers passèrent leur vie entière dans ces vastes cavernes, et que les enfants de ces malheureux, ayant obtenu la permission d'en sortir, furent frappés de stupeur à la vue de la ville et s'enfuirent avec effroi en rencontrant des chevaux.

Comme les catacombes, ces immenses cavités sont d'une antiquité très-respectable, mais elles n'inspirent plus aujourd'hui la crainte, ni l'horreur; les ravages du temps n'ont fait que les rendre plus pittoresques : les piliers, qui avaient été jadis ménagés dans la roche vive pour soutenir les plafonds, ont pris, avec le temps, la forme d'immenses stalactites.

Les latomies sont au nombre de dix ou douze, toutes n'ont pas la même importance ; il y en a sept principales. L'une de celles-ci, dominée par un couvent de capucins, dont elle forme le singulier jardin, a dû sa transformation au temps et à la longue patience des pieux et paisibles cénobites qui, depuis de longues années, n'ont cessé d'y appeler par un travail assidu les richesses et la fraîche végétation de la nature. Les eaux que d'anciens aqueducs y amenaient pour les besoins des prisonniers s'y infiltrent encore par les fissures de la roche calcaire, et y entretiennent les fleurs et la verdure.

mentir à sa conscience et à sa dignité de poëte, il s'écria : « Qu'on me ramène aux carrières! » Cette noble réponse a fait son chemin, et bien des gens la répètent aujourd'hui sans toujours savoir à qui l'honneur en doit être attribué.

Les Latomies de Sicile.

La plus célèbre et la plus grande latomie, et aussi la plus intéressante avec celle des Capucins dont nous venons de parler, porte encore aujourd'hui tantôt le nom de Paradis, tantôt celui de Latomie des Cordiers, tantôt enfin celui de l'Oreille de Denys. Elle est située entre les quartiers de Tyché et d'Achradine, et creusée dans l'escarpement qui séparait Neapolis du quartier qui s'étendait le long du port de Tyché. Le nom du Paradis que l'on donne parfois à cette grotte lui vient des jardins qu'on y avait construits, comme dans celle des Capucins, et qui étaient également fort bien entretenus, quoiqu'ils n'égalassent pas la fraîcheur et le charme des premiers. On l'appelle encore Latomie des Cordiers, parce qu'on a installé des corderies très-commodes sous ces voûtes sinistres où gémissaient jadis les prisonniers. Enfin on l'appelle, ou plutôt on appelle l'une des grottes qu'elle renferme Oreille de Denys, à cause d'une tradition plus ou moins fabuleuse à laquelle une particularité assez bizarre de sa construction naturelle vient donner une apparence de vraisemblance. Cette cavité, haute de soixante-dix pieds à son ouverture et profonde de cent pieds, est creusée et contournée de telle façon qu'elle va toujours en s'abaissant jusqu'au fond et en décrivant une sinuosité qui affecte la forme d'un S. Cette disposition, assez analogue à celle d'un conduit auriculaire, donne lieu à d'étonnants effets d'acoustique : des mots dits à voix basse au fond de la grotte sont répétés très-distinctement à l'ouverture, un papier froissé dans les mains produit le bruit du vent le plus violent, enfin la décharge d'une arme à feu égale. sous cette voûte, l'effet du tonnerre. Or, vers le haut de l'ouverture extérieure qui se termine en ogive, on trouve justement un trou carré avec une espèce de cellule qui a aussi une petite lucarne donnant dans l'intérieur de la grotte; on prétend que Denys descendait de son palais dans cette petite cellule, sans doute par quelque escalier secret, et, venait écouter et surprendre au moyen de la propriété acoustique de la caverne, les doléances ou les malédictions de ses victimes. Quelques voyageurs, curieux de vérifier un fait dont la disposition bizarre de la caverne, parfaitement constatée du reste, ne prouve pas néanmoins la vérité historique, se sont fait hisser à l'aide de cordes dans cette grotte inaccessible par des moyens ordinaires, et ont entendu ce bizarre effet d'acoustique dont on peut d'ailleurs se faire une idée presque aussi bien dans le bas de la grotte.

§ 9. L'Antre de la Sibylle de Cumes.

L'Italie, comme la Grèce, a eu ses antres prophétiques, où la superstition populaire venait consulter le destin. Il reste peu de traces aujourd'hui de ces soupiraux consacrés qui furent autrefois assez répandus dans la Péninsule italique.

On montre cependant encore à Cumes, près de Naples, la grotte où la célèbre sibylle attirait jadis tant de monde. « Cette grotte, dit M. l'abbé Carpentier, n'est remarquable ni par ses dimensions ni par ses décorations naturelles; le fond en est occupé par une

Tombeaux de Castel-d'Asso.

sorte de bassin qui ressemble au cratère d'un ancien volcan et que des infiltrations incessantes entretiennent presque constamment à demi rempli d'eau : aussi le voyageur est-il obligé de monter sur les épaules de son guide pour arriver sans encombre à l'espèce de crevasse par où la sibylle formulait, dit-on, aux profanes les décrets de la destinée; ce soupirail prophétique est entouré de plusieurs salles naturelles, évidemment modifiées par la main de l'homme et accommodées pour servir de logement ou de lieu de repos à la déesse du lieu et à ses ministres. On montre aussi, dans la partie supérieure de la grotte, une entrée particulière réservée, à ce que l'on assure, aux grands personnages, qui éprouvaient aussi le besoin de consulter la sibylle.»

§ 10. La Grotte de Neptune.

Tivoli, l'ancienne Tibur chantée par Horace, est à six lieues environ de Rome. C'est encore aujourd'hui, comme au temps du poëte, un délicieux séjour ; l'Anio, dont le nom moderne est le *Teverone*, après avoir serpenté dans les vallées de la Sabine, roule, tranquille et silencieux, à travers Tivoli, jusqu'à l'escarpement d'un précipice, du haut duquel il tombe en écumant et en mugissant.

Au sein des rochers même, par-dessus lesquels bondit le fleuve, est pratiquée une grotte pittoresque connue sous le nom de Grotte de Neptune; elle offre une retraite des plus solitaires, où l'on était admirablement placé pour jouir de la vue de la chute du fleuve, avant qu'on l'ait dirigé ailleurs. Horace ne reconnaîtrait plus peut-être aujourd'hui ces lieux qu'il a si poétiquement décrits. Le lit du fleuve, étagé en amphithéâtre par une disposition naturelle, à laquelle la main de l'homme est venue quelque peu en aide, ondule maintenant et forme des ressauts, où écument les cascatelles dont le bruit adouci arrive aux oreilles du touriste placé dans la Grotte de Neptune, sans s'y confondre avec celui des forges voisines, dont le tumulte et le fracas viennent altérer une partie des charmes de ces beaux lieux.

§ 11. La Grotte d'Azur.

S'il est dans le golfe de Naples quelque chose qui puisse disputer au Vésuve la première impression du voyageur, dit un auteur contemporain, c'est l'admirable et pittoresque aspect de l'île de Capri (l'antique Caprée). Toutefois, ce qui domine et efface tout autre sentiment à Capri, c'est le souvenir abhorré de l'empereur Tibère, qui n'avait pas moins de douze palais, dit-on, dans cette île. On peut voir encore aujourd'hui celui qu'il habitait au bord de la mer dans la saison des bains : on le désigne maintenant sous le nom de Palais de la mer.

Mais il y a autre chose que le souvenir de Tibère à Capri ; c'sst la grotte d'Azur. Cette célèbre grotte, à laquelle les touristes ne manquent jamais de faire visite, est une énorme cavité naturelle, affectant la forme d'une voûte elliptique de cent soixante pieds sur

L'Oreille de Denys.

cent vingt, et de soixante-dix pieds de haut vers le centre. Elle est pratiquée dans les rochers qui s'élèvent perpendiculairement à la mer et disposée de telle sorte que, dans tout son pourtour, les rochers reposent ou plutôt sont suspendus sur la mer du côté de leur largeur, et de là s'élancent jusqu'à la voûte de la grotte dont l'eau remplit ainsi tout le fond. Mais, si tout le monde pense à rendre visite à la Grotte d'Azur, tout le monde n'est pas admis à satisfaire sa curiosité, l'ouverture en étant si étroite que l'on ne peut y entrer en bateau que dans les temps calmes, quand la mer est unie. On raconte même que quelques voyageurs, surpris dans cette caverne par le gros temps qui en fermait complétement l'ouverture, ont dû y passer plusieurs jours sans aucune communication avec l'extérieur.

La grotte d'Azur doit son nom à un phénomène d'optique qui colore les parois d'une teinte azurée, lumineuse et douce à la fois : ce phénomène est produit par la réfraction horizontale de la lumière sur les eaux de la mer, qui font l'office du verre teignant de ses couleurs le jour qu'il transmet. Il est impossible de se faire une idée, au dire des voyageurs, de l'effet magique produit par cette réverbération. « Qu'on se figure, dit Alexandre Dumas, une immense caverne toute d'azur, comme si Dieu s'était amusé à faire une tente avec quelque reste du firmament ; une eau si limpide, si transparente, si pure, qu'on semble flotter sur de l'air épaissi; au plafond, des stalactites pendantes comme des pyramides renversées; au fond, un sable d'or mêlé de végétations sous-marines; le long des parois qui se baignent dans l'eau, des pousses de corail aux branches capricieuses et éclatantes. »

Le célèbre compositeur, Félix Mendelsohn, a donné aussi dans ses *Lettres* une description aussi exacte qu'intéressante de la grotte d'Azur. « La lumière du soleil, dit-il, brisée et amortie par l'eau verte de la mer, produit les effets les plus merveilleux. Les grands rochers sont entièrement éclairés par une espèce de lueur crépusculaire bleu de ciel et verdâtre, qui donne à peu près l'impression d'un clair de lune; toutefois on distingue très-nettement les moindres recoins et enfoncements. Quant à la mer, elle est pénétrée de toutes parts par les rayons du soleil, de sorte que la barque noire glisse sur une surface claire et brillante; l'eau est du bleu le plus éblouissant que j'aie jamais vu, sans aucune ombre ni obscurité; on dirait un disque du verre de lait le plus clair; et, comme le soleil traverse la masse liquide, on voit très-distinctement tout ce qui se passe au-dessous de l'eau, et la mer se révèle avec tous ses habitants. On aperçoit les coraux et les polypes attachés aux rochers, et à de grandes profondeurs des poissons de toute sorte qui vont, viennent et se croisent en tous sens. Les rochers paraissent de plus en plus sombres à mesure qu'ils se rapprochent de l'eau, et, à l'endroit où ils y baignent, ils ont une teinte noire; mais on voit encore au-dessous d'eux l'eau brillante dans laquelle s'agitent écrevisses, vers et poissons; chaque coup de rame éveille dans la grotte les échos les plus étonnants,

La grotte d'Azur, dans le golfe de Naples.

et lorsqu'on passe contre ses parois, on y découvre encore toute une création nouvelle. Je voudrais que vous pussiez voir cela, car c'est vraiment quelque chose de magique. Si l'on se tourne du côté de l'ouverture par laquelle on est entré, la lumière du jour qui la traverse paraît d'un rouge jaunâtre, mais elle ne pénètre guère qu'à deux ou trois pas, de sorte qu'on est là tout seul sur la mer, au-dessous des rochers, avec son soleil à soi; il vous semble qu'on pourrait quasi s'habituer à vivre sous l'eau [1]. »

On ignore si les anciens ont connu la grotte d'Azur; toujours est-il que leurs écrits n'en font point mention; s'ils l'ont connue, elle n'en était pas moins absolument tombée dans l'oubli, lorsque, en 1826, deux étrangers (et qu'aurait-ce été sinon deux Anglais ?), se baignant au bord de la mer, eurent l'idée de pénétrer par l'ouverture de la roche et découvrirent cette curiosité naturelle qui fait aujourd'hui la fortune des pêcheurs de Capri.

§ 12. La Grotte du Pausylippe.

Le Pausylippe (en italien *monte di Posilippo*) est une montagne de l'ancienne Campanie, qui regarde d'un côté la mer de Pouzzole et de l'autre la ville de Naples; elle forme une anse du golfe de Naples, en s'avançant dans la mer vis-à-vis la petite île de Nisida,

1. *Lettres inédites de Mendelsohn*, traduites par A. A. Rolland. (Paris, Hetzel; Lettre XXXI, p. 154.)

qui semble en avoir été détachée. Cette montagne est percée d'outre en outre par une grotte longue d'environ un mille, haute de trente à quatre-vingts pieds et d'une largeur de vingt-huit, ce qui permet à trois voitures d'y passer de front.

Cette route assez bizarre, dont le sol formé de dalles de lave est uni, sert aux voyageurs qui veulent aller de Naples à Pozzuoli (ou Pouzzoles), à Baïa, à Cumes et à d'autres lieux du rivage, pour s'y rendre sans prendre par mer ou sans être obligés de gravir la montagne et de la redescendre ensuite. On s'y trouve à couvert quand il pleut, mais on y est étouffé par la poussière et l'on n'y voit pas clair ; il faut en outre littéralement se coller contre le mur pour n'être pas heurté par ceux qui viennent en sens inverse ; et, s'il arrive quelque accident aux voitures et aux chevaux, on a beaucoup de peine à y remédier dans l'obscurité. Pour éviter autant que possible ces dangereuses rencontres, on prend ordinairement la droite, c'est-à-dire le côté de la montagne, quand on vient de Naples, et la gauche, c'est-à-dire le côté de la mer, quand on se dirige, au contraire, vers Naples.

Deux fois par an, aux mois de février et d'octobre, les derniers rayons du soleil traversent la grotte tout entière pendant quelques minutes. Le reste de l'année, il est presque impossible de s'y diriger sans danger, le jour du moins ; la nuit, des lampes, suspendues de distance en distance au plafond grossièrement taillé de la grotte, y répandent une clarté suffisante.

« C'est un spectacle étrange de voir au milieu d'une

La Grotte du Pausylippe, près de Naples.

obscurité faiblement transparente l'agitation qui règne sans cesse dans cette longue galerie ; on ne saurait, sans éprouver d'abord quelque effroi, entendre ensemble les roulements des voitures de toutes sortes venant de côté opposé, le trot et le hennissement des chevaux, les troupeaux bêlants et mugissants, les voix, les cris des passants et des voyageurs, tous ces bruits confondus, rebondissant sur la voûte et se multipliant en échos dans les enfoncements qui s'ouvrent de distance en distance des deux côtés et fuient sous le promontoire. » (*Magasin pittoresque.*)

On ignore à quelle époque immémoriale remonte ce curieux ouvrage et quel en fut l'auteur. Le célèbre géographe et historien grec Strabon, mort sous Tibère vers l'an 25 de l'ère chrétienne, et Sénèque, le philosophe, mort vers l'an 65 sous Néron, en parlent dans leurs écrits. On sait aussi qu'Alphonse Ier, roi de Naples et d'Aragon, facilita l'entrée de cette galerie qui était comme murée par les ronces et par les épines ; qu'il l'élargit en outre et que par son ordre on y pratiqua des soupiraux. Pierre de Tolède, vice-roi de Naples sous Charles V, y fit également faire des réparations.

Quand on arrive au bout de cette grotte, on marche une centaine de pas entre de hautes murailles pratiquées dans le rocher.

Au-dessus même de la grotte du Pausylippe, se trouve une tombe romaine, ou plutôt un *columbarium*, où l'on prétend qu'ont été déposées les cendres du grand poëte Virgile. « On a voulu contester l'authenticité de ce monument, mais les indications précises données par les anciens auteurs, des témoignages qui forment une chaîne presque non interrompue depuis la mort de l'illustre poëte jusqu'à nos jours, ne permettent guère de conserver de doute à cet égard. Beaucoup de faits historiques, qui sont regardés comme certains, sont loin d'être entourés d'autant de preuves. Autrefois, un laurier fleurissait sur cette tombe; il n'existe plus, mais le peuple, en passant, se signe et s'agenouille comme devant les restes de quelque saint inconnu; les étrangers s'arrêtent devant la pierre, pour y graver leurs noms ou pour rêver au génie dont elle consacre la mémoire. » (*Magasin pittoresque.*)

Grottes ou cryptes de Saint-Pierre de Maëstricht.

N'est-ce pas ici, parmi lès remarquables cavités souterraines que nous a laissées l'antiquité romaine, que nous devons classer les fameuses carrières taillées dans la montagne Saint-Pierre (Pétersberg), à un quart de lieue de Maëstricht, et dont les principales galeries, les plus anciennes et les plus intéressantes, sont l'œuvre des soldats romains qui avaient établi sur la montagne même un camp formidable [1]. Il est vrai que, depuis,

1. Maëstricht, dont le nom est la traduction en langue flamande des mots latins *Mosæ trajectum* (passage de la Meuse), fut longtemps une ville romaine importante, et le principal passage sur la Meuse pour aller de Belgique en Germanie.

bien des générations successives ont contribué à creuser cet immense labyrinthe qui embrasse, assure-t-on[1], un terrain de six lieues de longueur sur deux de largeur; mais enfin ce sont les Romains qui les premiers ont porté la pioche dans les flancs de cette montagne, et il est juste de leur en rapporter l'honneur.

On pénètre dans les cryptes de Maëstricht par plusieurs entrées, dont les unes, par suite de la position limitrophe de la citadelle de Maëstricht, se trouvent situées en Belgique et les autres en Hollande.

Les entrées des cryptes, du côté de la Meuse, sont placées à mi-côte, dans un endroit en apparence inaccessible, mais où cependant on arrive aisément; le propriétaire du château de Caster, situé au sommet de la montagne, les fit déblayer et y fit planter quelques arbres qui forment aujourd'hui une charmante promenade.

Près du fort de Saint-Pierre, est une seconde entrée, régulière et maçonnée, qui s'aperçoit de la route de Tongres; elle est d'un aspect extrêmement imposant.

Il y a une autre entrée beaucoup moins imposante du côté du village de Caunes : c'est tout simplement une ouverture de grandeur médiocre dans une pierre jaunâtre, friable, que les gens du pays nomment pierre de sable. Devant elle la riante vallée du Jær, petite rivière qui se jette dans la Meuse, plus loin des plaines

1. Duplessis et Landois

bien cultivées et le joli village de Caunes avec ses cabanes flamandes propres et bien bâties, forment un paysage du plus paisible et du plus délicieux aspect. Cette issue ne donne pas directement entrée dans les carrières proprement dites, mais bien dans une partie qui est l'ouvrage de la nature, dans une vaste grotte naturelle, dont les voûtes sont fort élevées et qui renferme des salles immenses d'un seul morceau sans crevasse ni fente quelconque; il y règne un silence si profond qu'on entend à peine le bruit des paroles et que celui des pas ne parvient pas même jusqu'à l'oreille du visiteur : ce phénomène est dû à l'extrême porosité de la roche qui absorbe le son à un tel point que, sur une étendue de six kilomètres, il ne s'y trouve qu'un seul écho; encore est-il très-faible.

Quand on arrive aux carrières proprement dites, on aperçoit de longues galeries horizontales, soutenues par un nombre immense de piliers carrés, dont la hauteur est ordinairement de trois à six mètres; on n'évalue pas à moins de deux mille le nombre de ces vastes allées souterraines qui s'entrelacent et se prolongent en tous sens; la ligne directe, depuis l'entrée maçonnée, voisine du fort Saint-Pierre, jusqu'à la sortie du côté de la Meuse, est d'une lieue et demie.

Les galeries percées par les soldats romains sont les plus anciennes : la voûte en est plate, les piliers qui la supportent ont quinze mètres de hauteur et souvent plus de vingt pas de longueur; elles sont tracées sur un plan régulier et se coupent à angle droit; mais on les reconnaît surtout à ce que le plafond en est partout égalisé avec soin et orné d'une sorte de corniche, très-sévère de contour, mais dont la noble simplicité donne à ces galeries quelque chose de monumental, tandis que celles creusées par les peuples qui succédèrent aux Romains, ont des parois grossièrement taillées, sans régularité et sans corniche au plafond.

Il règne sous ces galeries une solitude complète et un silence imposant; la température y est dans tous les temps de huit degrés Réaumur et l'air y est toujours remarquablement pur.

Une des curiosités de ces carrières c'est le grand nombre de cavités cylindriques qu'on y rencontre; ce sont des sortes de puits naturels verticaux ou un peu inclinés, de un à plusieurs pieds de diamètre et remplis d'argile, de sable et de débris. Ces cavités, auxquelles on a donné le nom d'Orgues géologiques, se retrouvent d'ailleurs souvent dans les dépôts calcaires, mais elles sont rarement aussi régulièrement disposées que celles de Maëstricht.

Un des carrefours présente une autre curiosité très-remarquable ; c'est un petit bassin rempli d'eau, dit *les springbronnen* (sources d'eau vive), qui se renouvelle grâce aux gouttes tombant de la partie supérieure d'un tronc d'arbre fossile restée fixée à la voûte et séparée de la partie inférieure par la scie des carriers, quand ils ont exploité la pierre en cet endroit.

On a conservé le souvenir de plusieurs individus qui, s'étant imprudemment aventurés dans le labyrinthe inextricable formé par l'entre-croisement de toutes ces allées souterraines, s'y sont égarés et y sont morts de faim. On cite, entre autres, quatre moines Récollets qui périrent en 1640 dans une allée reculée, où ils voulaient établir un ermitage; ils avaient eu la précaution de se munir d'une pelote de fil dont ils avaient attaché le bout près de l'entrée, mais le fil s'était rompu; malgré d'actives recherches, on n'avait retrouvé leurs corps qu'au bout de sept jours. Aujourd'hui, de pareils accidents sont devenus impossibles, quoique plusieurs entrées de la caverne ne soient jamais fermées. Des travaux considérables ont été commencés lorsque la Belgique appartenait à la France, et terminés depuis par les Hollandais, pour élargir les principales galeries et boucher à hauteur d'appui les galeries latérales, de sorte que, sans guide et dans l'obscurité la plus profonde, un homme égaré peut être certain d'atteindre l'une ou l'autre des issues en suivant constamment les plus larges galeries sans s'écarter ni à droite ni à gauche; la différence de largeur est assez grande pour qu'il soit facile de ne pas s'y méprendre.

Les cryptes de Maëstricht ont aussi souvent servi d'asile aux habitants de la ville et des environs pendant les guerres sanglantes qui désolèrent ces contrées. En 1815, le célèbre naturaliste français, Bory de Saint-Vincent, porté sur les listes de proscription et traqué par les polices de l'Europe, chercha une retraite dans ces carrières. Ce fut pour lui une occasion de les étudier, et il en publia en 1823 une description in-8, intitulée : *Voyage souterrain*, avec cartes et planches.

Nous avons dit que l'exploitation de ces riches carrières remonte à une haute antiquité. Ce qui le prouve, ce sont les inscriptions, tracées sur les parois avec une pointe et qui se sont admirablement conservées. On ne peut guère déchiffrer celles qui datent de l'époque romaine, par la raison qu'étant les plus anciennes elles se trouvent les plus rapprochées du sommet de la voûte; toutefois on distingue parfaitement d'en bas de grandes majuscules de forme romaine. Au-dessous de ces inscriptions, on voit des caractères informes attribués aux Huns par une tradition évidemment erronée, puisque les Huns ne bâtissant pas n'avaient pas de raisons pour exploiter ces carrières, et que, d'ailleurs, ils ignoraient l'art de l'écriture. Plus bas encore, on voit un grand nombre de caractères gothiques formant plusieurs rangées : le moyen âge fut en effet l'époque de la plus active exploitation de ces carrières, d'où le génie chrétien fit sortir les matériaux des vastes et belles églises de Maëstricht, superbes édifices, dont quelques-uns remontent aux temps de la prédication du christianisme en Belgique par saint Servais, et, bien que construits en pierres de sable, ont bravé les siècles et le contact de l'air sans rien perdre ni de leur couleur ni de leur consistance; un homme, armé d'un couteau de poche, démolirait en une journée les piliers qui soutiennent la tour de Saint-Pierre de Maëstricht, et, pourtant, elle est debout depuis environ douze siècles et paraît pouvoir en durer encore autant. Au-dessous des inscriptions gothiques, on voit des caractères espagnols, modernes en comparaison des autres, puisqu'ils ne datent que du seizième siècle, époque à laquelle la Belgique était espagnole. Enfin les étages inférieurs ne portent plus que des noms allemands, dont les derniers ont peut-être été tracés par quelques-uns de nos contemporains. L'exploitation de ces carrières n'a pas été abandonnée; c'est avec elles que s'approvisionne encore aujourd'hui une partie des Pays-Bas. Les voitures, chargées de pierres, sortent des carrières par une large et commode issue pratiquée en face de la Meuse; elles peuvent facilement atteindre le bord de la rivière et se débarrasser ainsi de leur chargement.

Le terrain qui constitue ces carrières est un calcaire appartenant à la série dite crétacée supérieure. Il forme une assise puissante qui repose sur la craie blanche; c'est un calcaire tendre et jaunâtre d'environ quinze mètres d'épaisseur; on extrait les blocs de construction dans les portions qui sont les plus cohérentes; dans les autres, sa friabilité le fait rechercher pour l'amendement des terres. Vers les assises inférieures, il est plus blanc et contient accidentellement des nodules de calcédoine.

On a trouvé dans le calcaire de Maëstricht un grand nombre de fossiles, et parmi eux une tête gigantesque, découverte en 1770, qui a donné lieu à de longues discussions et dans laquelle on a finalement reconnu un reptile marin, nommé *Mosasaurus;* ce saurien pouvait avoir près de huit mètres de longueur, et sa tête, armée d'un formidable appareil dentaire, n'avait pas moins d'un mètre cinquante centimètres (un modèle moulé de ce fossile est exposé dans les galeries de géologie du Muséum de Paris). Le cabinet d'histoire naturelle de Maëstricht renferme, en outre, une collection considérable d'ossements trouvés dans les carrières en 1800. Elle présente une suite de cent quarante vertèbres, dont quatre-vingt-deux s'emboîtent parfaitement les unes dans les autres, et dont quelques-unes offrent des caractères appartenant aux cétacés et d'autres aux lézards ; bien qu'elles fussent réunies horizontalement lorsqu'on les a découvertes, il est difficile de croire qu'elles aient jamais appartenu à un même individu, car au milieu d'elles se trouvaient deux dents, l'une de crocodile, l'autre de requin. »

Grottes et cavernes qui servirent de refuge au temps des Romains.

L'histoire nous a conservé le souvenir d'un certain nombre de grottes où les populations, vivant dans leur voisinage, cherchèrent un refuge pour échapper aux Romains, ces impitoyables vainqueurs.

C'est ainsi que nous voyons en Palestine des tribus d'Hébreux se réfugier avec leurs femmes et leurs enfants dans de profondes cavernes taillées à pic au flanc d'une montagne, sans pouvoir éviter la mort que les soldats d'Hérode viennent leur apporter bientôt au fond de leurs retraites en s'y faisant descendre dans de vastes et solides caissons suspendus à des chaînes de fer.

En France également, nous pouvons citer plusieurs exemples de grottes ayant servi de théâtre à de semblables drames.

Florus, qui vivait au commencement du deuxième siècle, rapporte que César ordonna à son lieutenant Crassus d'enfermer les rusés habitants de l'Aquitaine dans les cavernes où ils se retiraient (*Aquitani, callidum genus, in speluncas se recipiebant, Cœsar jussit includi*). Il paraîtrait que ces malheureux Aquitains périrent en grande partie dans ces cavernes, comme naguère ont péri les Arabes de la tribu des Ouled-Riah dans leurs grottes du Dahra.

Un certain nombre d'autres peuples de la Gaule, qui se livraient, suivant le témoignage de César lui-même, à une active exploitation de la marne, du fer et d'autres substances minérales, eurent aussi l'habitude de chercher dans les cavernes un abri contre la mauvaise saison et un refuge en temps de guerre; ils paraissent même y avoir établi des magasins pour leurs provisions de grains et pour les produits de leurs chasses et de leurs pêches, ainsi que des étables pour leurs troupeaux.

Pour ne citer qu'un exemple nous mentionnerons dans le département de Seine-et-Oise, près de Maintenon, une grotte, ou plutôt un souterrain, dont l'entrée est située dans une ferme du village de Senantes, et qui servit autrefois de retraite aux habitants du pays, sans pouvoir les garantir de l'impitoyable férocité des soldats romains. Non loin de cette grotte, connue depuis un temps immémorial, selon M. Nourtier, se trouve l'emplacement d'un camp romain.

Cet usage d'habiter les grottes et de s'y réfugier, en temps d'alarmes, semble s'être prolongé dans plusieurs de nos provinces bien au delà de l'époque romaine; nous apprenons par Éginhard qu'il existait encore au huitième siècle et que les sujets de Waïfre, dernier duc d'Aquitaine, se réfugièrent dans des cavernes profondes, où ils soutinrent une lutte prolongée contre le roi Pépin. Cet usage s'est même conservé sur divers points jusqu'à des époques beaucoup plus rapprochées de nous.

Catacombes.

Église de Rémonat (Franche-Comté).

CHAPITRE V.

TEMPS MODERNES.

Comme les temps anciens, les temps modernes peuvent fournir une longue liste de grottes et de cavernes remarquables par le rôle qu'elles ont joué dans l'histoire ou dans la religion, soit qu'elles aient été consacrées par le séjour ou la mort de quelque saint ou de quelque illustre personnage; soit qu'un fait historique les ait tirées à jamais de l'oubli, soit enfin qu'elles doivent leur origine à quelque gigantesque travail humain. Nous suivrons, en les décrivant, cette classification qui se présente d'elle-même.

§ 1. Grotte du désert de la Tentation.

On nomme ainsi une grotte de la Palestine, où l'on suppose, sans aucun fondement certain, que Jésus-Christ fut tenté par le démon : en effet les Évangélistes, qui nous donnent le détail de cette tentation, ne parlent point de la grotte. Cependant le P. Nau prétend dans son *Voyage de la Terre Sainte* (livre IV, chap. IV) qu'on la voit sur une montagne de la Palestine, dont le sommet est extrêmement élevé et dont le fond est un abîme; il ajoute que cette montagne, se courbant de l'orient au septentrion, présente une façade de rochers escarpés, qui s'ouvrent d'endroits en endroits et forment plusieurs grottes de différentes grandeurs. Chacun est donc maître de fixer à sa fantaisie sur cette montagne la prétendue grotte de la tentation de Notre Sauveur.

§ 2. Grotte de sainte Rosalie.

La grotte de sainte Rosalie, l'illustre patronne de Palerme, est pratiquée dans une montagne d'une élévation médiocre qui se dresse à l'un des côtés de la rade de Palerme.

Cette montagne, qu'on appelle aujourd'hui le mont

Pellegrino, portait autrefois le nom de mont Ercta; elle servit d'emplacement, dit-on, à un camp inexpugnable où, pendant cinq ans, Amilcar brava les efforts des Romains. Le mont *Pellegrino*, complétement négligé et désert depuis longtemps, devint tout à coup, en 1624, à la suite des événements plus qu'à demi légendaires que nous allons raconter, l'objet de la vénération des Siciliens et le but des plus pieux pèlerinages. On construisit, aux frais de l'État, une route un peu rapide mais superbe, nommée la *Scala*, qui s'élève en forme d'escalier de terrasses en terrasses à travers les escarpements et les précipices jusqu'au seuil de la grotte sacrée, située presque tout en haut de la montagne dans une position admirable; on bâtit, en outre, autour de la grotte elle-même une enceinte de bâtiments qui forment une sorte de cour, dans laquelle habitent des religieux voués au culte de la sainte patronne de Palerme; enfin, vis-à-vis de la grotte, à l'autre extrémité de cette cour, dont l'escarpement du rocher forme le fond, on éleva une chapelle qui s'enrichit bientôt de nombreux *ex-voto* et d'offrandes magnifiques.

On jouit, du haut d'une sorte de petite terrasse située à peu de distance de cette chapelle, et où s'est établie depuis déjà quelque temps la baraque d'un tavernier à l'usage des pèlerins et des voyageurs, de l'une des plus belles perspectives qui se puissent imaginer : on aperçoit presque au pied de la montagne l'élégante Palerme et ses faubourgs, la *Bagaria* et *il Colle*, avec leurs riches villas et leurs verts ombrages; au loin. on voit serpenter fièrement quelques crêtes supérieures de l'Etna, bien qu'on en soit séparé par toute la longueur de l'île; enfin, du côté de la mer, on découvre les îles Lipari, gracieusement découpées sur le ciel, et le cône toujours fumant du Stromboli.

Maintenant voici l'explication de l'affluence attirée par la dévotion et la curiosité sur le sommet du mont *Pellegrino* et dans la grotte de sainte Rosalie.

Sainte Rosalie, suivant une légende, était issue de la famille de Roger, petit-fils du célèbre Tancrède de Hauteville, et premier roi de Sicile, qui vivait au commencement du douzième siècle; une autre légende prétend qu'elle était la nièce du roi Guillaume le Bon, qui régna sur la Sicile de l'an 1150 à l'an 1154 et auquel succéda son fils, Guillaume le Mauvais : enfin d'autres chroniques portent qu'elle était simplement fille d'un comte sicilien, nommé Sinibalde.

Quoi qu'il en soit, à l'âge de seize ans, sainte Rosalie était douée d'une beauté merveilleuse, qui l'avait rendue, non moins que ses vertus et sa piété, l'objet de l'admiration de toute la Sicile, lorsqu'elle disparut subitement en l'année 1159; comme on ne put jamais retrouver ses traces, la superstition populaire crut qu'elle avait été enlevée au ciel en récompense de ses vertus. La légende explique la disparition de la pieuse jeune fille en rapportant qu'ayant pris en dégoût la vie et les passions des cours, elle s'était volontairement retirée dans l'obscure grotte du mont *Pellegrino*, où elle avait vécu de longues années dans la solitude et la prière. Quand la mort vint surprendre la sainte dans la retraite qu'elle s'était choisie, dit toujours la légende, les anges se chargèrent du soin de l'ensevelir et déposèrent sur ses restes sacrés des roses qu'ils ne cessèrent depuis d'entretenir.

Cependant, la beauté, les vertus et les malheurs de la sainte s'étaient complétement effacés de la mémoire des Siciliens, lorsque cinq siècles plus tard, en 1624, Palerme devint en proie aux horribles ravages de la peste ; ses habitants imploraient en vain au pied des autels la miséricorde céleste. Or il arriva un jour qu'un citoyen renommé par sa piété descendit du mont *Pellegrino* en annonçant qu'une révélation céleste lui avait appris que les ossements de sainte Rosalie reposaient sans honneur dans une grotte de cette montagne, en ajoutant que, si ces restes sacrés étaient portés trois fois autour de la ville, la contagion cesserait sur-le-champ. Une députation s'étant rendue sur la montagne, on découvrit, en effet, les ossements de la sainte ; dès le lendemain, on les transporta en grande pompe trois fois autour des murailles et la peste disparut subitement.

Ce fut en reconnaissance de cet éminent service, que les habitants de Palerme choisirent sainte Rosalie pour patronne de leur ville ; les ossements sacrés furent enfermés dans un magnifique reliquaire d'argent orné de pierreries et d'un travail précieux, que l'on déposa solennellement dans la vieille cathédrale de la ville.

Depuis ce jour, sainte Rosalie est pour Palerme et pour toute la Sicile ce que saint Janvier est pour Naples. Sa fête, qui se célèbre dans le mois de juillet, dure cinq jours ; elle est le sujet d'un enthousiasme nouï. La châsse de la sainte Patronne est promenée dans la principale rue de la ville au milieu d'un concours immense de peuple, sur un char dont le sommet atteint le faîte des plus hautes maisons et qui est traîné par quarante mules et rempli de musiciens. Cette éclatante cérémonie est accompagnée de courses de chevaux montés par des jockeys ou libres, divertissement cher aux Palermitains, et d'illuminations fée̊riques.

On a placé la statue de sainte Rosalie dans la grotte sacrée, presqu'à l'extrémité : la sainte est représentée sous la forme d'une belle jeune fille religieusement inclinée, qui adore la croix vers laquelle se lèvent ses yeux demi-fermés. « Cette statue est si mystérieuse et si imprévue dans cette retraite obscure que, même à quelques pas, on croit encore voir une jeune Sicilienne qui s'est oubliée dans une religieuse extase : une faible lumière que jettent plusieurs petites lampes d'argent, suspendues de distance en distance, favorise encore l'illusion; les rayons vacillants semblent communiquer leur mouvement à la sainte effigie. L'expression délicate de ses traits, où respirent la simplicité et la résignation, son attitude douce et calme, les lignes flottantes et pures de ses vêtements, captivent et charment la vue longtemps encore après l'instant où l'erreur est dissipée. La tête et les mains ont été taillées dans le beau marbre de Paros : les vêtements sont de bronze doré, et des joyaux d'un grand prix y sont inscrustés. » (*Magasin pittoresque.*)

Les auteurs du fameux opéra *Robert le Diable* ont fait de la grotte de sainte Rosalie un vaste monastère fondé par la sainte; c'est là que Robert, guidé par Bertram, va chercher, au milieu des ombres des nonnes maudites,

> Le rameau toujours vert, talisman redouté,
> Qui donne la richesse et l'immortalité.

§ 3. Nombreuses grottes désignées sous des dénominations empruntées aux traditions religieuses.

Nous trouvons, en France principalement, mais aussi dans d'autres régions de l'Europe, un grand nombre de cavernes dont les noms rappellent et entretiennent les idées superstitieuses de l'antiquité.

Rien de plus fréquent, par exemple, que de les voir désignées sous les noms de Grottes des Fées, du Diable, du Dragon, etc., ou placées sous l'invocation de quelque saint ermite, qui en aura fait sa retraite à une époque plus ou moins reculée, ou qui en aura expulsé de prétendus dragons ou démons, c'est-à-dire les superstitions païennes, dont la tradition populaire s'est ainsi conservée.

Il y a surtout une dénomination de caverne qui se retrouve très-communément, c'est celle de Balme ou de Baume, mot qui paraît se rapporter aux temps anciens, mais historiques, et probablement à la langue celtique; citons au hasard les cavernes de la Grande Balme, de Notre-Dame de la Balme, de la Sainte-Balme, de la Sainte-Baume, de Baume-les-Dames, de Baume-les-Messieurs, etc. Cette dénomination se retrouve généralement usitée dans les provinces méridionales et orientales de la France, en Languedoc, en Provence, en Dauphiné, en Franche-Comté, en Bourgogne, puis en Limousin, en Poitou, dans le Nivernais et jusqu'en Anjou; elle est très-commune aussi en Suisse. L'emploi qui a été fait de ce mot de *Balma* dans les *Vies des Saints*, écrites dès avant le onzième siècle, et l'usage qu'en fait également Joinville, prouvent une origine ancienne.

Nous ne donnerons pas ici la description de toutes les cavernes intéressantes désignées sous les dénominations dont nous venons de parler, par la raison que, la plupart d'entre elles étant remarquables, soit par les concrétions calcaires qu'elles renferment, soit par les cours d'eau qui les traversent et parfois leur ont donné naissance, nous aurons bientôt l'occasion de les décrire dans des chapitres spéciaux.

§ 4. Grottes ayant servi d'habitation souterraine ou de refuge en temps de guerre.

Nous trouvons dans l'histoire des temps modernes plusieurs exemples de cavernes ayant servi de lieu d'habitation. Sans parler des souterrains naturels ou artificiels qui offraient des retraites aux premiers solitaires pour leur vie ascétique et méditative, l'antique coutume des habitations souterraines, particulière d'abord à l'état sauvage de l'homme, ainsi que Pline (*Hist. nat.*, IV, c. LVI) le rappelle par ces mots : *Specus erant pro domi-*

bus, s'est conservée jusqu'à nos jours chez des peuples plus civilisés et se continue encore aujourd'hui dans plusieurs parties de la France, où des villages entiers, y compris l'église (comme à Rémonat, en Franche-Comté), sont creusés dans les anfractuosités du sol. Quelques-unes de ces grottes ont servi de refuge aux populations du voisinage pendant les guerres civiles, et notamment pendant celles de la Réforme.

Tout récemment, un journal italien rapportait qu'il existe à Naples même, au pied de la colline *San-Martino*, quelques antres obscurs connus sous le nom de Grottes de Spagari, où vivent plusieurs centaines d'individus. Quelques-unes de ces grottes sont creusées sous les rampes de Brancaccio ; on y descend par une étroite ouverture où la lumière pénètre à peine pour éclairer quelques mètres seulement de ces antres ; le reste est toujours dans les ténèbres. Il y a là des centaines de gens qui confectionnent de la corde ; ils vivent tous sous le sol, les uns près des autres, sans aucune séparation entre les familles. Quelques-uns ont une petite paillasse, d'autres reposent sur un peu de paille avec une mauvaise couverture. Le même journal annonçait qu'on s'occupe en ce moment d'améliorer le sort de ces pauvres ouvriers.

En France, il n'est pas de province où nous ne trouvions quelques exemples de semblables cavernes, et fort souvent les journaux annoncent qu'on vient d'en découvrir inopinément quelque nouvelle. C'est ainsi que dernièrement l'*Écho de la Creuse* rendait compte d'une intéressante découverte de ce genre :

« Il y a quelques jours, dans un champ de la commune de Saint-Sulpice-le-Donseil, un laboureur vit un de ses bœufs s'enfoncer dans un trou; il eut l'idée de le déblayer, et grande fut sa surprise de voir que ce trou était l'entrée d'une véritable grotte souterraine. L'éveil fut vite donné et chacun s'empressa de venir visiter cette caverne, dont l'existence était complétement inconnue. Le plan de ce souterrain a été levé par le garde-mines de la Creuse; il offre des dispositions assez curieuses, qui ne se retrouvent pas dans les nombreux monuments de ce genre que nous ont laissés les siècles passés. Cette grotte, qui est taillée dans un granit gris, peu résistant, est dans un très-bon état de conservation; elle est évidemment le résultat du travail de l'homme; la preuve en est dans sa forme particulière et dans les traces d'outils très-apparentes encore en certains endroits. L'orifice d'entrée une fois traversé, on entre péniblement dans une galerie en descente, d'une dizaine de mètres de longueur, qui vous met à six mètres cinquante centimètres au-dessous du sol; c'est la partie la moins bien conservée. On arrive ensuite dans une galerie circulaire d'une vingtaine de mètres, au centre de laquelle est un pilier de six mètres de diamètre; cette galerie offre comme particularité remarquable que ses parois, taillées dans le granit, ne sont pas verticales, mais bombées en forme d'œuf. A six mètres à gauche de la galerie de descente et à quatre-vingts centimètres d'élévation au-dessus du niveau du sol de la galerie circulaire, on trouve une petite ouverture pouvant donner assez difficilement passage à un homme; elle donne accès dans une galerie de dix mètres de longueur, au fond de laquelle est un réduit plus élevé et plus large, qui ne paraît pas avoir été terminé. Au toit des différentes galeries se trouvent trois cheminées d'appel d'air de douze centimètres de diamètre qui devaient communiquer avec l'extérieur; mais des éboulements successifs les ont comblées en partie. »

Nous pourrions multiplier les exemples de grottes et de cavernes de ce genre, qui se trouvent dans notre pays; nous citerons parmi les plus intéressantes celles qu'on voit aux lieux suivants :

Au cratère du Mont-Brul, près de Saint-Jean-le-Noir ou le Centenier, dans la chaîne volcanique des monts Couërons;

A la Chaud de Perrier, à l'ouest d'Issoire, sur les bords de la Crouse, creusées dans un tuf terreux volcanique et dans lesquelles on a anciennement pratiqué des habitations, dont plusieurs ont jusqu'à sept étages;

A la Chaud de Corant, en allant de Vic à Clermont. au-dessus des Martres de Vaires, creusées dans une montagne volcanique, dont le sommet est couronné par une belle colonnade de basalte de plus de vingt mètres de hauteur;

A Cournador et à Laval, pratiquées dans une montagne de tuf spongieux et terreux, et surmontées également de colonnes de basalte;

A Crozon, dans le Finistère, qui ne sont plus aujourd'hui habitées que par des nuées d'oiseaux aquatiques, tels que des goëlands, des cormorans et des godes;

Au village de Cangoireau, à peu de distance de Bordeaux, et dont une partie sert encore aujourd'hui d'habitation aux paysans;

A Saint-Chamas, creusées dans une colline calcaire située sur le bord de l'étang de Berre, et dont on a percé le pied pour faciliter la communication des deux parties de la ville; cette colline, dans laquelle des hommes industrieux ont pratiqué des excavations, non-seulement pour s'y loger, mais pour y établir des moulins à blé et à huile, ressemble à une ruche occupée par des abeilles laborieuses.

Au Mont-Richard, dans le département de Loir-et-Cher; elles présentent l'aspect d'une ville souterraine, et leurs origine remonte, dit-on, à l'époque la plus reculée;

Aux sources de l'Ourcq, dans le département de l'Aisne; elles furent, suivant la tradition, les habitations des premiers habitants du pays;

A Rolleboise, sur la rive gauche de la Seine; elles sont creusées dans une montagne de craie dure coupée d'un grand nombre de zones de silex.

A la Cave à Margot, à Sauges, près de Saint-Pierre-d'Erve, dans le département de la Sarthe;

A Savonnières, sur le chemin de Tours à Chinon;

A Rencogne et à Bandia, près de la Rochefoucauld;

A Miremont ou à Granville, entre Sarlat et Périgueux;

Les grottes Demoiselles (de *las Doumaisellas*), dans

le rocher de Taurach, au-dessus du village de Ganges, près Saint-Beauzile; elles renferment d'admirables stalactites.

Celles de Loizia et de Vabos, dans le Jura, réputées de tout temps comme ayant servi de retraites à des ermites.

§ 5. Grotte de Longara.

Si nous sortons de France, nous trouvons un exemple terrible de caverne ayant servi de théâtre à un événement des plus dramatiques et des plus odieux.

La grotte de Longara, en Piémont, est une salle unique, dont la voûte est d'une hauteur médiocre, mais qui présente un développement de plus de quatre cents mètres de long; sa largeur varie depuis cent mètres jusqu'à trois mètres, qui est celle de son unique entrée, obstruée encore par un énorme rocher qui ne laisse de passage que pour une personne à la fois. Cette vaste salle n'offre rien de spécialement remarquable; mais elle est à jamais vouée à l'exécration des cœurs généreux et sensibles par le souvenir d'un crime atroce qui fit dans l'espace de quelques minutes plus de deux mille victimes.

En 1510, l'armée française regagnait la frontière après une campagne des plus meurtrières : l'arrière-garde, commandée par le chevalier Bayard, s'étant arrêtée à Longara, un certain nombre de ces aventuriers, qui composaient alors la plus grande partie des armées, profitant du désordre inséparable d'une retraite souvent inquiétée, se répandirent dans le pays qu'ils pillèrent affreusement. Les principaux habitants rassemblèrent les paysans, au nombre de deux mille, et leur persuadèrent de se réfugier avec leurs familles et d'abondantes provisions dans la caverne que nous avons décrite. Mais les aventuriers, ayant violemment arraché à quelques gens du pays l'indication de cette retraite, y coururent assoiffés de butin. Vainement les malheureux réfugiés essayèrent-ils d'attendrir ces bourreaux et de demander grâce pour leurs femmes et leurs enfants; réduits au désespoir, ils se barricadèrent de leur mieux, et, favorisés par la force naturelle de la grotte, repoussèrent les premiers bandits qui se présentèrent. Ceux-ci revinrent à la charge en plus grand nombre, mais ils ne réussirent pas à forcer l'entrée de la caverne; exaspérés alors par leur impuissance, ils conçurent l'abominable dessein de triompher autrement de la résistance de leurs victimes; ils amassèrent du foin, de la paille et des fagots de bois vert devant la grotte et y mirent le feu. La fumée pénétra dans cet antre sans issue, et, peu d'instants après, les deux mille malheureux qui y étaient renfermés, et dont le plus grand nombre étaient des femmes, des enfants et des vieillards, périssaient dans d'horribles souffrances.

Bayard, indigné de cet acte de barbarie, fit rechercher activement ces lâches et féroces aventuriers et fit pendre devant lui les deux plus coupables en face même de l'entrée de la caverne. On raconte que, tandis que ces misérables étaient entre les mains du bourreau, on vit tout à coup se traîner hors de la grotte un spectre d'une horrible maigreur, non point pâle, mais rendu par la fumée couleur de bistre, et jetant autour de lui des regards effarés; c'était un jeune homme de quatorze ans, le seul être humain qui eût survécu à la catastrophe. Bayard lui fit donner tous les secours que réclamait son état, et ne put retenir ses larmes en écoutant le récit lamentable de la mort de ses compagnons : la plume se refuse à retracer des horreurs, conservées dans les relations des auteurs contemporains; on en jugera par un seul trait. Quelques gentilshommes, au moment où la fumée commençait à remplir la caverne, voulant finir en gens de cœur, avaient tenté de sortir pour mourir au moins l'épée à la main, mais alors les paysans s'étaient jetés sur eux et les avaient désarmés; l'approche d'une mort inévitable n'avait point calmé des haines atroces, et ces misérables créatures s'étaient massacrées dans les ténèbres, quand tous, nobles ou serfs, allaient être compris dans une destruction commune! « Non, disaient les paysans, vous ne sortirez pas d'ici; vous nous y avez amenés, vous y mourrez avec nous. »

« Et toi, mon ami, dit Bayard à l'enfant miraculeusement sauvé, comment n'es-tu pas mort avec les autres?

— J'avais remarqué, dit celui-ci, un faible rayon de jour dans un coin de la grotte, j'y ai collé ma bouche plus par instinct que par réflexion, j'ai bientôt perdu connaissance et je me suis cru mort, mais le peu d'air qui pénétrait par cette crevasse imperceptible a suffi pour m'empêcher d'étouffer. Quand je suis revenu à moi, je me suis souvenu de tout, mais j'étais seul; j'ai mis bien longtemps à me traîner dehors!

— J'ai fait enterrer en terre sainte, lui dit Bayard, les corps des victimes, et tu vois pendre leurs assassins. »

§ 6. Grotte du Camoëns, à Macao.

Parmi les grottes rendues célèbres par le souvenir de quelque personnage historique, nous citerons la

Grotte du Camoëns, à Macao.

grotte du Camoëns à Macao, sur les côtes de la Chine.

On sait que l'illustre auteur des *Lusiades* eut une vie des plus aventureuses. Après avoir servi dans plusieurs campagnes dirigées par le vice-roi des colonies portugaises, dans l'Inde, contre les flottes marchandes d'Égypte, Camoëns était revenu en octobre 1555 à Goa, et il y avait trouvé un gouverneur dont l'administration était vicieuse et indigne. Incapable de déguiser sa pensée, Camoëns s'attira par quelques plaisanteries la haine de cet homme vindicatif et tout-puissant; celui-ci prit le prétexte d'une satire intitulée *Sottises dans l'Inde*, que publia le soldat-poëte, et qui n'était toutefois dirigée que contre la corruption des mœurs des colons en général, pour l'exiler à Macao. A peine arrivé dans cette ville, située à trois mille lieues de Lisbonne, sa patrie, et à l'extrémité du monde connu, l'infortuné poëte apprit la mort d'une femme qu'il aimait passionnément. Abandonné dans son isolement, abreuvé d'humiliations et d'injustices, privé de tout ce qui pouvait consoler son âme endolorie, Camoëns oubliait ses malheurs et son désespoir en s'adonnant à la poésie. C'est dans la grotte, qui porte son nom et à laquelle les voyageurs ne manquent jamais de faire un pèlerinage, que ce pauvre homme de génie, martyr de l'injustice du sort et des hommes, se retirait pour écrire ses vers immortels. Cette grotte est une sorte de galerie naturelle formée par des rochers, qui se trouve située dans le jardin d'un riche particulier, nommé Pereira.

§ 7. Salines de Wieliezka.

Les immenses excavations que les hommes ont creusées dans le sol, afin de lui arracher les inépuisables richesses qu'il recèle dans son sein, sortent quelque peu de notre sujet. Toutefois, l'aspect tout particulier des salines de Wieliezka et le grand nombre de cavernes d'apparence naturelle que l'on y admire et qui les font ressembler « à un palais souterrain des *Mille et une Nuits*, » nous engagent à en donner une description succincte.

Wieliezka (prononcez Vielitchka) est une petite ville de quatre mille habitants, située à dix kilomètres au sud-est de l'antique cité de Cracovie, au pied des monts Karpathes ou Krapacks, dans cette partie de la Pologne que s'est adjugée l'Autriche, lors du partage de ce malheureux pays. Là sont d'immenses mines de sel, exploitées sur une étendue de trois mille mètres de longueur du nord au sud, et de douze cents mètres de largeur de l'est à l'ouest, sur une profondeur de trois cent dix mètres. On ne sait pas précisément à quelle époque l'on doit faire remonter la découverte des mines de Wieliezka; on sait seulement qu'elles étaient déjà exploitées vers le commencement du douzième siècle. Une légende populaire, rapportée par Adam Streller, explique leur découverte d'une manière assez originale : La princesse Cunégonde de Hongrie, fiancée à Boleslas le Chaste, roi de Pologne, ne voulut accepter de son père aucune dot, ni en or, ni en argent ; mais, en se rendant en Pologne, elle passa par les mines de sel de Hongrie, et y jeta son anneau nuptial. Arrivée à Cracovie, Cunégonde s'y arrêta, se fit conduire à Wieliezka et ordonna de creuser la terre en sa présence. Son ordre fut exécuté, et l'on découvrit une mine de sel d'une richesse incomparable ; dans le premier bloc de sel qui fut extrait, on retrouva l'anneau de la princesse.

Aujourd'hui, ces mines qui n'emploient pas un personnel d'ouvriers moindre d'un millier, sans compter quatre cents chevaux, sont la source de l'un des plus beaux revenus de la couronne d'Autriche. En 1850, la production a été de neuf cent soixante-deux mille quintaux.

On a calculé que pour visiter en détail les interminables labyrinthes de galeries, de salles, de magasins, qui se multiplient sous les pas du visiteur, il faudrait passer dans ces lieux souterrains quatre semaines, en marchant huit heures par jour. La longueur totale de toutes les galeries est évaluée à quatre cent trente-deux kilomètres.

Une des curiosités de ces immenses excavations, qui réfléchissent de tous côtés comme le cristal la clarté des lampes et des torches, est la chapelle Saint-Antoine, située au premier étage : cette chapelle est creusée dans la mine même et ne se compose que de sel ; l'autel, les statues, les colonnes, la chaire, les ornements, tout est en sel.

Au second étage, on voit un lac de cent soixante

Chapelle Saint-Antoine, dans les salines de Wieliezka. (Page 153.)

mètres de long et profond d'une douzaine de mètres, formé par les infiltrations. Les visiteurs ne manquent jamais de parcourir ce lac dans une petite barque. La lueur vacillante des torches au milieu d'épaisses ténèbres, la barque glissant en silence sur les eaux, les coups de pioche redoublés, les explosions de la poudre qui fait éclater des quartiers de sel, éveillent alors dans l'âme l'idée d'un monde infernal et la frappent d'une sorte de terreur religieuse.

Les mines de Wieliezka ont été plusieurs fois le théâtre de fêtes brillantes, dont la plus mémorable eut lieu à l'occasion du mariage de la reine Sophie, femme de Wladislas Jagellon, en 1624. Chaque fois, du reste, qu'un souverain ou un membre de la famille impériale d'Autriche vient visiter ces magnifiques salines, on les décore avec la plus grande richesse pour la circonstance et on les illumine d'une splendide façon; des glaces, des lustres, des draperies sont disposés dans une salle vaste et régulière; une galerie circulaire, supportée par des colonnes en sel, est réservée à un orchestre, dont les accords ont un effet merveilleux sous ces voûtes sonores. Ce spectacle est un de ceux dont l'imagination la plus vive peut à peine se faire une idée, et les conteurs de féeries n'ont rien inventé qui en approche.

§ 8. Catacombes de Paris.

Nous avons vu qu'on avait constaté dans plusieurs contrées de la France, l'existence d'un grand nombre d'habitations souterraines pratiquées jadis dans les rochers et qui depuis avaient servi tantôt de refuge pendant les guerres civiles et tantôt de cavernes de brigands ; or, il est souvent arrivé que des voyageurs ont pris ces habitations souterraines pour des catacombes. Toutefois, il n'en existe pas moins en France, et sur un grand nombre de points, des cryptes, des chapelles sépulcrales et enfin de véritables catacombes.

Sans nous étendre longuement sur ces diverses sépultures souterraines, nous citerons, parmi les plus remarquables, les Cryptes de Saint Germain d'Auxerre, qui ont deux étages ; la Crypte et les Catacombes de saint Pothien, évêque de Lyon, et celles de saint Irénée, son successeur; les Souterrains de l'abbaye de Saint-Victor de Marseille ; les Catacombes ou Cryptes de saint Trophime et de saint Honorat, au pied de la colline des Aliscamps (*campus Elisius*), aujourd'hui cimetière des Champs-Élysées, à Arles; les Catacombes des Cordeliers, à Toulouse ; les célèbres chapelles sépulcrales de Saint-Denis, où sont renfermés les tombeaux de nos rois; celles enfin de l'église Sainte-Geneviève de Paris, connues sous le nom de Catacombes du Panthéon et qui ont renfermé les corps de plusieurs grands hommes, entre autres ceux de Jean-Jacques Rousseau et de Voltaire.

Quant à ce qu'on appelle improprement les Catacombes de Paris, il faut s'entendre. On se trompe singulièrement si l'on croit que ces galeries souterraines remontent à une antiquité reculée et qu'elles sont la sépulture primitive des anciens habitants de la Lutetia de César ou de Julien. Il ne faut pas croire non plus qu'à l'instar des Catacombes de Rome, ou de celles d'Égypte, elles renferment les corps des anciennes populations conservés par l'art de l'embaumement ou réduits à l'état de squelette, mais cependant entiers. Les Catacombes de Paris ne sont autre chose que les carrières d'où est sortie en grande partie la magnifique capitale de la France, et dans lesquelles ont été transportés, il n'y a guère plus d'un demi-siècle, les ossements des anciens cimetières, si communs jadis à Paris. Elles ne renferment donc aucun corps entier, mais une énorme quantité d'ossements de toute nature et de toute provenance entièrement confondus, sauf un certain nombre que l'on a réunis et groupés sous la dénomination commune du cimetière d'où ils ont été transportés.

Mais ici nous entrerons dans quelques détails qui nous semblent de nature à intéresser.

On sait que, jusqu'à la fin du règne de Louis XVI, le principal cimetière de Paris était celui connu sous le nom de cimetière des Innocents, et situé à côté de l'église de ce nom. Primitivement établi hors de l'enceinte de Paris, entre les deux bourgs Saint-Germain le Neuf et le Vieux, le Beau-Bourg et le Bourg-l'Abbé, près de celle des portes nord de la ville, qui se trouvait située au carrefour des voies de Saint-Denis et de Montmartre, il occupait un emplacement connu sous le nom de *Campela* ou les *Champeaux* (les petits champs); mais, les agrandissements de Paris allèrent si vite que bientôt ce cimetière, ou ce charnier, comme on l'appelait aussi, se trouva au centre même de la ville. Philippe Auguste, en 1186, le fit enclore de hautes murailles; plus tard, en 1218, on l'augmenta d'une place qui lui était attenante du côté des halles.

On comprend cependant quel danger d'insalubrité devait faire courir aux populations voisines cet immense amas de putridité, où, depuis près de dix siècles, tant de générations étaient venues successivement s'éteindre et s'anéantir. Aussi, à plusieurs reprises, le Parlement fut-il saisi des réclamations les plus vives. Enfin, en 1780, à la suite de graves accidents, le lieutenant général de la police, M. Lenoir, reçut une supplique, dans laquelle on dénonçait les dangers dont la santé publique était menacée par ce foyer de corruption, « dans lequel le nombre des corps déposés, excédant toute mesure et ne pouvant se calculer, en avait exhaussé le sol de plus de huit pieds au-dessus des rues et des habitations voisines »; on estimait que, pour le temps qui s'était écoulé depuis 1186 jusqu'à 1785, c'est-à-dire l'espace de six siècles seulement, il avait dû être déposé dans ce cimetière un million deux cent mille corps; il n'avait pas cessé de servir, en effet, à la sépulture de plus de vingt paroisses différentes, sans compter l'Hôtel-Dieu et ce qu'on appelait alors la Basse Geôle.

Enfin, le 9 novembre 1785, un arrêt du conseil d'État, sur la proposition de M. Lenoir, ordonna la suppression du cimetière des Innocents et sa conversion en marché public.

La question était maintenant de trouver un emplacement où l'on pût transporter les innombrables ossements qui allaient se trouver déplacés. Les anciennes carrières, situées sous la plaine de Mont-Souris au lieu dit de la Tombe-Isoire ou Isouard, parurent, par leur rapprochement de la ville, et aussi par leur étendue, très-favorables à l'établissement du grand cimetière souterrain.

Mais, il fallut s'occuper d'abord de réparer ces vastes carrières qui, abandonnées depuis plusieurs siècles, présentaient sur de nombreux points des affaissements, des éboulements, des infiltrations, etc., qui les rendaient fort dangereuses. Une année entière de travaux préliminaires mit ces interminables galeries en état de recevoir les ossements exhumés du cimetière des Innocents et ceux qui seraient successivement retirés de tous les autres cimetières, charniers et chapelles sépulcrales de la ville de Paris ; car on n'ignore pas que la plupart des paroisses avaient leur cimetière propre sous leur emplacement même, ou à côté.

Le 7 avril 1787, il fut procédé à la bénédiction et à la consécration de l'enceinte des Catacombes de la Tombe-Isoire. Le jour même de cette cérémonie, et aussitôt après la consécration, on commença le transport des ossements du cimetière des Innocents aux Catacombes, transport qui ne dura pas moins de quinze mois.

Après le cimetière des Innocents, ce fut celui de Saint-Eustache, puis celui de Saint-Étienne des Grés qui furent appelés les premiers à fournir leur contingent d'ossements au nouvel ossuaire.

Les luttes sanglantes de la Révolution étant survenues sur ces entrefaites, on transporta successivement aux Catacombes les restes mortels des victimes des combats des 28 et 29 août 1788, du 28 avril 1789, du 10 août 1792, des 2 et 3 septembre de la même année. Des inscriptions spéciales désignent à l'attention de l'explorateur les ossements des infortunés défenseurs de l'ancien régime.

Depuis cette époque, on transporta successivement dans l'ossuaire les ossements que l'on exhuma des anciennes églises Saint-Landry, Saint-Julien des Ménétriers, Sainte-Croix de la Bretonnerie, des Bernardins, Saint-André des Arts ou des Arcs, Saint-Jean de l'Hôtel-de-Ville, autrement dite Saint-Jean en Grève, des Capucines Saint-Honoré, des Blancs-Manteaux, des Hospitaliers du Petit-Saint-Antoine, de Saint-Nicolas des Champs, du Saint-Esprit, de Saint-Laurent, de Saint-Benoît, etc., toutes églises qui furent démolies l'une après l'autre.

Tous ces ossements, à mesure de leur translation, furent empilés symétriquement le long des galeries dont ils constituent ainsi en quelque sorte les parois. On évalue à trois millions le nombre des cadavres dont les ossements furent transportés dans ce funèbre réceptacle.

La décoration de cette ville souterraine répond assez à sa lugubre destination ; elle se borne à un arrangement régulier et symétrique des ossements : les apophyses des gros os des jambes et des bras sont disposés sur le devant de manière à présenter une surface à peu près unie, que traverse de distance en distance une rangée de crânes, au-dessus de laquelle reprend l'entassement des gros os ; parfois deux tibias, disposés en croix au-dessous d'un crâne, interrompent la sévère monotonie de ces sombres parois. Quelques cryptes, ou chambres sépulcrales, affectées aux ossements d'un cimetière particulier, sont décorées avec une sorte de coquetterie étrange : les crânes y forment des guirlandes, les tibias et les cubitus s'enlacent et forment des encadrements, d'un goût plus ou moins heureux, à des pyramides dessinées sur le fond de la muraille par une autre disposition des crânes. Ces bizarres tentatives de décoration n'ajoutent guère aux réflexions d'un ordre sérieux que doit faire naître ce spectacle dans l'esprit du visiteur.

On montre ordinairement aux curieux qui descendent dans les Catacombes [1] une petite source qui fut découverte jadis dans les travaux d'appropriation et autour de laquelle on a construit un petit bassin. On lui a

1. Les descentes publiques ont lieu tous les trois mois; pour être admis à en faire partie, il suffit d'adresser une demande aux bureaux de l'hôtel de ville qui ont dans leurs attributions l'entretien des cimetières

donné le nom de Fontaine de la Samaritaine, à cause d'une inscription qu'on y avait gravée et qui rappelait les paroles de Jésus-Christ à la femme Samaritaine, au puits de Jacob, près de la ville de Sichar. On avait jeté dans cette fontaine, au mois de novembre 1813, quatre poissons rouges, cyprins dorés ou dorades chinoises, qui s'y étaient parfaitement acclimatés, mais qui depuis longtemps ont disparu et n'ont pas été remplacés.

Le Tombeau de Gilbert n'est autre chose qu'une consolidation, en forme de monument sépulcral, élevée dans un endroit qui menaçait ruine. On lui a donné le nom de l'infortuné poëte, simplement à cause des vers bien connus, tirés de son poëme du *Jugement dernier*, qu'on y a gravés :

Au banquet de la vie, infortuné convive,
J'apparus un jour, et je meurs;
Je meurs, et, sur la tombe, où lentement j'arrive,
Nul ne viendra verser des pleurs.

On s'est attaché également, en plusieurs autres endroits, à donner une forme décorative aux piliers de consolidation nécessités pour la sûreté des travaux : c'est ainsi que furent élevés le Pilier du *Memento*, qui est triangulaire; le grand *Sacellum* des Obélisques; le Pilier de l'Imitation, à quatre faces; l'Obélisque triangulaire; la Lampe sépulcrale; le Piédestal de Saint-Laurent; le Grand pilier des Nuits Clémentines, etc., etc.

L'aération des Catacombes se fait au moyen de communications ménagées dans les puits des maisons, qui se trouvent-situées au-dessus : on ne les ouvre que selon les besoins.

Quant aux puits ou escaliers de service, par lesquels on peut descendre dans les Catacombes, ils sont au nombre de soixante-trois, tant à l'intérieur qu'à l'extérieur de Paris; les plus nombreux se trouvent dans les faubourgs Saint-Marcel, Saint-Jacques et Saint-Germain, ainsi qu'à Chaillot : il en est aussi un certain nombre hors Paris, du sud à l'ouest et de l'est au sud. Toutefois, ces puits de service ne servent qu'aux ouvriers et agents chargés de l'entretien des Catacombes. Les visiteurs ne sont admis que par un escalier pratiqué à la barrière du Maine dans la cour de l'ancien octroi; cet escalier en colimaçon, qui n'a pas moins de quatre-vingt-dix marches, aboutit à une galerie fort étroite et fort bien entretenue, qui conduit, après un certain nombre de tours et de détours, à l'ossuaire : on revient par une autre galerie, analogue à la première, qui conduit à un second escalier de soixante-dix-huit marches. Ces galeries portent, en caractères fortement incrustés dans la paroi, les noms des rues de Paris, dont elles reproduisent le tracé, de sorte qu'il est impossible que des accidents arrivent.

Nous dirons peu de chose des inscriptions qui furent gravées, quelque peu après l'installation des Catacombes, et aussi depuis, à l'entrée ou dans les principaux passages. Ces inscriptions, dont les meilleures et les mieux choisies sont tirées des prophètes ou de l'Imitation de Jésus-Christ, sont souvent empruntées aux poëtes qui avaient la vogue à cette époque, tels que Lemercier, Legouvé, Lemoine, Ducis, Delille, etc.; on y voit aussi quelques vers de Malfilâtre, de Gilbert, de Lamartine, etc.

On tenait ouvert autrefois un registre, pour permettre aux visiteurs de consigner les pensées en vers et en prose que la vue des Catacombes leur avait suggérées : nous ignorons si ce registre existe encore, mais, s'il a disparu, nous ne le regretterons pas, car voici les moins faibles des inspirations qu'on pouvait y lire, au milieu de pensées banales ou emphatiques.

Je suis grand partisan de l'ordre,
Mais je n'aime pas celui-ci.
Il peint un éternel désordre,
Et, quand il vous consigne ici,
Dieu jamais n'en révoque l'ordre.

Cousson.

Nous naissons pour mourir un jour :
Cet arrêt n'excepte personne.
Peut-être est-ce aujourd'hui mon tour;
Mais à mon sort je m'abandonne.
Aveugle et stupide troupeau,
Que la mort chasse devant elle,
Nous passons du trône au tombeau,
Du jour à la nuit éternelle.
Mais non, l'homme ne s'endort pas,
Pour ne plus revoir la lumière.
Au jour marqué pour le trépas,
Il commence une autre carrière ;
Il retrouve un père, un ami,

Dans une demeure immortelle;
Et j'y reverrai Noémi,
Pour ne plus me séparer d'elle.
L. MICHAUD.

Un silence respectueux et grave n'est-il pas le meilleur hommage qui puisse être rendu à ces restes des générations qui nous ont précédés, et ne semble-t-il pas au moins inutile de vouloir tempérer par de petits essais littéraires l'austérité de ce spectacle, qui a bien tout seul son enseignement philosophique?

Salines de Wieliezka.

DEUXIÈME PARTIE

PHÉNOMÈNES SCIENTIFIQUES ET NATURELS

Grotte basaltique de Fingal, dans l'île de Staffa.

CHAPITRE I.

GROTTES ET CAVERNES D'ORIGINE VOLCANIQUE.

§ 1. La Grotte de Fingal.

On a observé que dans tous les pays qui produisent le soufre et qui sont sujets aux tremblements de terre, c'est-à-dire, dans tous les pays volcaniques, il se trouvait un grand nombre de cavernes d'une étendue plus ou moins considérable.

Parmi ces cavernes, les unes, et ce sont les plus vastes et les plus profondes, par conséquent les moins connues, résultent de l'éjection des matières éruptives, soit par les cratères, soit par les conduits latéraux; les autres sont dues aux retraits de refroidissement des laves; d'autres semblent résulter d'expansions considérables et habituelles de matières gazeuses, ou de vapeurs exhalées des cratères, ou du boursouflement causé par la liquéfaction ignée des roches; les autres sont produites par les vides laissés entre les coulées solides et les matériaux pulvérulents; d'autres fois enfin, et ce fait est plus particulier aux basaltes, le mode de refroidissement en prismes souvent curvilignes et concentriques forme des voûtes que les dégradations postérieures tendent à excaver et à dénuder de plus en plus et finissent par transformer en cavernes.

Parmi les grottes et cavernes dues au refroidissement des roches en fusion, on cite surtout la célèbre grotte de Fingal, située en Écosse, sur la côte de l'île de Staffa, l'une des Hébrides, à quinze milles de l'île de Mull.

L'île de Staffa n'est qu'une masse de lave et de basalte : d'immenses colonnes basaltiques règnent tout autour de ses bords, qui sont escarpés et inaccessibles sauf en un point fort étroit, et semblent surgir tout à coup du sein de la mer. Cette île a été visitée, dit-on, pour la première fois en août 1772, par un des compagnons de Cook, le naturaliste Joseph Banks, qui en a donné une description. Depuis ce moment, de nombreux navigateurs y ont été attirés par la curiosité : M. Panckoucke l'a visitée il y a peu d'années, et a publié, en 1831, une relation de son voyage.

La grotte de Fingal est pratiquée à travers les colonnes basaltiques qui défendent l'île de toute part. Son nom celtique est *An-Na-Vine* ou *Fine*, ce qui signifie la grotte harmonieuse, ou, suivant une autre traduction, la grotte de Fingal. Ces deux noms peuvent d'ailleurs trouver leur explication ; souvent, en effet, le fracas de la mer et les murmures du vent, qui vont se perdre en tourbillonnant au fond de la grotte à travers les colonnes disposées en buffets d'orgue, produisent des sons d'une merveilleuse harmonie; « ce sont les harpes éoliennes des ombres fingaliennes », disent les Gaëls, qui rattachent l'idée de Fingal, le père d'Ossian, à tout ce qui leur paraît surnaturel.

Cette grotte est aussi remarquable qu'elle est fameuse ; il est impossible de ne pas éprouver, en y pénétrant, un profond sentiment de saisissement et d'admiration.

La régularité de tout ce qu'on voit, lisons-nous dans le *Magasin pittoresque*, est telle, qu'il est difficile de ne pas croire d'abord que l'on entre dans un édifice taillé par la main de l'homme. Une large voûte, qui s'élève dans une proportion élégante, des colonnes droites, des angles rentrants et saillants dont les arêtes sont d'une extrême pureté, tout persuade que le ciseau d'artistes habiles s'y est exercé ; mais cette grotte n'est pas basse comme les cavernes ordinaires, et on n'y distingue aucune pierre, aucun fragment qui ne soit prismatique, symétriquement, parfaitement et régulièrement taillé. Cette caverne profonde semble une grande église gothique, dont la nef présenterait deux rangées de colonnes qui auraient été brisées et transportées tout debout, mais ayant des hauteurs inégales, à la droite et à la gauche de l'édifice noirci par les flammes. Le fond de la grotte est ténébreux et fermé comme le chœur d'une chapelle.

La grève est triste et sombre et a la forme d'un vaste escalier de marbre noir mis en désordre par quelque bouleversement souterrain. Les grands piliers s'étendent comme une longue muraille, et d'un côté, au milieu, on remarque un réduit pareil à un confessionnal obscur. Cet enfoncement bizarre se rétrécit tellement, qu'il n'a, dans la partie la plus reculée, que la largeur d'un fauteuil; aussi l'a-t-on nommé le *Fauteuil de Fingal*. Le dais de cette cavité est formé de colonnes brisées qui représentent assez exactement une ogive gothique.

La voûte est composée, comme les parois, de colonnades qui se sont séparées à distances à peu près égales, et dont l'une des parties est restée suspendue, tandis que l'autre partie, en tombant, a laissé libre ce long espace qui forme la caverne; les prismes du bas et du haut se correspondent avec beaucoup d'exactitude. Les basaltes sont étroitement unis et comme cimentés dans leurs joints par une matière calcaire d'un jaune citron, qui se détache sur la nuance de fer, qui est dominante. En plusieurs endroits des galeries, la pierre reflète des teintes vertes et orange clair. La belle transparence des eaux, lorsque la mer est calme, double l'effet imposant de la variété de ces riches couleurs.

L'île appartient aujourd'hui à la famille des Macdonald, qui l'afferme douze livres sterling (trois cent deux francs) par an, plutôt pour la pêche, sans doute, que pour tout autre produit de son territoire. La partie extérieure de la voûte est un plateau couvert d'une couche très-mince de terre végétale. On a défriché un coin de cette plaine aride, et quelques épis d'avoine y sont venus à grand'peine. Vers le milieu de l'île, on voit encore les débris d'une chaumière. Des vaches et des chevaux, tous de très-petite espèce et de couleur noire, paissent à l'entour; les pâtres ont une physionomie triste. Comme des tempêtes d'une violence effroyable se déchaînent sur Staffa les trois quarts de l'année, ils ne peuvent y habiter : c'est de l'île d'Iona qu'ils viennent avec leurs troupeaux pendant les jours d'été. Ils n'ont pour distraire leur vue, au milieu de brumes continuelles, que les cormorans qui chassent aux insectes et aux poissons, et les pingouins, les mouettes, les guillemots, s'abandonnant aux vents ou jouant à la surface de la mer.

§ 2. La Grotte des Fromages.

Sur les bords du Rhin, entre Trèves et Coblentz, près de Bertrich-Baden, on voit une excavation naturelle, pratiquée au milieu de masses basaltiques et qui est des plus remarquables, quoique beaucoup moins considérable que celle de Fingal. Les colonnes, qui servent de parois à cette grotte, sont formées de pièces arrondies, qui les ont fait comparer à des piles de fromages, d'où le nom de grotte des Fromages (*die Kæsegrotte*) qu'on lui donne dans le pays.

Il existe également un certain nombre d'excavations du même genre dans le Vivarais et dans la haute Auvergne, si riche en volcans éteints; on en rencontre aussi en Islande, ainsi que dans les environs de l'Etna et du Vésuve, qui sont sillonnés par d'immenses crevasses de refroidissement et de dislocation. Enfin le terrain de la plupart des îles de l'Archipel est presque partout caverneux; celui des îles de l'océan Indien, principalement celui des îles Moluques, ne paraît être soutenu que sur des voûtes et des concavités; celui des îles Açores, celui des îles Canaries, celui des îles du Cap-Vert, comme en général le terrain de presque toutes les petites îles, sont creux et caverneux en plusieurs endroits, par la raison que ces îles ne sont que des pointes de montagnes, où il s'est fait des éboulements considérables, soit par l'action des volcans, soit par celle des eaux, des gelées et des autres injures de l'air. Dans les Cordillères du Pérou, où il y a plusieurs volcans, et où les tremblements de terre sont fréquents, on voit aussi un grand nombre de cavernes, de même que dans le volcan de l'île de Banda, dans le mont Ararat, qui est un ancien volcan, etc. Il y a aussi sur la montagne de Benieguazeval, dans le royaume de Fez, une caverne volcanique qui jette du feu et qui jouit dans le pays d'une certaine renommée, bien qu'elle soit d'une étendue peu considérable.

§ 3. La Caverne de Petchabury.

Non loin de la ville de Petchabury, près de Bangkok, au golfe de Siam, s'élève une montagne dans une situation admirable, et d'où la vue s'étend d'un côté sur des plaines immenses et de l'autre sur un horizon borné par les teintes vaporeuses de la mer.

En quittant le sommet de ce mont, dit un voyageur français[1], nous descendîmes dans les profondeurs d'un antre, à trois milles de distance, qui est un volcan éteint ou un cratère de soulèvement. Ici se trouvent quatre ou cinq grottes, dont deux surtout sont d'une largeur et d'une profondeur surprenantes, et surtout d'un pittoresque extrême; à la vue d'un décor, qui les représenterait avec fidélité, on les croirait l'œuvre d'une riche imagination, et on nierait qu'il soit possible de rien voir d'aussi beau dans la nature. Les roches, tenues longtemps en fusion, ont pris par le refroidissement ces formes curieuses, particulières aux scories et aux basaltes; puis, plus tard, la mer se retirant (car tous ces monts ont surgi du sein des eaux), et l'humidité de la terre continuant à suinter, ces mêmes roches se sont teintes de couleurs si riches, si harmonieuses, elles se sont ornées de si imposantes et si gracieuses stalac-

1. *Voyage dans les royaumes de Siam, de Cambodge, de Laos et autres parties centrales de l'Indo-Chine*, par feu Henri Mourot, naturaliste français, 1858-1861. (*Tour du Monde*, 1863, 2e semestre.)

tites, dont les hautes et blanches colonnades semblent soutenir les voûtes et les parois de ces souterrains, que l'on croit assister à une de ces belles scènes féeriques qui font à Noël la fortune des théâtres de Londres.

Un architecte habile a été chargé de rendre ces grottes plus abordables aux visiteurs ; il a tiré le meilleur parti possible de tous les avantages qu'offrait la nature, sans nuire en rien à leur aspect pittoresque ; pour peu, d'ailleurs, que le marteau eût touché aux roches, il les eût défigurées ; l'architecte s'est contenté simplement de niveler le sol et de pratiquer quelques beaux escaliers pour aider à descendre dans l'intérieur des grottes et les faire paraître dans toute leur beauté.

La plus vaste et la plus pittoresque des deux cavernes a été convertie en temple ; elle est bordée sur toute son étendue d'un rang d'idoles, dont la plus grande est toute dorée et représente Bouddha endormi.

§ 4. La Grotte du Chien.

Les crevasses, qui sillonnent les terrains avoisinant les volcans, livrent fréquemment passage à des exhalaisons gazeuses, dont l'effet serait mortel sur ceux qui n'auraient pas d'autre air à respirer. Quand ces exhalaisons se trouvent produites dans l'intérieur des crevasses, elles donnent lieu à d'assez curieux phénomènes ; c'est ce qui arrive dans la célèbre grotte du Chien.

La grotte du Chien (en italien *grotta del cane, bucco venenoso*) se trouve en Italie, dans l'ancien royaume de

Caverne de Petchabury.

Naples. Les anciens la nommaient *spiracula* ou *scrobes Charoneæ* ; Pline en fait mention (livre II, chap. XCIII) : *Est locus in Puteolis lethalem spiritum exhalans* (il existe à Pouzzoles un endroit d'où s'exhalent des émanations mortelles). Elle est située près du lac d'Agnano, entre Naples et Pouzzoles, sur le chemin qui conduit à cette dernière ville, et au pied d'une montagne extrêmement fertile, appelée autrefois *forum Vulcani* et *Leucogoei colles*, et de nos jours la *Solfatara*.

Cette fameuse *mofeta* doit son nom moderne à ce qu'on éprouve communément ses effets pernicieux sur les chiens ; il ne faut pas croire cependant qu'elle ne soit également funeste aux autres êtres vivants qui se trouveraient exposés à la portée de ses vapeurs. On dit que Charles VIII, roi de France, en fit l'épreuve sur un âne, et que, il y a trois siècles, deux esclaves qui furent mis dans cette grotte, par ordre de Pédro de Tolède, vice-roi de Naples, la tête en bas et les quatre membres liés, perdirent la vie au bout de dix minutes.

C'est une simple excavation peu remarquable d'ailleurs et fort petite : elle a environ un mètre et demi de haut et trois mètres de profondeur sur un mètre de largeur, et ne peut guère contenir plus de trois personnes à la fois ; elle a l'apparence et la forme d'un petit cabanon, dont les parois et la voûte seraient grossièrement taillées dans le tuf.

Il s'élève du fond de la grotte une vapeur chaude, ténue, subtile, mais qu'il est aisé de discerner à la vue. Cette vapeur ne sort point par petites bouffées, elle forme un jet continuel qui couvre toute la surface du fond de la grotte et que sa pesanteur, supérieure à celle de l'air, maintient contre le sol; cette vapeur est formée de gaz acide carbonique, mêlé d'un peu de vapeur d'eau.

La couleur des parois de la grotte est la mesure de l'élévation de la vapeur; elles sont d'un vert foncé jusqu'à l'endroit où monte la vapeur et couleur de terre ordinaire au-dessus.

Cette vapeur est essentiellement délétère; une torche allumée s'y éteint immédiatement, et, si l'on essaye de tirer un coup de pistolet, la poudre ne peut pas partir. Tout animal, que sa petitesse empêche de porter sa tête au-dessus de la couche de gaz irrespirable, perd tout d'un coup le mouvement, comme s'il était étourdi, et ne tarde pas à expirer.

C'est une expérience de cette nature que le gardien de la grotte fait devant les visiteurs, moyenant une rétribution. A cet effet, il a un chien, dont il lie les pattes, afin de l'empêcher de fuir, et qu'il dépose ensuite au milieu de la grotte. D'abord l'animal manifeste une vive anxiété, ensuite il se débat, au bout d'une trentaine de secondes il paraît comme mort ou en défaillance, bientôt après ses membres sont attaqués de tremblements convulsifs; enfin, c'est-à-dire après environ une minute, il ne conserve d'autre signe de vie qu'un battement presque insensible du cœur et des artères, qui ne tarderait même pas à cesser, si on laissait l'animal un peu trop longtemps, c'est-à-dire deux ou trois minutes, et alors la mort serait infaillible; si, au contraire, aussitôt après la défaillance, on le tire hors de la grotte, il reprend ses sens et ses esprits, surtout lorsqu'on le plonge dans le lac d'Agnano, qui est à vingt pas de là ; aussitôt qu'il est revenu à la vie, il se sauve rapidement, comme s'il redoutait une seconde séance.

Un voyageur moderne, le docteur Constantin James[1], raconte qu'il a vu un chien qui faisait cet assez singulier service depuis trois ans, et qui chaque jour était ainsi asphyxié et désasphyxié plusieurs fois ; sa santé générale paraissait pourtant excellente; il semblait même se trouver à merveille de ce régime. Toutefois le pauvre animal, du plus loin qu'il apercevait un étranger, devenait triste, hargneux, aboyait sourdement et semblait tout disposé à mordre; quand au contraire, l'expérience finie, le voyageur s'éloignait, le chien l'accompagnait avec tous les témoignages de la joie la plus vive et la plus expansive.

Le docteur Constantin James voulut faire l'expérience sur lui-même, et voici comment il la raconte: « M'étant mis à genoux dans la grotte, je me plongeai la tête au milieu de la couche d'acide carbonique, je fis une forte inspiration: à l'instant je fus saisi d'une sorte d'éblouissement, de vertige, ainsi que d'un resserrement douloureux dans toute la poitrine. Un mouvement instinctif et raisonné m'obligea aussitôt à relever la tête pour respirer un air pur; au bout de quelques minutes, il n'y paraissait plus. Je repris mon attitude horizon-

1. *Guide pratique aux eaux minérales*, par le Dr Constantin James.

tale, puis, procédant avec plus de prudence, je fis une toute petite inspiration : même saisissement que la première fois, seulement la suffocation fut moindre, je ressentais toujours une oppression très-forte, ainsi qu'une espèce de bouillonnement vers le front. »

On a fait dans cette même grotte diverses autres expériences, d'où il résulte qu'un lapin déposé sur le sol de la grotte meurt au bout de deux minutes, un chien après trois minutes, un chat après quatre minutes, une grenouille après cinq minutes, une couleuvre après sept minutes.

Quant au gaz qui détermine ces phénomènes d'asphyxie, on s'accorde généralement à dire qu'il est produit par une source d'eau thermale gazeuse qui passe au-dessous de la grotte et qui le laisse échapper à travers les porosités du sol. Il est probable d'ailleurs que l'on pourrait creuser dans les mêmes parages d'autres grottes, où se feraient sentir les mêmes effets.

§ 5. Grotte d'Ammoniaque.

A peu de distance de la grotte du Chien se trouve au pied d'un petit tertre, remarquable par sa riche végétation, une autre grotte à exhalaison délétère ; seulement, cette fois, ce n'est plus de l'acide carbonique qui sort des crevasses du sol, mais du gaz ammoniaque.

L'intérieur de cette grotte a l'aspect d'une fosse à peu près carrée, d'un mètre de profondeur, que recouvre une voûte de maçonnerie, haute de trois mètres environ. On y pénètre par une petite porte que le gardien n'ouvre qu'en exigeant un assez fort péage ; il a cela de commun du reste avec son collègue de la grotte du Chien.

La découverte de cette grotte est toute moderne; elle est due au hasard. Un des oncles du dernier roi de Naples faisait construire, près du lac d'Agnano, un pavillon pour la chasse au canard sauvage, lorsque les ouvriers se sentirent suffoqués par des émanations gazeuses qui s'échappaient du sol ; on analysa ce gaz et l'on reconnut que c'était de l'ammoniaque.

Comme l'acide carbonique dans la grotte du Chien le gaz ammoniaque séjourne à la surface du sol; la couche est d'un mètre environ. Les mêmes phénomènes que nous avons vus se produire dans la grotte du Chien, se produisent également ici : une torche allumée fume et s'éteint, si on l'approche de la surface du gaz; quant aux animaux que l'on soumet à son influence, ils sont beaucoup plus rapidement asphyxiés que dans la grotte du Chien. Du reste, le gardien de la grotte d'Ammoniaque n'a pas de chien et ne fait par lui-même aucune expérience, vu la rareté des visiteurs.

Chose d'ailleurs plus utile et plus intéressante, on a reconnu que des fumigations avec le gaz exhalé dans cette grotte guérissaient les amauroses. On attribue aussi, dans toute la contrée, une grande vertu à ces bains de gaz pour combattre les douleurs, l'engourdissement et la paralysie des membres ; le gardien et les mariniers racontent à ce sujet des guérisons vraiment surprenantes, si elles sont vraies.

Quant à la cause qui produit le gaz de la grotte d'Ammoniaque, il faut la chercher dans la conformation physique et les révolutions du sol. En effet, non loin de là, se trouve la *Solfatara*, dont les communications souterraines s'étendent dans un vaste rayon extrêmement riche en eaux thermales et en émanations gazeuses, et l'on a observé que les crevasses du volcan fournissaient, entre autres principes, des sels d'ammoniaque. En outre, tout à côté de la grotte, sont les fameuses étuves de Saint-Germain, incrustées d'efflorescences ammoniacales. Il est donc très-probable que le gaz de cette grotte n'est de même qu'une sublimation volcanique.

§ 6. Grotte de Monsummano.

Aux environs du village de Monte-Catini, à égale distance à peu près de Florence et de Livourne, se trouve une grotte naturelle, dans laquelle s'exhalent des vapeurs humides et salutaires, auxquelles de nombreux malades viennent demander la guérison de leurs douleurs.

Cette grotte, dont la découverte ne date que de 1849, dit le docteur Constantin James, représente une immense galerie naturelle, creusée dans l'épaisseur de la montagne, dont elle porte le nom, et ne communiquant avec l'extérieur que par une étroite ouverture.

Celui qui, le premier, pénétra dans cette grotte dut se croire au milieu d'un de ces palais enchantés dont l'imagination des poëtes a peuplé les îles de Paphos et de Cythère. Ce ne sont, en effet, que voûtes étincelantes, délicates arabesques, colonnes en stalactites, siéges de marbre, bassins du plus beau cristal, et, au milieu de toutes ces merveilles, s'étend une nappe d'eau, limpide et tiède, dont les douces effluves se répandent dans l'atmosphère. Il semble qu'on doive s'attendre, à chaque pas, à quelque apparition fantastique. Mais, au lieu de nymphes et de naïades, on n'y voit que de simples rhumatisants échelonnés pour y prendre de prosaïques bains de vapeur.

§ 7. La Grotte de la Madeleine.

La France possède aussi sa grotte du Chien, c'est-à-dire une grotte dans laquelle s'exhale une vapeur mortelle pour tout être vivant qui la respire.

C'est à dix ou douze kilomètres au sud de Montpellier, au pied de la colline surmontée par l'ermitage de Saint-Beauzile, entre le chemin de fer et la grande route de Cette, que se trouve cette intéressante excavation. Son ouverture, encadrée de plantes grimpantes, est fort étroite : on y arrive par une pente très-inclinée, formée de grosses pierres reposant sur un limon humide et glissant.

Rien ne saurait rendre la beauté de cette grotte, lisons-nous dans un recueil déjà cité, lorsque la flamme des torches jette une lueur incertaine sur ces sombres voûtes, d'où pendent çà et là de longues stalactites ; l'eau tranquille et noire (car il y a dans cette vaste caverne un grand lac souterrain qui n'a pas moins de cent mètres de longueur) sur laquelle glisse la barque, ce silence profond, interrompu seulement par les petits cris des chauves-souris effrayées qui se détachent de la voûte, impressionnent vivement l'imagination. Pour le poëte, c'est l'entrée de l'enfer païen, le Cocyte de Virgile ; pour le géologue, c'est la grotte d'Adelsberg, les rivières et les lacs souterrains de la Carniole en miniature, un exemple de ces nappes d'eau souterraines, de ces réservoirs cachés qui alimentent les sources abondantes des pays calcaires en général et du midi de la France en particulier, celles de Vaucluse, de Malaucène, de Saint-Clément et du Lez.

Chaque été, cette grotte se remplit, comme celle du Chien, d'une grande quantité de gaz acide carbonique, et les phénomènes d'asphyxie s'y produisent de la manière la plus dangereuse pour les visiteurs non prévenus ou imprudents. En hiver, au contraire, on peut s'introduire sans danger jusque dans les parties les plus profondes, et y naviguer en barque sur le lac : il y a une trentaine d'années, cent personnes environ se promenèrent sur ce lac à la lueur des flambeaux.

Maintenant, d'où vient le gaz acide carbonique qui s'exhale dans cette grotte ? La grotte du Chien est dans le voisinage du Vésuve, et l'on sait qu'aux environs des volcans, ce gaz sort pour ainsi dire de tous les pores de la terre ; mais il est bien plus curieux de voir cette production intermittente au milieu du calcaire jurassique. Le gaz sort-il d'une issue du sol, ou provient-il de l'eau du lac, qui est légèrement gazeuse? voilà ce qu'il est difficile de savoir, car, l'eau dissolvant l'acide

Grotte de la Madeleine, près de Montpellier.

carbonique, on ne saura jamais si le gaz qu'elle contient a été dissous ou dégagé par elle, et, pendant la production du gaz, l'exploration de la caverne est impossible.

On a remarqué que les volcans en pleine activité exhalaient principalement de l'acide hydrochlorique ; que, lorsque leur activité diminue, c'est l'acide sulfureux qui devient prédominant ; et enfin que, quand ils s'éteignent, l'acide carbonique est le seul gaz qui s'échappe de leurs fissures. Les dégagements d'acide carbonique de la grotte de la Madeleine pourraient donc bien être les restes de l'activité volcanique qui, près de là, a fait surgir du sol les basaltes de Montferrier, et, un peu plus loin, ceux d'Agde et de Saint-Thibéry ; derniers effets de la force inconnue, dont les volcans d'Auvergne, du Cantal et du Vivarais sont la plus grande manifestation sur le sol de la France.

§ 8. Autres cavernes à exhalaisons.

L'antiquité a eu aussi ses cavernes célèbres par des exhalaisons mortifères.

Telle était la *Mephitis* d'Hiérapolis, dont Cicéron, Galien et Strabon ont parlé et dont ils assurent même avoir vu les effets.

Telle était encore la caverne de Corycie (*specus Corycius*) dans la Cilicie, qui, à cause de ses exhalaisons empestées, pareilles à celles que les poëtes donnent à Typhon, était appelée l'antre de Typhon (*cubile Ty-*

phonis). Pomponius Mela n'a pas oublié de la décrire. et elle paraît aussi ancienne qu'Homère, car le mont Arina, où le poëte place cette caverne méphitique, était, à ce que dit Eustathius, une montagne de Cilicie.

Nous pourrions citer encore de nombreux exemples d'exhalaisons de vapeurs pernicieuses de toute nature. Bien qu'elles soient plus fréquentes dans les mines, dans les puits, dans les carrières et dans d'autres lieux semblables, on ne laisse pas d'en rencontrer quelquefois sur la surface de la terre, surtout dans les pays qui abondent en minéraux, ou qui renferment des feux souterrains, tels que sont en Europe la Hongrie, la Sicile et l'Italie.

Disons aussi qu'à Paris même il y a des vieilles maisons dont les caves recèlent des gaz délétères en assez grande quantité pour qu'il soit dangereux d'y descendre sans certaines précautions, par exemple sans porter d'abord devant soi une lumière, qui s'affaiblit et s'éteint, s'il y a danger.

Grotte des Fromages, près de Trèves.

Porte de la pagode souterraine de Tourane.

CHAPITRE II.

GROTTES ET CAVERNES CREUSÉES PAR LES EAUX.

---

§ 1. Grottes et cavernes maritimes, ou creusées par les eaux de la mer.

La mer, en se brisant sur les côtes, a creusé en nombre d'endroits des excavations profondes et d'un aspect des plus pittoresques. Quelques-unes de ces excavations, lentement évidées et comme fouillées par l'action sans cesse répétée des vagues, offrent à l'admiration du voyageur un coup d'œil vraiment féerique.

Parmi les plus remarquables de ces grottes, nous citerons les grottes de Crozon.

Les Grottes de Crozon.

Ces grottes se trouvent situées sur les côtes de Bretagne, dans la baie de Douarnenez; elles sont au nombre de cinquante, parmi lesquelles les plus curieuses sont : la grotte des Oiseaux, le Trou du Diable et la grotte de Morgatte.

La grotte des Oiseaux est une excavation d'environ soixante pieds de profondeur, que la mer laisse entièrement à sec lorsqu'elle se retire. On y entre par deux arcades naturelles, taillées dans le roc avec une élégance et une hardiesse admirables. La largeur de la grotte est assez considérable pour que quatre-vingts personnes, au moins, puissent s'y tenir à l'abri.

Le Trou du Diable est d'une forme plus bizarre. Qu'on se représente un large fourneau taillé au milieu d'un bloc de rocher, sous un promontoire, avec deux portes en arcades, qui permettent de pénétrer dans son intérieur, et, au milieu de la voûte supérieure, une longue cheminée montant jusqu'au niveau de ce même promontoire. Lorsque l'on est entré par une des portes, on voit, au-dessus de soi, cette déchirure de rocher en forme de tuyau de poêle, à travers laquelle brille un lambeau du ciel, et où se penche parfois la tête d'un pâtre curieux, qui garde ses chèvres sur le coteau. Le vent s'engouffre dans cette cheminée avec un cri plaintif, et les oiseaux de la mer viennent y déposer leurs nids.

Quant à la grotte de Morgatte, tout en elle est prodigieux et admirable. On n'y pénètre qu'en bateau par une ouverture très-étroite et assez basse pour que, dans les hautes mers, celui qui conduit la barque ne puisse s'y tenir debout; mais, à peine entré, la grotte s'élargit et s'élève extraordinairement. Au premier moment, les yeux, habitués à la lumière, ne distinguent rien dans la demi-obscurité qui règne dans la grotte; on entend seulement de larges gouttes d'une eau jaunâtre tomber une à une dans la barque, qui glisse silencieuse, et le bruit de la vague qui, refoulée par l'aviron, se précipite dans les anfractuosités du rocher avec un clapotement sinistre et bizarre. On dirait le bouillonnement d'une eau qui se précipite par un entonnoir à une immense profondeur.

Mais, au milieu du saisissement causé par ces divers bruits, lorsque l'œil, accoutumé à l'ombre, commence à distinguer les objets, on ne peut retenir un cri de surprise et d'admiration devant le spectacle qui s'offre alors à la vue.

La grotte tout entière apparaît jaspée de mille nuances, toute tapissée d'arabesques coloriées, de fantastiques veinures, dont aucune parole ne peut rendre l'effet. De longues marbrures, d'un vert émeraude, parcourent le sommet de l'antre, et se fondent, sur les côtés, dans des teintes variées de rose, de blanc, de lilas et de gris perlé. De loin en loin, de larges traînées d'un liquide rouge foncé, fétide et brillant, semblent suinter à travers le rocher, comme des sillons de sang. Des deux côtés, les parois inférieures sont lambrissées par d'énormes galets diaprés de rose et de jaune.

Au milieu de la grotte, s'élève un immense bloc de granit rouge, que l'on appelle l'Autel. Enfin, dans le fond, s'étend une grève de cailloux, sur laquelle s'ouvre une autre caverne, que l'on sait immensément profonde, mais dont l'entrée est fort étroite, et dans laquelle personne n'a osé pénétrer à plus de quarante pas. Une autre ouverture semblable se trouve encore vis-à-vis de l'Autel, mais l'antre, sur lequel elle s'ouvre, ne paraît pas s'étendre bien loin.

La profondeur de la grotte de Morgatte est d'environ cent cinquante pieds, son élévation de soixante pieds, sa largeur moyenne de soixante-dix pieds. Le nom de Morgatte, ou Morgane, sous lequel elle est connue, paraît venir de deux mots celtiques, *mor* et *gan*, et signifier Né de la Mer. Quelques personnes ont prétendu que cette grotte avait servi, lors des persécutions, de refuge à des chrétiens, que les saints offices y avaient été célébrés et que c'est depuis cette époque que le rocher qui s'élève au milieu de la grotte a été appelé l'Autel. Les habitants du pays parlent aussi d'une famille qui fut autrefois surprise par la tempête dans la grotte de Morgatte et qui y périt après plusieurs jours d'agonie.

Aujourd'hui, cette grotte n'est plus habitée que par une innombrable population d'oiseaux de mer, goëlands, mouettes, cormorans, etc.

Outre les grottes dont nous venons de parler, il en

existe, comme nous l'avons déjà dit, une cinquantaine d'autres, plus ou moins profondes, dans la baie de Douarnenez. Toutes sont taillées dans le marbre et dans le granit, et présentent quelques détails curieux dans leur intérieur. L'une d'elles, celle de la Pointe de la Chèvre, se nomme en breton *Queo Charivari* (la cave du charivari) à cause des cris discordants des oiseaux qui l'habitent.

Les Grottes d'Étretat.

Nous ne pouvons citer ici toutes les excavations curieuses creusées par la mer le long de nos côtes : nous parlerons cependant des Grottes d'Étretat, bien connues de tous ceux qui fréquentent cette pittoresque station maritime.

Les grottes sont au nombre de trois : le Trou à l'Homme, la Chambre aux Demoiselles et le Trou à Romain : elles forment les principales curiosités d'Étretat avec la fameuse Aiguille, le Chaudron, la Porte d'Aval, la Manne Porte, le Petit Port et la Valleuse de Bénouville.

Le Trou à l'Homme est une grotte immense, dont le fond est dallé de roches blanches, recouvertes d'un sable fin. Il ne faut pas trop chercher à pénétrer dans cette grotte, qui s'avance bien loin dans la montagne : elle est pleine de dangers pour ceux qui tentent son exploration. Le Trou à l'Homme est placé sous la Chambre aux Demoiselles, dont la demeure est établie sur les pics qui dominent le rocher.

Quant au Trou à Romain, c'est une petite grotte, creusée dans la falaise, à trois cents pieds au-dessus de la mer. Alphonse Karr, le Christophe Colomb, ou plutôt, comme il l'a dit lui-même, l'Améric Vespuce d'Étretat, Alphonse Karr a raconté la touchante histoire du malheureux pêcheur, qui a donné son nom à cette grotte : « Romain Bisson, dit-il, fils d'un pêcheur d'Étretat, avait été accoutumé dés son enfance à parcourir les rochers pour prendre des coquillages et arracher du varech. Quand vint la conscription (en 1813), Romain fut trouvé bon pour le service ; mais il le refusa, préférant à l'état militaire une vie semée de plus de périls que celle des champs de bataille. La vie sauvage qu'il avait menée dès son enfance, une physionomie sombre et un caractère farouche le tenaient, pour ainsi dire, éloigné de ses compatriotes. La pensée de quitter ses rochers lui était devenue insupportable. Au lieu de rejoindre son régiment, il se cacha dans un trou de cette falaise, où la nuit ses parents lui envoyaient, au moyen d'une corde, du pain, du cidre et de l'eau. »

Au bout d'un an, la retraite du pauvre réfractaire fut découverte. On le somma de descendre, il répondit qu'il ne voulait pas être soldat. On lui dit qu'il serait pris et fusillé s'il se refusait à obéir, il répliqua qu'il aimait mieux mourir que d'être soldat. On tenta l'escalade, mais il fallut y renoncer. Alors, après de nouvelles sommations, on tira des coups de fusil à Romain, qui répondit par des pierres et des morceaux de roche.

« Le siége dura quatre jours. Enfin, manquant d'eau,

le palais et la gorge desséchés, épuisé par une fièvre ardente, il voulut profiter de ce qui lui restait de forces pour s'échapper. »

Romain attendit que la mer fût arrivée à sa plus grande hauteur, parce qu'alors les soldats, qui le guettaient, étaient obligés de se tenir à distance.

« Vers dix heures, la mer battait la roche et rendait le passage impossible. Romain alors descendit, s'aidant des pieds et des mains, profitant de la moindre pointe, marchant où les oiseaux seuls avaient pu marcher avant lui. Les soldats l'aperçurent; mais la mer, qui venait jusqu'à la roche, ne leur laissait aucun moyen de l'atteindre au-dessous de la caverne. Nouvelle décharge de mousqueterie.... Le lendemain on put, avec des précautions infinies, aborder la grotte; mais Romain n'y était plus. On ramassa sur le galet sa blouse et ses sabots; on fit de vaines perquisitions pour le retrouver; on ne put le découvrir.

« Deux ans plus tard, la scène du monde avait changé. Napoléon voguait vers Sainte-Hélène et Louis le Désiré rentrait à Paris. Romain reparut alors; l'amnistie accordée au déserteur ne permit pas de le poursuivre. Il retrouva sa maisonnette; mais sa mère était morte. Il revit sa fiancée; mais elle était mariée et tenait entre ses bras un jeune enfant qui souriait.

« Quelque temps après, Romain Bisson terminait ses jours en se précipitant du haut de cette falaise qui les avait si longtemps protégés. Était-ce l'amour qui l'avait porté au suicide?.... C'est un secret que Romain a emporté dans la tombe. »

La Grotte de Bonifacio.

Parmi les plus curieuses excavations, dues à l'action dévastatrice de la mer, il faut citer les fameuses grottes de Bonifacio, sur la côte méridionale de Corse.

La ville de Bonifacio est bâtie au sommet d'une falaise, sur un rocher long et étroit, qui s'avance comme une haute muraille, plongeant à pic de toutes parts sur la mer. Celle-ci, en frappant incessamment la partie inférieure de la falaise, qui est composée d'un calcaire blanchâtre et facilement désagrégeable, a miné sous la ville jusqu'à une assez grande distance, et a produit un certain nombre de cavernes et de grottes de dimensions souvent énormes, dont l'entrée s'ouvre directement sur la mer, et dont le fond est entièrement recouvert par des eaux fraîches et limpides.

Une de ces grottes traverse de part en part le mont *Pertuisato*, comme ferait une galerie droite et régulière, taillée à main d'homme; ses deux ouvertures sont fort larges et donnent un libre accès à la lumière, qui parcourt toute l'étendue de la voûte. La montagne est presque entièrement séparée du rivage et s'élève en forme de pyramide, avec deux portes à la base.

Sous la citadelle, il y a une autre grotte, à l'entrée de laquelle la mer a accumulé tant de galets, qu'elle l'a presque entièrement bouchée et qu'on n'y peut guère pénétrer qu'en se résignant à ramper sur le ventre. Celle-ci est plus longue que les autres, mais en général moins élevée, et, comme on le pense bien, on y est dans une obscurité complète. Elle se compose d'une série de grandes salles couvertes d'incrustations et de stalactites, et liées les unes aux autres par de petits corridors bas et étroits. Dès que l'on a passé l'amas de cailloux, qui forme une digue à l'entrée, on se trouve de nouveau sur le bord de l'eau; mais, ce qu'il y a de singulier, c'est que, bien que le niveau de cette eau soit au-dessous du niveau de la mer, sa saveur est cependant douce, ou, pour mieux dire, n'est que fort légèrement saumâtre; elle provient sans doute des infiltrations pluviales qui descendent de la ville et de la citadelle, et elle forme une citerne naturelle, où Bonifacio trouverait peut-être un avantage à puiser à l'aide d'un trou de sonde, car l'eau est fort rare dans la ville.

« Nous pénétrâmes dans l'intérieur de cette grotte, dit un voyageur, à l'aide d'un petit canot qui y parvint, non sans peine, après que l'on eut déblayé l'ouverture. La voûte était habitée par quelques chauves-souris, fort effarées de se voir ainsi troublées par la lumière dans leur ténébreuse demeure; l'eau était limpide comme celle d'une fontaine, et, bien qu'en plusieurs points elle descendît jusqu'à huit à dix pieds de profondeur, on distinguait sur le fond les moindres accidents de la pierre, éclairée par nos lumières. Cette galerie souterraine s'étend en diagonale sous la citadelle sur une grande profondeur. Nous la suivîmes jusqu'à un endroit où nous avions à peu près le milieu des cavernes sur nos têtes; à cet endroit, la voûte s'abaissait jusqu'au niveau de l'eau, et il n'était plus possible d'avancer davantage. Cependant, la galerie ne s'arrêtait pas à ce point, car le plafond ne s'abaissait que graduellement et non pas brusquement comme une clôture, et l'eau, c'est-à-dire la galerie elle-même, conservait encore sept à huit pieds de profondeur. Il se peut qu'au delà de ce barrage le plafond se relève de nouveau, mais il est bien certain que la grotte, à son autre extrémité, n'aboutit pas jusque dans la mer ; car elle déboucherait nécessairement sous l'eau, et, par conséquent, l'eau qu'elle renferme serait de même niveau et de même salure que celle de la Méditerranée. »

Il y a encore une autre grotte à l'entrée du port, peu profonde, mais étonnante par l'énormité de son ouverture qui a plus de cent pieds de hauteur : elle est surmontée par les ruines d'un vieux couvent, et par les murs et les batteries de la citadelle.

La grotte la plus remarquable s'ouvre sur la mer, à l'entrée du détroit, par une grande arcade, percée dans une falaise blanche et unie comme un mur. L'eau y est profonde, et les vagues s'y promènent librement. On rencontre d'abord un grand corridor, qui, peu à peu, s'enfonce dans les ténèbres et se termine brusquement contre la paroi du rocher. Puis, on prend, à gauche, un embranchement qui mène à la grande salle ; ce passage est le plus difficile dans les instants où la mer n'est pas très-calme.

« Lorsque nous pénétrâmes dans ce passage, dit notre voyageur, il y avait un peu de houle en mer et son influence se faisait très-bien sentir jusque dans le souterrain; l'eau, avec sa périodicité tranquille, frappait de chaque côté la muraille du corridor, et retombait ensuite du haut de la voûte, avec un fracas d'échos retentissants et confus. C'était un curieux spectacle que de voir et de sentir notre balancelle, qui bondissait légèrement sous un couvert sembable à celui des grands cloîtres des couvents de l'Italie. Le patron n'avait pas voulu abattre le mât, et la banderole frisait la voûte; enfin, vers le milieu, soit que le plafond fût plus bas ou la vague qui nous portait plus haute, nous heurtâmes subitement; le mât touchait, et, comme nous ne pouvions plus continuer à monter sur l'eau, ce fut l'eau qui continua à monter sur nous, et elle commençait à nous rendre dans notre bateau une fort incommode visite, quand, à notre grande satisfaction, la malencontreuse mâture, qui jusque-là tenait ferme, se rompit enfin; c'était heureux, car la barque aurait sombré là en un fort mauvais lieu pour se faire repêcher; et quant à nos propres personnes, elles auraient eu assurément quelque peine à sortir de ce trou, et surtout, une fois en mer, à faire venir à elles quelque bateau pour les ramener en ville. Quelques coups d'aviron vigoureusement appliqués nous mirent hors d'affaire, et nous entrâmes avec un tranquille et léger sillage dans la plus belle salle, je crois, que la nature ait jamais faite: une étendue, comme celle d'un étang, occupée par une eau bleue comme le ciel, et transparente comme l'air, jetant de bas en haut et de tous côtés ses reflets azurés contre chaque saillie d'une voûte immense toute hérissée de pointes et de dentelures, et prenant le soleil à plus de cent pieds de haut dans la campagne au milieu des myrtes et des lauriers en fleurs. Les Grecs auraient fait de cette retraite mystérieuse et profonde le palais d'Amphitrite ou de Neptune, et auraient placé au péristyle et sous les corridors le cortége sacré des Tritons et des Nymphes. Nos pêcheurs ne se font plus des imaginations si éloignées de la réalité des choses. Il faut dire cependant qu'ils sont tous frappés d'un respect involontaire en présence de cette splendeur et de cette magnificence ; cette architecture est celle d'un temple, et un temple parle toujours, lors même qu'il est privé de ses divinités. Quelques phoques, que les navigateurs antiques n'auraient point manqué de nommer hardiment des Syrènes, ont choisi cet asile peu visité pour leur demeure ; ils se promènent souvent devant l'entrée, comme des vigies à leur poste, et se couchent dans l'intérieur, sur quelques pierres éboulées, qui forment çà et là des tables au-dessus de l'eau ; l'influence de la maison qu'ils ont choisie les protége ; quoique rivaux en matière de pêche, les marins les voient avec plaisir, admirent leur jeux, et ne cherchent jamais à leur faire aucun mal. »

La Grotte de Torghatten.

La Norvége, dont les côtes sont découpées et dentelées par les attaques incessantes de la mer, nous fournit un grand nombre d'exemples de cavernes dues à cette puissante action des flots. Nous signalerons, comme l'une des plus curieuses et des plus imposantes grottes qui puissent se voir, celle de Torghatten.

Cette grotte est une sorte de galerie d'une étonnante régularité, pratiquée à travers un énorme rocher de cinq cents mètres de haut, sur une île de la Norvége septentrionale ; elle mesure deux cent quatre vingt-dix mètres de longueur sur une largeur qui varie de trente-deux à quarante-huit mètres; les deux portes se trouvent à cent vingt-trois mètres au-dessus du niveau de la mer; elles ont, l'une soixante et onze mètres, et l'autre quarante mètres de cintre.

Le sol de cette grotte est presque horizontal et couvert de sable fin; les parois latérales sont polies dans presque toute leur étendue, comme si elles avaient été taillées par la main des hommes. Vers le milieu de la grotte, la voûte est moins élevée qu'aux deux extrémités. Les navigateurs rapportent que, lorsque le soleil éclaire cette grotte et le paysage environnant de ses rayons, les promontoires, les îlots, les innombrables écueils et les mille crêtes blanches des brisants, aperçus à travers l'immense galerie, comme à travers un gigantesque télescope, forment un spectacle d'une incomparable beauté.

Nous trouvons encore, sur les côtes de Norvége, une caverne des plus remarquables par son étendue et par les effrayants phénomènes météorologiques dont elle est le théâtre. C'est dans un promontoire du Lyse-Fjord que cette caverne est pratiquée : le Lyse-Fjord est un bras de mer, prodigieux fossé de quarante kilomètres de long, encaissé entre deux murailles à pic du plus sinistre aspect, hautes d'un kilomètre en moyenne; il s'ouvre vers le 59e degré de latitude, à une petite distance à l'est du port de Stavanger. La caverne se trouve sous une saillie de la falaise, qui surplombe à plus de sept cent cinquante mètres au-dessus du niveau de la mer. Pour y pénétrer, il faut se faire attacher au moyen de cordes à l'arête supérieure de la falaise, et se laisser glisser dans l'abîme à trois cents mètres de profondeur, en s'accrochant, non sans danger, aux aspérités de la paroi. Un bien petit nombre d'explorateurs se sont hasardés à faire la périlleuse descente, et, d'ailleurs, la grotte n'offre rien d'étonnant que ses grandes dimensions; on y remarque seulement quelques fissures horizontales. Mais, ce qui rend cette caverne extrêmement intéressante, c'est l'étrange météore qui s'y produits, lorsque le vent du sud-est souffle avec violence et s'engouffre par rafales dans l'immense fissure du Lyse-Fjord. « A six cents mètres au-dessus de la mer, et sur les deux tiers de la paroi, qui s'élève au sud de l'entrée du golfe, on voit de temps en temps jaillir du rocher noir un éclair, qui s'épanouit, puis se resserre, pour s'élargir encore, se contracter de nouveau, et se perdre en franges lumineuses, avant d'avoir atteint la paroi septentrionale. La nappe de feu avance en tournoyant, et c'est à ce mouvement de rotation que sont dues les expansions et les contractions apparentes de l'éclair. De rapides détonations se font entendre avec une force croissante, avant que les flammes jaillissent du rocher; un violent coup de tonnerre l'accompagne et se répercute en longs échos dans l'étroit corridor marin : on dirait qu'une batterie, cachée dans l'intérieur de la falaise, canonne quelque casemate invisible de la muraille opposée. »

La statistique de Kraft relève, sur les côtes de Norvége, plusieurs exemples semblables de la formation du tonnerre dans les cavernes des rochers. Elle signale principalement, sur les bords du Joerend-Fjord, au nord du 62ᵉ degré de latitude, le Troldgjœl, ou Mont des Prodiges, des flancs duquel, lors de tous les changements de température, de violentes détonations, accompagnées de flammes et de fumée, éclatent en longues canonnades.

Mentionnons encore, sur les côtes de Norvége, la grotte du Maëlstrom, extrêmement remarquable par son étendue et par les déchirures pittoresques et multipliées qu'y ont pratiquées les incessantes attaques de la mer.

La Grotte de Saint-Michel (Gibraltar).

Les îles, constamment battues par les lames sous toutes leurs faces, doivent tout naturellement nous offrir des exemples de cavernes dues à cette action dissolvante et irrésistible.

L'île de Gibraltar, à l'entrée de la Méditerranée, nous fournit la grotte de Saint-Michel, dont les dimensions sont considérables, et où des stalactites de l'effet le plus pittoresque viennent encore ajouter à la merveilleuse décoration naturelle, ouvrage de l'élément capricieux et terrible, auquel est due l'existence de cette grotte.

La Caverne de Scratchell.

L'île de Wight, dans la Manche, près de Portsmouth, est bordée de côtes fort élevées, dans lesquelles sont pratiquées un grand nombre de cavernes d'une vaste étendue, retraites ordinaires de nombreux oiseaux de mer. La plus remarquable est la magnifique caverne de cent cinquante pieds de hauteur située à l'entrée la baie de Scratchell et à l'extrémité de la célèbre et dangereuse chaîne de rochers, que les marins désignent sous le nom des *Needles* (les Aiguilles.)

Les Grottes de Tourane.

Si nous sortons d'Europe nous trouvons les grottes de Tourane, magnifiques excavations creusées par la mer dans les célèbres Rochers de Marbre situés au fond de la baie de Tourane, sur la côte de Cochinchine.

Ces Rochers de Marbre sont d'énormes masses grisâtres, taillées en aiguilles prismatiques et coupées tellement à pic qu'il est presque impossible de les gravir. Sur leur surface inégale et grisâtre s'élèvent çà et là, et principalement aux côtés faisant face à l'ouest, des arbustes du plus beau vert, des lianes incrustées dans la pierre, et un grand nombre d'euphorbes; le sable, qui les entoure, est de la plus grande blancheur, et si fin que sa surface mobile apparaît de loin comme la continuation de celle de la mer, qui en est toute couverte aux abords de la plage.

Bougainville le jeune a visité les Rochers de Marbre et les grottes de Tourane en 1824, et il en a donné une description dans la relation de son voyage [1].

L'entrée de la principale grotte est pratiquée dans le flanc du rocher du nord-est, sur le côté faisant face à la mer : c'est une ouverture assez basse et fort sombre. Toutefois, on n'a pas fait une vingtaine de toises sur un terrain pierreux, qu'on aperçoit le jour, et, presqu'à l'instant même, on se trouve dans une salle d'une grande élévation, éclairée par en haut, puis dans une seconde, qui n'est séparée de la première que par un étroit couloir ; cette dernière présente un coup d'œil magnifique. On arrive ensuite à une autre salle, qui frappe encore davantage, et qui offre, comme particularité remarquable, une colonne énorme attachée à la voûte, et dont la base est entièrement séparée du sol; cette salle peut avoir quatre-vingts pieds de hauteur, et, dans une partie reculée et obscure, on entend le bruit d'une chute d'eau; des infiltrations ont lieu en plusieurs endroits et tombent en gouttelettes, mais nulle part on n'aperçoit de stalactites; des milliers de chauves-souris, fendant l'air dans toutes les directions, le font retentir de leurs cris lugubres.

Cette grotte n'est pas la seule qui soit pratiquée dans les rochers; on en voit une autre, dont l'entrée, située

1. *Journal de la navigation autour du globe de* la Thétis *et de* l'Espérance (1824, 1825, 1826), par le baron de Bougainville.

sur un plateau cultivé au haut d'un escalier en colimaçon taillé dans le marbre, est fort obscure et ombragée par des arbustes s'élevant des fissures de la pierre. Cette grotte contient une petite pagode : des caractères tracés sur l'un des côtés de l'autel apprennent à la postérité que MM. Chaigneau et Vannier, au moment de quitter la Cochinchine, vinrent en ce lieu avec leurs familles, en novembre 1824.

Dans une petite plaine, un peu plus élevée que ce plateau, se trouve encore une grotte, où l'on arrive par un petit chemin fort étroit. Sur la gauche de cette grotte, qui est fort obscure et contient aussi une idole, existe un conduit latéral plongé également dans l'obscurité, qui aboutit, au moment où l'on s'y attend le moins, à une nouvelle grotte infiniment plus magnifique et plus imposante que celles que nous avons déjà vues. « Qu'on se représente, dit M. de Bougainville, une immense rotonde éclairée par en haut et terminée par une voûte cintrée de soixante pieds d'élévation pour le moins, des colonnes de marbre de couleurs variées, dont quelques-unes paraissaient être taillées dans le bronze par suite de l'enduit verdâtre que le temps et l'humidité y avaient imprimé ; les lianes traversant la pierre du faîte et tendant vers le sol, les unes en faisceaux, les autres en cordons, comme pour recevoir des lustres ; des groupes de stalactites suspendus sur nos têtes, semblables à d'énormes jeux d'orgues ; des autels, des statues mutilées, des monstres hideux taillés dans la pierre ; enfin toute une pagode, qui n'occupait cependant qu'une très-petite partie de ce vaste emplacement !

Qu'on rassemble maintenant ces objets dans un même cadre et qu'on les éclaire d'une lumière confuse, incertaine, et l'on aura peut-être quelque idée de ce qui frappa tout à coup mes regards. Il faut passer sous un portique et descendre une trentaine de marches pour arriver dans cette enceinte. Je me sentis profondément ému, je l'avoue, en mettant le pied dans un lieu que la main de l'Éternel semble avoir disposé pour lui servir de temple; tout en effet y porte à la méditation et au recueillement, et ce furent sans doute de semblables excavations qui fournirent aux chrétiens, habitants des Catacombes, les modèles de notre achitecture sacrée, si fort au-dessus des autres par les impressions religieuses auxquelles elle dispose. Le silence profond qui m'entourait, cette solitude absolue et l'abandon où se trouvaient ces idoles, l'objet des adorations de tout un peuple[1], l'abaissement subit de la température, qui me fit ressentir une sorte de frisson; tout, dans ce premier moment, produisit sur moi un effet, que je ne puis décrire, et dont l'impression cependant n'est point encore effacée de mon souvenir. »

1. Cette pagode passe pour très-ancienne, et les Cochinchinois eux-mêmes ne comprennent pas les caractères gravés sur quelques-unes des pierres.

§ 2. Grottes et cavernes à courants souterrains.

La Cave du Diable.

Le Trou du Diable ou la Cave du Diable (*Devil's hole*) est une très-belle et très-grande caverne, située dans le *Derbyshire*, en Angleterre.

Cette caverne est pratiquée dans de gigantesques rochers, au ton gris plutôt que noir, qui s'élèvent presque perpendiculairement à une hauteur d'environ trois cents pieds. La voûte, qui forme la bouche du souterrain, décrit une courbe de cent vingt pieds. Après quelques instants, car, au commencement, le regard perce difficilement l'obscurité de cet effrayant séjour, on découvre de pauvres chaumières habitées par de pauvres gens qui gagnent leur vie en faisant le double métier de cordiers et de guides. A l'entrée se dressent, comme de funestes augures, de longues et maigres potences, qui servent simplement à tresser des cordes. A soixante pieds de l'ouverture, la voûte touche et embrasse presque le sol; la lumière du jour disparaît, on ne peut plus avancer qu'avec des torches. Pendant quelque temps, on ne marche qu'en se courbant. Le premier espace ouvert, où l'on pénètre, contient un petit lac large d'environ cinquante pieds. On arrive ensuite à une salle, tellement immense que les flambeaux n'en peuvent percer l'obscurité et qu'il est impossible d'en mesurer l'élévation et la profondeur, puis à un second lac plus étendu que le

Cave du Diable en Angleterre.

premier et qu'on traverse sur le dos des guides ; en quelques endroits, l'eau suinte et tombe en pluie fine comme un brouillard. Un peu plus loin, on pénètre dans une salle, où la nuit semble encore plus affreuse, et qu'on appelle le sanctuaire (*chancel*).

« En cet endroit, dit une relation de voyage, le silence mortel, qui oppresse depuis si longtemps le cœur, est tout à coup interrompu par un éclat de sons, qui descendent en grossissant des parties supérieures de la caverne : c'est un chœur de femmes et d'enfants rangés dans un creux de rochers au-dessus du *chancel*, mais à peu de distance. Les guides secouent leurs torches et montrent ces pauvres êtres pâles et à peine vêtus, jetant leurs lugubres accords dans ces sombres abîmes. Ce sont leurs compagnes, ce sont leurs fils et leurs filles, qui ont ainsi appris à jouer un rôle fantasmagorique dans ce spectacle de terreur. Quand on revoit le jour, on se sent soulagé d'un poids énorme; on croit avoir porté le rocher entier pendant tout un jour. »

Il sort de la Cave du Diable un ruisseau, qui va se perdre en écumant à travers les fentes de la pierre et les couches crayeuses. Il semble donc hors de doute que cette caverne, comme en général toutes celles dont il sort des ruisseaux ou de grosses sources, a été creusée et formée par les eaux, qui ont emporté les sables et les matières divisées qu'on trouve entre les rochers et les pierres. On aurait parfaitement tort de rapporter, comme quelques-uns l'ont fait, l'origine de ces cavernes aux éboulements et aux tremblements de terre.

Disons, en terminant, que le *Derbyshire*, où est située cette remarquable caverne, offre, surtout dans la partie nord, un grand nombre de curiosités naturelles des plus intéressantes. Le plateau qu'on appelle la Région du Pic est particulièrement extraordinaire sous ce rapport : on n'y saurait faire un seul pas sans surprise, et l'on y compte, dans un espace peu étendu, plus de sept cents éminences et plus de cinquante cavernes, gorges ou ravins.

La Caverne d'Adelsberg.

La célèbre Caverne d'Adelsberg, dont la longueur totale est d'environ deux lieues, se trouve en Carinthie. Elle est ouverte à la partie inférieure d'un bassin, qui probablement formait autrefois un lac d'une certaine étendue; les eaux du lac se sont peu à peu écoulées par cette fente, qu'elles ont agrandie, et, aujourd'hui, il ne reste plus de cet ancien état de choses qu'une petite rivière, appelée Poyk ou Pinka, qui sillonne le bas de la vallée, et va, suivant le chemin des anciennes eaux, se verser dans la caverne, qu'elle n'occupe qu'en partie, et dans l'intérieur de laquelle elle laisse un large et commode passage aux curieux.

A une certaine distance de l'entrée, la caverne se ramifie en couloirs si étroits, qu'il est impossible de pénétrer plus avant; les eaux seules, et les animaux qui les habitent, peuvent continuer leur route dans ces profondeurs ignorées.

La partie de la grotte, que l'on peut voir, est magnifique. Il n'est peut être pas de caverne qui soit marquée d'un semblable caractère de grandeur et de hardiesse. Les irrégularités de sa surface, les déchirures convulsives de ses immenses parois, ses couleurs noires et ses ombres profondes, forment un puissant contraste avec la beauté régulière, avec la grâce calculée des concrétions blanches et transparentes, suspendues à la voûte, où se reflète de toutes parts la lumière brillante des torches des visiteurs.

C'est dans les eaux de la petite rivière qui traverse cette caverne, que l'on trouve les singuliers animaux, désignés par les naturalistes sous le nom de Protées.

« Au premier abord, dit le célèbre chimiste sir Humphry Davy, on prendrait cet animal pour un lézard, et il a les mouvements d'un poisson. Sa tête, la partie inférieure de son corps et sa queue lui donnent une grande ressemblance avec l'anguille, mais il n'a pas de nageoires. Ses curieux organes respiratoires ne ressemblent point aux bronchies des poissons : ils offrent une structure vasculaire semblable à une houppe, laquelle entoure le cou, et peut être supprimée sans que le protée meure, car il est aussi pourvu de poumons, et vit également bien dans l'eau et hors de l'eau. Ses pieds de devant ressemblent à des mains, mais ils n'ont que deux doigts. Les yeux sont deux trous excessivement petits, comme chez le rat-taupe. Sa chair, blanche et transparente dans son état naturel, noircit, à mesure qu'elle est exposée à la lumière et finit par prendre une teinte olive. Ses organes nasaux sont assez grands, et sa bouche, bien garnie de dents, laisse présumer que c'est un animal de proie, quoique, en esclavage, on ne l'ait jamais vu manger, et qu'on l'ait conservé vivant durant des années en changeant simplement de temps à autre l'eau des vases qui le renfermaient. » (*Les derniers jours d'un philosophe*).

Cet animal étrange a été découvert dans les eaux souterraines du Laybach, par le baron allemand Zoïs, mais il a été trouvé depuis à Sittich, à trente milles d'Adelsberg, dans des eaux rejetées par une cavité. Rares dans la saison sèche, ces protées reviennent en abondance après de grandes pluies.

Un célèbre anatomiste a trouvé que l'organisation de l'épine dorsale du protée était analogue à celle de l'un des sauriens dont on retrouve les restes dans les plus anciens terrains secondaires.

Disons, avant de terminer, que la rivière Poyk ou Pinka, dans laquelle on trouve les protées et qui parcourt la Grotte d'Adelsberg dans une grande partie de sa longueur, reprend momentanément un cours superficiel pour redevenir bientôt souterraine, puis reparaître ensuite au jour et former le Laybach, qui s'engloutit, à son tour, près de la ville du même nom, dans la Caverne de Reifnitz.

La Fontaine de Vaucluse.

La Fontaine de Vaucluse a de tout temps été fameuse. Cette source extraordinaire se trouve dans un des sites les plus admirables qui puissent frapper l'imagination; en outre, il s'y rattache des souvenirs poétiques, qui suffiraient pour y attirer une multitude de pèlerins, si ses beautés naturelles ne suffisaient pas pour en faire une des plus curieuses et des plus remarquables choses qui se puissent voir.

La Fontaine de Vaucluse est située à vingt-huit kilomètres d'Avignon, au fond d'une gorge profonde, dans la chaîne de monts qui relie le Ventoux au Luberon. En approchant de cette gorge, on remonte une vallée charmante, sinueuse, bordée de rochers, où la Sorgue, c'est-à-dire la petite rivière dont la merveilleuse source est à Vaucluse, serpente entre des prairies, forme de petites îles et vivifie des usines.

Au-dessus du village de Vaucluse, la vallée se courbe en demi-cercle, puis se transforme en un affreux défilé, s'enfonce entre d'énormes falaises de rocs calcaires déchirés, dénudés, calcinés, et se termine tout à coup par une vaste roche rougeâtre, nue, escarpée.

Un gouffre horrible s'ouvre sous ce roc, volcan aquatique, dont les irruptions sont fréquentes, cratère dont la profondeur est incommensurable et la direction inconnue; c'est la principale source de la Sorgue; les roches et les pierres, qu'elle a vomies, ont formé au pied de la falaise une haute dune, qui cache d'abord la bouche du gouffre; on ne l'aperçoit qu'en la trouvant à ses pieds.

L'inclinaison du sol de cette caverne permet d'y descendre à une certaine profondeur, et jusqu'au niveau de l'eau.

Cette eau est parfaitement limpide, mais elle est si

profonde qu'elle paraît noire, ce qui ajoute à l'horreur qu'inspire le lieu; elle est calme, immobile; il semble qu'il lui soit impossible de remplir la vaste capacité de la voûte qui la couvre, de franchir la barrière qui l'entoure de toutes parts; mais, si de longues pluies, ou la fonte des neiges sur les monts voisins, versent de nouvelles eaux dans l'immense réservoir dont ce gouffre est le débouché, l'eau s'émeut, monte, bondit et s'élèverait peut-être à une très-grande hauteur, mais elle arrive à la bouche du gouffre, franchit la digue qu'elle-même s'est formée, bondit sur les rochers qu'elle a vomis, forme une cascade superbe et roule en rugissant dans le lit ordinaire de la Sorgue. Ce phénomène s'opère quelquefois avec une violence terrible, un fracas épouvantable; il a souvent changé la disposition intérieure du gouffre.

Dans son état ordinaire, la Fontaine de Vaucluse jaillit par un grand nombre de sources, au pied et en dehors de la barre. La quantité de ses eaux est toujours en proportion du degré d'humidité de l'atmosphère, de la chute des pluies et des neiges sur les montagnes environnantes.

La hauteur de la bouche du gouffre est de cent mètres au-dessus du niveau de la mer; celle du rocher, qui la domine, est de deux cent quarante mètres, et celle du mont, dont cette falaise est le premier étage, est de six cent cinquante-quatre mètres.

L'eau de la Source de Vaucluse est toujours assez abondante, pour former une petite rivière; sa température est basse et invariable (dix degrés Réaumur), sa limpidité parfaite, sa qualité excellente. Enfin, elle rend au pays, qu'elle traverse, des services immenses, relativement surtout au peu d'étendue de son cours.

On a expliqué la formation souterraine de cette source, en supposant qu'elle pouvait provenir des eaux qui s'engouffrent dans les abîmes nombreux et fréquents de la chaîne du Mont Ventoux, dont plusieurs sont éloignés de neuf et même de donze lieues de la Fontaine. On cite un fait qui donne à cette opinion une certaine force et ferait supposer un bien long cours souterrain : en 1783, un vaste abîme s'étant ouvert à neuf lieues de Vaucluse, dans les montagnes supérieures, des débris de matériaux engouffrés avaient pu être transportés, à travers les conduits souterrains, jusqu'à la Fontaine, dont les eaux, auparavant très-claires, ne tardèrent pas à être fortement colorées par une teinte rougeâtre, ce qui dura près d'un mois.

Il n'est pas surprenant qu'un pareil site, embelli par une cascade continue, rivalisant avec les chutes de l'Arno, ait toujours eu le privilége d'attirer une foule de visiteurs de tous les pays.

Pétrarque y vint en 1313, encore enfant. A la vue de cette magnifique solitude : « Si jamais je suis libre, s'écria-t-il, au séjour des cités on me verra préférer cet agreste asile. » Plus tard, en effet, en 1337, il se souvint de Vaucluse et s'y retira. C'est là qu'il composa en langue vulgaire la plus grande partie de ses poésies, entre autres, cette belle canzone :

Di pensier in pensier, di mote in mote,

qui peint si bien l'état de son âme, et cette autre :

Chiare, fresche e dolci acque,

que Voltaire a si gracieusement imitée, plutôt que traduite, en vers que tout le monde a retenus :

Claire fontaine, onde aimable, onde pure,
Où la beauté, qui consume mon cœur,
Seule beauté qui soit dans la nature,
Des feux du jour évitait la chaleur.
Arbre heureux dont le feuillage,
Agité par les zéphirs,
La couvrit de son ombrage;
Qui rappelez mes soupirs
En rappelant son image!
Ornements de ces bords, et fille du matin,
Vous dont je suis jaloux, vous moins brillantes qu'elles,
Fleurs qu'elle embellissait. . . . .

C'est tout au fond de la vallée, non loin de la fumée et du bruit de différentes fabriques nouvellement établies sur la Sorgue, et à cent pas seulement de la Fontaine, qu'on montre encore, sur une pointe de rocher, la place de la maison de Pétrarque, dont au siècle dernier on voyait les ruines.

Voici comment, dans une épître au cardinal Colonna, Pétrarque décrit lui-même sa petite habitation :

« Je me suis fait, dit-il, deux jardins qui me plaisent à ravir. Je ne crois pas que dans le monde il y ait rien qui leur ressemble. Je les appelle mon Parnasse transalpin. L'un est ombragé, fait pour l'étude et consacré à Apollon ; il est en pente sur la Sorgue naissante, et se termine par des rochers et des lieux inaccessibles, où les oiseaux seuls peuvent aller. L'autre est plus près de la maison, mais sauvage, agréable à Bacchus, et dans une position capricieuse; il se prolonge, par le moyen d'un petit pont, au delà d'une eau très-rapide, jusqu'à une grotte, où les rayons du soleil ne pénètrent jamais. Je m'imagine que cette grotte ressemble à la petite *cella*, où Cicéron allait quelquefois déclamer ; ce qui est certain, c'est qu'elle invite à l'étude. Je m'y tiens au milieu du jour, je vais le matin sur ces coteaux ; le soir, dans les prés ou dans le petit jardin, près de la Fontaine, que l'art, triomphant de la nature, a perché sous la cime d'un grand roc au-dessous des eaux. On y est un peu à l'étroit ; mais l'esprit s'y trouve fort au large, et peut s'y élever jusqu'aux nues. Je passerais volontiers ma vie ici, si je n'étais trop près d'Avignon et trop loin de l'Italie. Car pourquoi dissimuler ces deux faiblesses de mon âme. J'aime l'Italie et je crains Avignon [1].... J'ai trouvé tant de charmes dans cette solitude et un repos si agréable, que je crois n'avoir vécu que le temps que j'y ai passé. »

Pétrarque ne quitta Vaucluse que pour aller recevoir la couronne poétique à Rome, mais il ne tarda pas à y revenir. Après la mort de Laure, il y resta plusieurs années. Il en repartit le 26 avril 1353, mais, cette fois,

1. C'est à Avignon que Laure habitait.

pour n'y plus revenir. Il mourut dans sa solitude d'Arques, le 18 juillet 1374.

C'était à Avîgnon que Pétrarque avait rencontré Laure de Noves pour la première fois. Mais, pour bien comprendre l'influence de cette rencontre sur la vie de Pétrarque, l'exaltation toute mystique du poëte et pour Laure, et pour Vaucluse, les louanges excessives qu'il leur a prodiguées, son triomphe solennel, et la gloire sans égale dont il jouit longtemps par toute l'Europe, il est nécessaire de se rappeler ce qu'était alors le chantre de Béatrix pour toute l'Italie, le haut rang qu'occupaient alors en Europe la ville et la cour pontificale d'Avignon, et surtout ce qu'avaient été les mœurs provençales et la poésie des troubadours au douzième et au treizième siècle.

Un poëte de l'Empire, Lefranc de Pompignan, chanta aussi les beautés de la Fontaine de Vaucluse, et les bienfaits dont elle comble les habitants du voisinage :

Bientôt elle souffre sans peine,
Que mille différents canaux
Divisent au loin dans la plaine
Le trésor fécond de ses eaux.
Son onde toujours épurée,
Arrosant la terre altérée,
Va fertiliser les sillons
De la plus riante contrée,
Que le dieu brillant des saisons,
Du haut de la voute azurée,
Puisse échauffer de ses rayons.

La Fontaine de Vaucluse remet encore en mémoire

ces strophes délicieuses du charmant poëte provençal Mistral.

« .... Une fois, dans mon chemin, je vis un figuier cramponné à la roche nue, contre la Grotte de Vaucluse, et si maigre, hélas ! qu'une touffe de jasmin donnerait plus d'ombre aux lézards gris.

« Une fois par an, l'onde voisine vient clapoter vers ses racines; et l'arbuste aride boit avidement, et tout son soûl, à l'abondante fontaine qui monte à lui pour le désaltérer.... Et cela lui suffit pour vivre toute l'année. — C'est mon histoire à moi,

« Car je suis, Mireille, le figuier, et toi la fraîche fontaine ! Et plût au ciel (ah ! ce serait trop de bonheur!), plût au ciel, qu'une fois l'an, je pusse, à genoux comme à présent, m'ensoleiller aux rayons de ton doux visage, et surtout que je pusse encore effleurer tes doigts d'un baiser brûlant ! » (MIREILLE, chant II).

Les Grottes de Sassenage.

La source de Sassenage en Dauphiné, vers l'extrémité de la vallée de Graisivaudan, partage presque la célébrité de celle de Vaucluse.

Sassenage est un petit bourg, dans une situation charmante, à dix kilomètres ouest de Grenoble. Ce site curieux et pittoresque, le Tivoli des habitants de Grenoble, est incessamment visité par une foule de voyageurs. Le bourg n'a d'ailleurs d'intéressant que les paysages qui l'environnent ; il est bâti au pied de hauts rochers, au débouché d'un ravin, où le Furon, torrent impétueux, forme plusieurs cascades.

Les fameuses grottes de Sassenage sont à peu de distance du bourg ; on y arrive par un sentier fort âpre au grimper. La plus grande et la plus remarquable s'ouvre au pied d'un rocher perpendiculaire, elle est carrée et singulièrement symétrique ; du fond s'élancent trois sources abondantes, dont les eaux roulent en cascades sur des degrés naturels, et se précipitent dans le Furon. Cette grotte est éclairée latéralement par un demi-jour mystérieux, qui donne à sa décoration naturelle un aspect véritablement féerique ; elle communique avec plusieurs autres grottes.

Non loin de là, se trouvent les Cuves de Sassenage, qui ont longtemps été considérées comme une des merveilles du Dauphiné ; ce sont des entonnoirs peu profonds, creusés par les eaux dans un roc calcaire de l'espèce la plus dure.

La Grotte de la Balme.

La grotte de la Balme, une des sept Merveilles du Dauphiné, comme on l'appelle dans le pays, est située dans le département de l'Isère, à neuf lieues à l'est de Lyon, et à vingt minutes du Rhône : elle est pratiquée dans l'intérieur d'une colline d'environ cent mètres de hauteur, laquelle fait partie de cette longue chaîne de petites montagnes qui, vue du quai Saint-Clair à Lyon, forme le premier gradin des Alpes de la Savoie et du Dauphiné.

Un petit village s'est élevé à l'entrée de la grotte, et doit sa prospérité au grand nombre de voyageurs qu'attire la renommée de cette intéressante merveille naturelle : les habitants ont affermé le droit de s'imposer comme guides aux touristes, et la grotte elle-même, qui jadis était ouverte à tout venant, et servait même d'entrepôt pour le bois, la paille, les voitures, est aujourd'hui fermée à clef, et l'on n'y entre que moyennant une rétribution.

L'entrée de la grotte est d'un effet tout à fait majestueux. « Représentez-vous, dit un voyageur[1], dans les proportions les plus gracieuses, quoique colossales, une ouverture semblable à un grand arc de triomphe, taillée dans un rocher à pic, dont de jolis buissons, qui en recouvrent le sommet, forment le couronnement. A droite et à gauche, du lierre et des arbustes descendent en festons, et viennent se joindre à des plans inclinés de verdure, qui s'élèvent depuis le village jusqu'au rocher, comme pour en égayer les bases. En avant, une croix de pierre sur un tertre de gazon, quoique uniquement placée pour inspirer une confiance religieuse, semble faite aussi pour embellir le site. Près de là, un jeune frêne, placé à côté du sentier de la grotte, s'élance, se dessine sur les rochers, et semble vouloir en mesurer la hauteur. Ce qui, surtout, donne à cette belle entrée un aspect tout différent de celui des autres grottes, ce qui étonne, c'est d'y voir un bâtiment intérieur s'élever presque au niveau de la voûte qui le

1. M. Bourrit (*Guide du voyageur à la grotte de la Balme*).

recouvre; c'est de voir un torrent sortir du fond de cet antre, rouler entre les bases de l'édifice et venir achever le devant du tableau. » L'ouverture de la porte a trente-trois mètres d'élévation sur vingt et un de largeur. Quant à l'édifice qui s'y trouve encastré, il se compose de deux chapelles bâties l'une sur l'autre et surmontées d'un logement pour le prêtre qui les dessert et d'une espèce de clocher; un large escalier découvert conduit de la barrière d'entrée sur une plate-forme qui sert de parvis aux deux chapelles, consacrées, l'une à saint Jean, l'autre à la Vierge.

A peu de distance de l'entrée, la voûte s'abaisse et la grotte se divise en deux branches.

En suivant la branche gauche, on arrive d'abord à la grotte des Diamants, espèce de labyrinthe composé d'excavations plus ou moins étroites, basses ou élevées, où les eaux ont déposé un sédiment à facettes cristallisées, qui reflète et multiplie les rayons lumineux. Puis, on arrive à un amphithéâtre de petits bassins, qui est une des curiosités les plus intéressantes de la grotte : ces petits bassins demi-circulaires, par une suite de petites cascades, versent leur onde les uns dans les autres ; le sédiment qui les recouvre est d'un blanc mat. « On croit voir des bénitiers faits avec soin; le ciseau ne saurait tailler rien de mieux fini, et leurs rebords, arrondis avec grâce, forment autant de lèvres bien polies, terminées en *larmes* régulières de la plus grande délicatesse. » (BOURRIT). Au-dessus des bassins, on voit une petite colonne, semblable à un tronc d'arbre, dont les racines forment sur le ter-

Grotte de Notre-Dame de la Balme (l'entrée).

rain des protubérances qui s'effacent insensiblement; les infiltrations ont arrondi, modelé cette petite colonne et l'ont ornée de jolies configurations. On descend ensuite, d'abord le long d'une sorte de mur, formé d'un roc coupé verticalement et bordé en bas d'une rangée de franges en *larmes* d'un demi-pied, tellement uniformes qu'on les dirait sculptées par un habile ouvrier; puis dans un chemin fort dangereux, pratiqué à travers des espèces de puits placés à côté les uns des autres et n'ayant pour séparation que des parois de quelques pouces d'épaisseur; ces puits, de forme carrée ou triangulaire, et profonds de quatre à huit pieds, ont leurs cloisons verticales et recouvertes d'un limon glissant qui en rend le passage très-scabreux; il faut s'aider des mains, se soutenir, s'éclairer les uns les autres, et l'on peut aisément, à moins d'une grande attention, faire quelque mauvaise chute. De là, on arrive, par un plan uni légèrement incliné, à un lac d'une eau calme et transparente, qui réfléchit agréablement la lumière; la voûte qui le recouvre peut avoir douze à quinze pieds de largeur sur une longueur égale. Ce lac n'est pas aussi considérable qu'il semble l'être: dans sa plus grande largeur, il n'a que huit mètres, et sa profondeur, qui varie beaucoup, ne dépasse nulle part quatre mètres; un bateau, qui peut contenir plusieurs personnes, permet aux curieux de se procurer les émotions d'une petite navigation souterraine. Mézeray rapporte, dans sa *Vie de François Ier* (1548), que ce roi avait promis à deux criminels qu'il leur ferait remise de leur peine, s'ils réussissaient à visiter ce lac jusqu'au bout, au péril de leur vie; il est à croire, si l'on ne veut pas mettre en doute la véracité de l'historien, que les dimensions de ce lac étaient jadis beaucoup plus considérables qu'elles ne le sont aujourd'hui. A côté de ce lac, on voit quelques excavations remarquables par leur étendue, la variété de leurs formes et leur multiplicité; quelques-unes ont la forme d'entonnoirs, et partout on y trouve un limon fin, sillonné comme si l'eau y avait coulé récemment.

Il nous faut maintenant revenir sur nos pas, afin de visiter la seconde branche principale de la grotte, laquelle, ainsi que nous l'avons dit, prend son origine au fond du grand vestibule, où sont les deux chapelles; elle s'étend à droite de la branche qui mène au lac, et se maintient jusqu'au bout dans une assez grande largeur; son sol uni, nivelé, arrondi fait penser qu'elle dut être jadis le lit d'un lac. Après quelques instants de marche, on arrive, par un chemin assez facile, à une stalagmite haute d'un mètre soixante-six centimètres, et que sa forme bizarre a fait appeler du nom du Capucin : en effet, on croit voir un corps surmonté d'une tête encapuchonnée; les eaux y ont sillonné des plis de robe; une partie creusée assez profondément paraît détacher une manche. En avançant davantage on arrive à la salle dite des Chauves-souris, à cause du grand nombre de ces chéiroptères qui jadis en avaient fait leur retraite; aujourd'hui que la grotte est fréquemment visitée, les chauves-souris semblent avoir élu domicile dans une partie plus inaccessible. A l'extrémité du souterrain, on voit une stalactite des plus remarquables : elle forme un grand bassin polygone, du milieu duquel s'élève un groupe arrondi, ayant l'air d'une colonne qui supporte la voûte; l'eau qui filtre à travers le rocher vient remplir ce bassin. « C'est sans doute, dit M. Bourrit, cette stalactite, celle du Capucin et quelques autres qu'on a baptisées des noms de tuyaux d'orgues, de jambons, saucissons, etc. »

Du reste, toutes les parties de cette belle grotte sont riches en concrétions calcaires qui affectent les formes les plus étranges : « Il y a dans toute cette grotte des formes si bizarres, si pittoresques et si variées, le mouvement des lumières produit des ombres si mobiles et qui grandissent si fort les objets, que l'imagination s'exalte très-facilement; le spectacle qu'on a sous les yeux est quelque chose de si nouveau et de si extraordinaire, qu'on devient presque comme les enfants, qui, dans l'obscurité, croient voir des fantômes, des animaux, des grotesques, et se font mille illusions, dont les années seules détruisent la fantasmagorie. Lorsque je visitai la Balme pour la première fois, je pensai retrouver tout ce que l'imagination m'avait figuré dans mes jeunes années, en lisant les descriptions des retraites des magiciens et des fées dans les *Mille et une Nuits* et dans les brillantes rêveries de l'Arioste. » (BOURRIT.)

Signalons encore, avant de quitter la grotte, une suite d'excavations fort étroites qui varient de deux à sept mètres de hauteur; leur grand nombre et la parfaite ressemblance de leurs ouvertures en ont fait un labyrinthe, où il est dangereux de s'engager sans un guide expérimenté. C'est ce qu'on appelle l'Appartement du Roi.

La Tofière.

La Tofière, ou grotte du Doubs, est une grotte naturelle, située en Suisse, dans le canton de Neufchâtel, non loin du village des Brenets.

Le Doubs prend sa source dans une caverne située sur la frontière de la France et de la Suisse, près de Mouthe, à plus de mille mètres au-dessus du niveau de l'Océan, et coule tout auprès de la Tofière; il est même fort à présumer qu'il la traversait autrefois, et que cette grotte remarquable n'est autre chose que l'ancien lit que s'était creusé cette rivière dans la montagne.

La Tofière est en grande réputation dans le pays, elle attire beaucoup de visiteurs ; elle est en effet fort intéressante à explorer. En outre, le paysage est délicieux, les bords du Doubs apparaissent au milieu de bouquets d'arbres; et la masse de roches escarpées, dans laquelle s'ouvre la grotte, est d'un aspect fort imposant.

On voit sur le rocher, un peu au-dessus de l'ouverture de la grotte, deux inscriptions qui rappellent que Frédéric-Guillaume III et Frédéric-Guillaume IV ont visité la grotte, le premier en 1814, le second en 1842. La Tofière, dans ces circonstances solennelles, se parait et prenait un air de fête pour voir les jeunes filles des Brenets, vêtues de blanc, offrir au Souverain des fleurs et une collation.

On voit aussi, sur les parois de la grotte, les noms et les dates, que de plus modestes touristes ont laissés en souvenir de leur exploration ; leur grand nombre et leur variété montrent assez combien de curieux font de cette belle grotte le but de leur pèlerinage.

Autres cavernes à courants souterrains.

Il existe encore un grand nombre de grottes et de cavernes, d'où l'on voit s'élancer impétueusement, les uns en jets hauts de plusieurs mètres, les autres en cascades tumultueuses, des cours d'eau parfois destinés à devenir des fleuves puissants. Nous allons passer rapidement en revue les plus célèbres et les plus intéressantes.

Nous avons déjà dit que le Doubs prenait sa source dans une caverne située près de Mouthe, sur la frontière de France et de Suisse ; il va se perdre ensuite, en grande partie du moins et sur un assez long espace, dans les crevasses des roches calcaires de l'étroit vallon du Saugeois.

Dans le département du Doubs, qui, posé en amphithéâtre, s'abaisse du Jura vers l'Océan, nous indiquerons les grottes de Nérou, d'Arcier, du Verneau, de la Mouillère du Bief-Sarrazin, de Bonnevaux, de Glan, de Badevel. En outre, ce département renferme un grand nombre de cavernes, qui ne sont plus traversées par des cours d'eau, mais qui présentent, soit dans leurs galeries, soit à leur ouverture, les traces les plus manifestes du passage des eaux.

Dans la même contrée, la Loue, dont le cours est si impétueux, prend naissance au fond d'une grotte, et sa source ne paraît être que le débouché des eaux engouffrées dans la partie la plus élevée des cantons de Pontarlier et autres cantons voisins. Le vallon de la Loue donne encore naissance à plusieurs ruisseaux incrustants, qui laissent des dépôts calcaires, analogues aux stalagmites formées dans les cavernes environnantes.

Un ruisseau s'échappe d'une caverne, située dans la même province et qu'on appelle dans le pays la Balme-d'Épy, et sa source, jadis vénérée des Gaulois, est encore aujourd'hui l'objet d'un culte religieux.

Dans le département du Jura, la Seille sort des Grottes de Beaume-les-Messieurs, dans lesquelles existe un lac, et la Cuisance de la grotte de Planches-sur-Arbois.

Le Dessoubre jaillit, en jets violents et distincts, des nombreuses crevasses de roches calcaires et forme à sa source des cascades que l'industrie a utilisées. Les cailloux roulés, qu'on voit sur le sol de plusieurs grottes voisines, semblent indiquer que des eaux aussi puissantes, sinon les mêmes, les ont autrefois traversées.

Le Drugeon sort aussi d'une caverne. Cette rivière, peu rapide à l'ordinaire, forme quelquefois momentanément, après les saisons pluvieuses, un lac qui se dessèche par l'absorption des eaux dans de nombreux entonnoirs; alors, comme autour des Katavothra de Morée, le sol peut être passagèrement cultivé.

Le Lison, le Cusancin, la Luzine ont également leur origine dans les crevasses des roches calcaires, et l'on aperçoit, dans un vallon supérieur à la source du Lison, le cours supérieur d'un ruisseau qui s'engouffre impétueusement; dans les parois de l'entonnoir, on distingue des crevasses semblables à des bouches de four, qui vomissent chacune des jets d'eau, quand les pluies ont été abondantes.

Le petit lac du grand Saz, sur le territoire de Servin, pénètre dans une des cavernes, dont est percée la montagne du grand rocher qui le borde.

Le Rhône, lui aussi, peut être cité comme exemple d'hydrographie souterraine : la perte du Rhône est célèbre.

La Meuse s'engouffre également, à Bazoilles, et ne se montre de nouveau à la surface qu'après avoir circulé sous terre pendant un myriamètre.

Si nous sortons de France, nous trouverons, en Angleterre notamment, un grand nombre d'exemples de cours d'eau qui prennent naissance dans des cavernes, ou qui y font un séjour plus ou moins long. C'est principalement dans la région de calcaire ancien (silurien et carbonifère) des comtés de Northumberland, Westmoreland, Strafford et Derby que l'on trouve de nombreuses rivières et de nombreux lacs souterrains. On peut même naviguer sur plusieurs de ces rivières pendant une partie de leur cours. La rivière Manifold, dans le comté de Strafford, reparaît au jour après un trajet souterrain de près de quatre lieues. Dans la caverne de Dunold (*Lancashire*), une cascade tombe du plafond et en forme d'autres avant de sortir de la grotte. Les cirques d'effondrement, servant à l'introduction des eaux dans les cavernes, ne sont pas rares non plus dans ces comtés. Il existe aussi des grottes analogues dans les terrains oolithiques de l'*Yorkshire*, et M. Buckland a signalé l'engouffrement de plusieurs rivières, près de la célèbre caverne de Kirkdale, dans d'autres cavernes, qui ne sont connues que par ce seul fait.

En Allemagne, nous avons déjà vu le Laybach, en Carinthie, s'engouffrer dans la grotte d'Adelsberg ; il reparaît ensuite pour disparaître de nouveau et se perdre enfin dans la caverne de Reitnitz, près de la ville de Laybach. En Wurtemberg, on montre la caverne de Frédéric, dans laquelle on ne peut pénétrer qu'en bateau.

Aux portes de Trieste, il existe un cours d'eau souterrain, que l'on a cherché à utiliser pour le service de la ville.

Aux États-Unis, rien n'est plus commun, dans les régions de calcaires anciens, que les grands cirques à gouffres absorbants, toujours en rapport avec les cavernes à courants souterrains. Un savant géologue, M. Lesueur, dit en avoir observé très-fréquemment.

Enfin, au Mexique, M. de Humboldt a observé le phénomène d'un ruisseau qui, après avoir coulé sur une longueur de plus de cinq cents mètres dans la caverne du Guacharo, la vallée de Caripe, pénètre en cascades à de très-grandes profondeurs.

Rocher de Torghatten.

Trou de Belvaux.

CHAPITRE III.

GROTTES A STALACTITES.

§ 1. Grotte d'Antiparos.

La plus vaste et la plus riche de toutes les grottes à stalactites paraît être la célèbre grotte d'Antiparos.

L'île d'Antiparos, sur laquelle est située cette grotte, est une île de l'Archipel. vis-à-vis de Paros. qui a vingt-six kilomètres environ de tour. C'est l'ancienne île d'Oliaros, dont parlent Pline, Strabon et Étienne de Bysance.

Quant à la grotte elle-même, on ne peut trop dire si elle fut connue des anciens. Il n'en est pas fait mention dans Pline, qui n'aurait pas manqué d'en parler si elle eût été célèbre, comme l'affirment quelques auteurs. Il semble cependant qu'elle n'a pas été découverte seulement aux temps modernes; on lit sur une inscription fort usée les noms de quelques Grecs, qui sans doute y étaient descendus.

Quoi qu'il en soit, les habitants de l'île en avaient perdu le souvenir, ou bien n'osaient essayer d'y pénétrer, lorsqu'en 1673, à la fin de décembre, le marquis de Nointel, ambassadeur du roi de France près la Sublime Porte, y descendit, accompagné d'un grand nombre de personnes; il y fit célébrer la messe dans la vaste salle qui termine cet immense souterrain; une large et magnifique stalagmite[1] servit d'autel, elle en a depuis conservé le nom.

1. On a donné le nom de *stalactites* et de *stalagmites* à ces concrétions de formes si variées et si bizarres qui font l'ornement des grottes du genre de celle d'Antiparos. Voici le mode de formation de ces concrétions : les crevasses, souvent imperceptibles, pratiquées dans la voûte de la grotte, donnent issue à des infiltrations d'eau fortement chargée de la chaux qu'elle a dissoute en traversant une couche épaisse de calcaire; cette eau tombe goutte à goutte sur le sol de la grotte et s'évapore, en déposant toutefois la chaux qu'elle tenait en dissolution; ces dépôts successifs se superposant un nombre infini de fois, il se forme une sorte de pyramide qui s'élève peu à peu; c'est ce qu'on appelle une *stalagmite*. En outre, il arrive souvent que la goutte

Du reste, voici le récit par l'illustre botaniste Tournefort du séjour de M. de Nointel dans la grotte d'Antiparos.

« M. le marquis de Nointel, ambassadeur de France près la Sublime Porte, passa les trois fêtes de Noël dans cette grotte, accompagné de plus de cinq cents

Grotte d'Antiparos.

personnes, soit de sa maison, soit marchands, corsaires ou gens du pays; cent grosses torches de cire jaune et quatre cents lampes, qui brûlaient jour et nuit, étaient si bien disposées qu'il y faisait aussi clair

d'eau, n'étant pas assez lourde, s'évapore, avant de tomber sur le sol de la caverne, et laisse son dépôt à la surface même de la voûte : le même phénomène que ci-dessus se produit mais en sens inverse, c'est-à-dire qu'il se forme une pyramide, dont la base est sur la voûte et qui pend dans l'espace : c'est la *stalactite*. Enfin, quand les deux phénomènes se présentent à la fois au-dessous d'une même crevasse, la pyramide d'en haut et celle d'en bas, la stalactite et la stalagmite, se rejoignent, se réunissent et ne forment plus qu'une seule et même colonne.

que dans une église de même illuminée. On avait posté des gens d'espace en espace, dans tous les précipices, depuis l'autel jusqu'à l'ouverture de la caverne ; ils se firent le signal avec leurs mouchoirs, lorsqu'on éleva le corps de Jésus-Christ. A ce signal, on mit le feu à vingt-quatre boîtes et à plusieurs canons qui étaient à l'entrée de la caverne : les trompettes, les hautbois, les fifres, les violons rendirent cette consécration plus magnifique.

« L'ambassadeur coucha presque vis-à-vis de l'autel dans un cabinet long de sept ou huit pas, taillé naturellement dans une de ces grosses tours. A côté de cette tour, on voit un trou, par où l'on entre dans une autre caverne, mais personne n'ose y descendre.

« On était bien embarrassé à faire venir de l'eau du village pour fournir à tout le monde. Les capucins aumôniers de Son Excellence n'avaient pas la baguette de Moïse. A force de chercher, on trouva une fontaine à gauche de la montée, c'est une petite caverne où l'eau s'amasse dans les creux des rochers.

« M. de Nointel avait à sa suite deux habiles dessinateurs et trois ou quatre maçons avec les outils nécessaires pour détacher et pour enlever les marbres les plus lourds. Il rapporta une foule de belles choses, qui furent remises à M. Baudelot de l'Académie royale des Inscriptions et Médailles [1]. »

Tournefort descendit lui-même dans cette grotte

1. Le plus remarquable de ces spécimens figure encore aujourd'hui dans la riche collection du Muséum d'histoire naturelle de Paris.

quelque vingt ans plus tard, et il en publia une description, où il n'a pas toujours su se garder de l'exagération, et où surtout il a émis une théorie des plus étranges sur la formation des magnifiques concrétions dont cette grotte est si riche.

Enfin, le comte de Choiseul-Gouffier la visita également vers 1780 : la description excellente qu'il en fit[1], et où il n'a garde de tomber dans les exagérations et les erreurs du bon Tournefort, est celle que nous suivrons nous-même.

Depuis, cette belle grotte n'a pas cessé d'être visitée annuellement par un grand nombre de voyageurs ; elle tient aujourd'hui le premier rang parmi les curiosités et les beautés naturelles de la Grèce.

La grotte d'Antiparos se trouve à environ un mille et demi de la mer, en vue des îles de Nio, de Sikino et de Policandro.

L'entrée est une voûte de rochers assez basse et qui n'a d'abord rien d'imposant ; au milieu est une colonne naturelle, à laquelle on attache la corde qui facilite la descente et assure le retour.

On passe ensuite sur la droite et l'on tourne, en suivant une pente assez douce, qui ramène au dessous de la colonne ; on trouve alors une cavité, dans laquelle on s'introduit ; puis, tenant la corde, on se laisse couler perpendiculairement à six ou sept pieds de profondeur sur une petite plate-forme; c'est là ce que Tournefort appelle un précipice horrible.

1. *Voyage pittoresque de la Grèce,* par le comte de Choiseul-Gouffier (1782), 3 vol. in-folio.

Arrivé sur la petite plate-forme, on commence à descendre en se tenant suspendu à la corde ; on descend ainsi, par un talus fort roide, environ à douze toises de profondeur perpendiculaire ; là se trouve l'endroit le plus difficile, et le seul qui puisse paraître dangereux. C'est un rocher, dont la partie supérieure est arrondie en forme de voûte ; l'eau, qui tombe de toutes parts, le rend très-glissant ; sur la droite sont des précipices, dont l'obscurité ne permet pas de voir la profondeur, et l'inclinaison du rocher vers ces abîmes y jetterait ceux qui ne se tiendraient pas fortement de l'autre côté. On se laisse ensuite couler environ douze ou quinze pieds à pic, en tenant fortement le câble ; on peut aussi se servir d'une échelle de corde.

Lorsqu'on a franchi cet endroit, on continue à descendre par une pente entièrement roide, mais le passage est alors plus large ; on peut se rejeter sur la gauche, et s'éloigner des précipices qui s'ouvrent toujours sur la droite. La descente continue à devenir moins rapide et bientôt la corde est un secours superflu. La voûte est beaucoup plus exhaussée dans cette partie, mais il serait difficile d'en estimer la hauteur précise, les flambeaux ne donnant qu'une lumière pâle et restreinte, à cause de l'espèce de brouillard qui règne toujours dans ces lieux souterrains et qu'accroît encore la fumée des torches.

Après avoir tourné un gros rocher, qui semble d'abord fermer le passage, on entre enfin dans la salle qui termine ce souterrain.

Quoique la grotte d'Antiparos soit peut-être, comme

nous l'avons dit, la plus remarquable de toutes les grottes connues, elle ne répond pas tout à fait aux pompeuses descriptions de quelques voyageurs, qui semblent ouvrir le palais du soleil et parlent avec transport d'une architecture de cristal dont les faces lisses et brillantes varient, renvoient et multiplient la clarté des flambeaux. « On se croit transporté, dit l'un d'eux, dans les grottes de Thétis, au jour des noces de Pélée. »

Ce qui a pu servir de prétexte à ces peintures exagérées et ce qu'il y a en effet de très-intéressant dans cette grotte, ce sont les magnifiques et innombrables concrétions qu'elle renferme, avec leurs formes variées, les contrastes piquants que leur prête une formation toujours incertaine, toujours diversifiée par le hasard. Disons en passant que la plupart des colonnes, formées dans la grotte, ont été brisées par les voyageurs, désireux de rapporter à n'importe quel prix quelque souvenir de leur exploration.

L'autel est une superbe stalagmite qui a vingt-quatre pieds de hauteur, et, à sa base, environ vingt pieds de diamètre; on le nomme ainsi depuis que M. de Nointel y fit célébrer la messe, comme on l'apprend par l'inscription qui s'y lit encore[1].

D'autres concrétions, étendues en longs rideaux, tiennent de leur peu d'épaisseur une transparence dont on peut jouir à l'aide de quelques torches adroitement disposées; mais cette lumière, ou plutôt cette lueur, n'a jamais aucun éclat. Les concrétions, quelques

1. Voici cette inscription : *Hic ipse Christus adfuit ejus natali die, media nocte, celebrato* MDCLXXIII.

formes qu'elles affectent, sont toutes ternes et opaques ; leur surface extérieure est le plus souvent mamelonnée, raboteuse, et usée par le contact de l'air.

L'accroissement lent et progressif de ces concrétions par couches concentriques suggéra à Tournefort son absurde théorie de la végétation des pierres, qui ne peut soutenir un instant d'examen. « On distingue, dit-il, un gros pavillon formé par des productions qui représentent si bien les pieds, les branches et les têtes des choux-fleurs, qu'il semble que la nature nous ait voulu montrer par là comment on s'y prend pour la végétation des pierres. Toutes ces figures sont de marbre blanc, transparent, cristallisé, qui se casse presque toujours de biais et par différents lits comme la pierre judaïque. La plupart même de ces pierres sont couvertes d'une écorce blanche et résonnent comme du bronze, quand on tape dessus. » Décrivant une stalagmite qui affecte la forme d'une colonne, il la compare à un tronc d'arbre coupé en travers. « Le milieu, dit-il, qui est comme le corps ligneux de l'arbre, est d'un marbre brun, large d'environ trois pouces, enveloppé de plusieurs cercles de différentes couleurs, ou plutôt d'autant de vieux aubiers distingués par six cercles concentriques, épais d'environ deux ou trois lignes, dont les fibres vont du centre à la circonférence. Il semble que ces troncs de marbre végètent; car, outre qu'il ne tombe pas une seule goutte d'eau dans ce lieu, il n'est pas concevable que des gouttes tombant de vingt-cinq à trente brasses de haut aient pu former des pièces cylindriques terminées en calotte, dont la régularité n'est point interrompue. » Il dit d'autres concrétions pyramidales, que « ce sont, peut-être, les plus belles plantes de marbre qui soient au monde, » et il part de là pour en déduire les conséquences les plus fausses sur le mode de reproduction des minéraux.

Au fond de la caverne, qui sert de vestibule à la grande grotte, on trouve une autre petite caverne dite la caverne d'Antipater, dans laquelle on entre par une fenêtre carrée. La caverne d'Antipater est toute revêtue de marbre cristallisé et cannelé; c'est une espèce de salon de plain-pied à son ouverture, qui paraîtrait fort agréable, si l'on n'avait pas été ébloui par les merveilles de la grande grotte.

La croupe de la montagne, où sont ces grottes, est comme pavée de cristallisations brillantes, aussi de nature calcaire, et qui se cassent toujours en losange. Ces cristallisations pourraient bien être des indices d'autres grottes souterraines.

§ 2. Grotte des Demoiselles ou des Fées.

Une des plus célèbres et des plus magnifiques grottes à stalactites de France, est située dans le canton de Ganges, département de l'Hérault; on la désigne sous le nom de grotte de la Baume ou sous celui de grotte des Demoiselles ou des Fées : dans le pays, on ne l'appelle que la *Baoumas de las Doumaïsallas*.

Les paysans des environs racontent qu'à l'époque des guerres religieuses qui désolèrent si longtemps le Languedoc, un grand nombre de huguenots cherchèrent un refuge dans cette grotte; on prétend même qu'une famille de ces malheureux réfugiés s'y maintint jusque vers la fin du dernier siècle, à la faveur des craintes superstitieuses qu'elle inspirait aux habitants du pays. Les derniers d'entre eux ne soutenaient plus leur misérable existence qu'en enlevant les chèvres qui s'aventuraient dans les environs de la caverne; ils étaient tombés dans un état à peu près sauvage, et avaient même perdu l'usage des vêtements, ce qui les faisait ressembler de loin à des spectres, et jetait l'épouvante parmi les naïves populations du voisinage. Et, de fait, les premiers explorateurs qui descendirent dans la grotte des Fées y trouvèrent quelques squelettes, ainsi qu'un petit nombre d'ustensiles grossièrement façonnés.

Ce fut seulement en 1780 qu'on se hasarda à pénétrer au fond de cette caverne, dont la première partie est d'un accès facile et par suite avait plusieurs fois déjà été explorée. Le 7 juin 1780, Marsollier fit, avec quelques personnes, une première tentative pour descendre dans la grotte, mais sans résultat. Le 15 juillet suivant, nos explorateurs revinrent plus nombreux, avec une abondante provision de cordes, d'échelles, de marteaux, de pétards et de vivres; ils parvinrent sans accident jusqu'aux dernières profondeurs de la caverne, et y laissèrent une bouteille scellée renfermant le procès-verbal de leur exploration, et une plaque de plomb sur laquelle étaient gravés leurs noms.

Marsollier a publié ses impressions, avec la description de la grotte. Mais aujourd'hui cette description n'est plus parfaitement exacte : la configuration des stalactites et des stalagmites s'est modifiée et l'aspect même de la grotte paraît tout autre que ne l'a vu Marsollier.

L'entrée de la grotte ressemble à un puits qui aurait vingt pieds de diamètre; ses bords sont hérissés de pierres à demi recouvertes de rameaux de vigne sauvage. On descend d'abord une vingtaine de pieds en s'accrochant aux pointes de roches et à quelques arbrisseaux. Ensuite on se laisse glisser, à l'aide d'une corde attachée à un arbuste, jusqu'à une excavation assez sombre et tout entourée de lichens et de fougères, où l'on voit une grande stalagmite pendant de la voûte, qui semble marquer l'entrée véritable du souterrain. Après quelques pas, on passe sous une sorte de propylée sombre et grandiose qu'on pourrait prendre, sans grand effort d'imagination, dit un voyageur, pour le portique du palais de quelque génie de la terre. Bientôt après on s'engage dans une enfilade de grandes salles qui se succèdent, se croisent et se divisent dans différentes directions et où l'on découvre « une multitude de formes étranges, de jeux merveilleux de la nature, que l'on croirait être des ébauches d'art entassées dans l'immense atelier d'un sculpteur géant. »

« On remarque d'abord une sorte de large piédestal, supportant des bustes; ensuite des colonnes, des draperies, des faisceaux de lances étincelant un moment sous la lueur des bougies , et s'assombrissant bientôt jusqu'au ton du marbre noir. Toutes les murailles et les voûtes semblent modelées avec l'intention de présenter un composé monstrueux de tous les styles d'architecture : le romain, le moresque, le gothique s'y disputent la prééminence comme dans une mêlée. Ici les colonnes sont sveltes, torses, ornées de festons; là elles ont la gravité du Pœstum ; ailleurs elles sont palmiques ; des arcs, des pyramides, des tapisseries ondulées, des broderies plus fines que les plus fines dentelles, des masses aux contours indécis, grandes, petites, isolées, groupées, blanches comme le lait, et que l'on croirait être une assemblée de femmes, de gnomes, surgissent du sol, surtout des parois, ou se suspendent au plafond. Ajoutez que leurs ombres vacillantes, comme la flamme des bougies, leur donnent une apparence d'agitation continuelle, presque effrayante au milieu de ce silence infini. »

Une galerie circulaire conduit à une voûte très-surbaissée, qu'on appelle le Four du Boulanger. Les passages deviennent très-étroits. On s'arrête un instant au-dessus d'un trou dont on ignore la profondeur et où l'on sent un courant d'air. Puis, on circule dans de longs corridors, jusqu'à ce qu'on arrive dans une salle unie, sans stalactites, au sol fangeux et couvert du fumier d'une troupe innombrable d'oiseaux de nuit, qui s'y retirent, s'y nichent dans les anfractuosités ou s'accrochent au plafond, qu'ils tapissent de leurs grandes ailes noires. On sort de cette salle par une gorge très-serrée, entre une double colonnade pressée ; derrière trois piliers, on trouve un petit réservoir d'une eau fort bonne; mais on ne tarde pas à être arrêté par une excavation ténébreuse, où s'engouffrent des stalactites dont on ne peut pas entrevoir la fin. C'est là que commence la seconde partie de la grotte.

Pour y pénétrer, il faut un certain courage, car on est obligé de descendre une échelle de soixante pieds fixée par les guides à un bras de rocher; or l'échelle n'appuie que pendant douze à quinze pieds sur une stalactite; elle est flottante dans le reste de sa longueur. Marsollier raconte qu'en descendant cette longue échelle mouvante, au milieu de l'obscurité, lors de sa première exploration, il eut une espèce d'évanouissement.

On arrive sur un plan affermi, qui aboutit à un autre précipice, que l'on franchit en se glissant le long de la roche et en s'attachant avec les mains aux aspérités, et, plus loin, au moyen d'une corde fixée presque horizontalement à deux anneaux de fer. On a donné à ce lieu le nom de Pas du Diable.

Un autre plan incliné offre encore plus de difficulté; on le franchit à l'aide d'une corde tendue verticalement; le corps est suspendu au-dessus de l'abîme, les mains glissent avec précaution le long de cette corde, et les pieds tâtonnent et cherchent à s'assurer une base sur les saillies de la pierre; on parvient ainsi à une hauteur isolée, qui est à peine assez large pour qu'on y pose les deux pieds.

Enfin, il reste à passer au delà d'une roche arrondie, couverte de choux-fleurs, et qu'il faut embrasser avec force un instant pour ne pas être précipité.

Mais, ces difficultés vaincues, on est amplement récompensé. « On a devant soi une caverne dont la hauteur n'est pas moins de trois cents pieds. Des groupes énormes de stalagmites affectant la forme de nuages, une aiguille conique ressemblant à la flèche effilée d'un long clocher, des masses jaillissantes que l'on croirait être des jets d'eau subitement congelés, des colonnes qui paraissent réunir le sol à la voûte, et qui, se dressant de loin comme des ombres ossianiques, émeuvent profondément l'imagination. Telle est l'étendue de cette sorte de basilique immense, que les lumières, placées par les guides de distance en distance pour dissiper la nuit, n'apparaissent plus de loin que comme de pâles étoiles. En certaines parties, les stalactites, qui encombrent le sol, présentent, à faire illusion, le spectacle, soit des ruines d'un temple, soit d'un vaste champ de sépulture. Aucun dessin ne saurait donner une idée satisfaisante de semblables vues. »

Il est cependant, à travers ce chaos de stalagmites, une figure svelte qui s'élève avec majesté, et dont la forme est arrêtée et harmonieuse; on croit voir une statue de proportions colossales, mais justes et séduisantes. De quelque côté qu'on l'éclaire, elle conserve la même apparence; les guides l'appellent la Vierge.

Au sortir de cette salle, la grotte se prolonge encore; une salle ronde, au centre de laquelle est un pilier, a reçu le nom de Manége : on y remarque une concrétion assez singulière figurant un ours blanc.

Cette belle grotte renferme encore nombre d'autres beautés, mais leur multiplicité précisément et la longue durée de cette pénible exploration finissent par épuiser l'attention; insensiblement la curiosité se fatigue, on n'éprouve plus la même surprise, on désire la lumière du jour.

Le retour offre des difficultés nouvelles; on connaît mieux le danger, on n'est plus soutenu par le sentiment de l'inconnu. Quand on arrive enfin au grand air, on respire plus à l'aise, il semble que l'on sorte d'un songe et que l'on est rendu à la vie réelle.

§ 3. Les Grottes d'Arcy.

Les grottes d'Arcy sont situées dans le département de l'Yonne, près du village d'Arcy-sur-Cure, dans le canton de Vermanton. Elles paraissent connues depuis fort longtemps, car on y trouve des inscriptions qui remontent au treizième siècle. Colbert en fit faire, sur les lieux mêmes, une description d'une exactitude minutieuse, qui se trouve consignée *in extenso* dans l'Encyclopédie de Diderot et de d'Alembert. Buffon les visita en 1740 et 1759, et les décrivit, après les avoir dévastées pour enrichir de leurs dépouilles les grottes artificielles dont il se proposait d'orner le Jardin des Plantes de Paris. Dorat, le poëte précieux et fade, trouva ces grottes dignes de sa muse et chanta :

.... Ces beaux salons de rocailles ornés,
Sans le secours de l'art, avec art ordonnés ;
Ces magiques piliers dont la cime hardie
Observe en s'élevant l'exacte symétrie ;
Ces rocs, qui des rubis dardent tous les rayons ;

Ce buffet d'orgue prêt à recevoir des sons;
Ces ifs qui, sans les soins d'une vaine culture,
S'échappent tout taillés des mains de la nature.

Enfin, nombre d'autres personnages illustres ou connus ont visité, à des époques plus récentes, les grottes d'Arcy, et aujourd'hui il n'est pas de voyageur qui traverse le Morvan sans consacrer une journée au moins à l'exploration de cette merveille de la vieille Bourgogne.

La longueur totale des grottes est de huit cent soixante-seize mètres; elles se composent d'une série de chambres ou de cavités hautes et spacieuses, séparées par des étranglements ou des couloirs plus ou moins longs et parfois si bas, si resserrés, qu'on ne peut y passer qu'en rampant.

On arrive par un sentier fort étroit, qui monte le long d'un coteau tout couvert de bois.

L'entrée est pratiquée au fond d'une grande voûte large et élevée, qui se rétrécit assez brusquement et se termine en une petite porte haute de quatre pieds seulement; aussi n'y peut-on passer que courbé.

Cette porte franchie, on se trouve dans une première salle, la Salle du Grand-Désert, dont la voûte est plate et tout unie.

De cette salle, qui est inclinée en pente assez rapide et n'est du reste remarquable que par les énormes quartiers de pierre qui l'obstruent en partie, on pénètre, par un passage appelé le Passage de Madame, dans une autre salle beaucoup plus spacieuse, qui a quatre-vingts pieds de long et dont la voûte est élevée de neuf à dix pieds. On y voit, à une certaine partie de la voûte principalement, un grand nombre de stalactites d'un effet admirable : on y voit aussi de gros quartiers de pierre entassés confusément en quelques endroits et épars dans d'autres, ce qui rend la marche assez incommode. A main droite, il y a une espèce de lac, presque circulaire, qui peut avoir douze mètres de profondeur et quarante mètres de diamètre, et dont les eaux sont claires et bonnes à boire.

En venant du lac, on prend le Passage de Monsieur et l'on arrive dans la Salle de la Vierge, toute remplie de magnifiques concrétions, dont les facettes brillantes font, à la lueur des torches, un effet magique. La voûte est, dans presque toute son étendue, ornée de mamelles de différentes grosseurs, mais qui toutes distillent quelques gouttes d'eau par le bout. Vers le milieu de la salle, on voit quantité de petites pyramides renversées, de la grosseur du doigt, qui soutiennent la voûte et semblent avoir été apportées à dessein pour orner cet endroit. On a donné aux principales concrétions de cette salle les noms des objets avec lesquels, l'imagination aidant, on leur a trouvé quelque ressemblance ; c'est ainsi qu'on vous nomme la Borne de saint Irancy, la Vierge, la Boucherie, les Mille Colonnes, etc. Tout à fait à l'extrémité de la salle, à droite, on voit une espèce de petite grotte, le Cabinet de Monsieur, qui peut avoir quelques pieds à peine en carré, et qui est rempli d'un si grand nombre de petites pyramides qu'il est impossible de les compter. On trouve aussi dans cette salle des coquilles de différentes figures et de différentes grandeurs.

La salle qui vient ensuite a reçu le nom de Salle des Décors, à cause du grand nombre de concrétions de toutes espèces que l'on y admire, telles que piliers, pyramides, dômes, draperies, etc., et auxquelles on a donné les noms du Pilier de saint Jacques, de la Draperie, du Calvaire, de la Tour de Babel, etc.; cette dernière a la forme d'un dôme, dont la concavité paraît être à fond d'or avec de grandes fleurs noires, mais, lorsqu'on y touche, on efface ces brillantes couleurs, qui ne sont que l'effet de l'humidité. C'est dans cette salle que les visiteurs, curieux de rapporter quelque souvenir de leur exploration, détachent ordinairement de la paroi quelques fragments de stalactites; du reste la nature se charge d'effacer promptement le dommage et d'en faire disparaître la trace.

On arrive ensuite, par le Pas de Babylone, à la Salle Sainte-Marguerite, chambre moins vaste, où l'on voit une petite fontaine.

Puis on prend le Pas du Défilé, et l'on entre dans une salle fort spacieuse, où l'on rencontre peu de stalactites, mais beaucoup de quartiers de rocher qui semblent venir d'éboulements : aussi a-t-on donné à cette salle le nom de Salle des Éboulements.

Vient ensuite la Salle de danse, la plus belle de la grotte, qui a quarante mètres dans sa plus grande largeur. Elle est décorée d'un grand nombre de stalactites et de stalagmites, parmi lesquelles on remarque surtout celles que l'on a désignées sous les noms de

Cierge Pascal et de Mont Saint-Jean. Au milieu de la voûte, qui est fort élevée, sont entassées un nombre infini de chauves-souris, dont quelques-unes se détachent pour venir voltiger autour des torches. Au-dessous de l'endroit où elles se tiennent, est une petite hauteur : si l'on y frappe du pied, on entend le sol résonner comme s'il y avait une voûte dessous; on croit que de la petite rivière de la Cure, qui contourne la colline dans laquelle sont creusées les grottes d'Arcy, se détache un petit ruisseau qui circule souterrainement.

Après la Salle de danse vient la Salle des vagues de la mer : elle semble ne former qu'une avec elle. Son nom indique assez l'aspect singulier que présente la multitude de concrétions dont elle est ornée.

On arrive ensuite au Trou du Renard, passage entièrement resserré, où l'on est obligé de ramper à plat ventre quelques instants et qui conduit à une petite salle, la dernière de ces vastes grottes.

Une des particularités des grottes d'Arcy, c'est que, contrairement à ce qui arrive d'ordinaire dans tous les lieux souterrains, la température dans les plus grandes chaleurs y est fort douce, quoiqu'il n'y ait aucune autre ouverture que la porte par laquelle on entre, et qu'on ne puisse y descendre et y circuler qu'à la lueur des flambeaux.

Nous avons déjà dit que la nature se chargeait elle-même de réparer tous les désordres que l'on commet dans ces grottes, et de remplacer toutes les stalactites qu'on détache. Il est donc à présumer que ces grottes se consolideront un jour, et que les infiltrations incessantes augmenteront le nombre des concrétions au point que le tout ne formera plus qu'une seule masse compacte.

Quant à l'origine des Grottes d'Arcy, on s'accorde à penser qu'elle est due à cette rivière de la Cure, qui probablement s'était creusé autrefois, c'est-à-dire à une époque très-reculée de la nôtre, un lit à travers la montagne, et qu'un grand bouleversement du sol aura rejetée dans le lit où elle coule aujourd'hui. On remarque, en effet, que le sol porte encore des traces profondes du passage des eaux et des débris qu'elles y ont laissés; si on perce le pavé de stalagmite qui le recouvre, on trouve, au-dessous, une couche épaisse de limon, et, dans ce limon, des cailloux roulés qui ne sont pas calcaires comme la montagne, mais granitiques, et qui n'ont pu, par conséquent, être entraînés dans ces grottes que par le courant d'une rivière. On a trouvé aussi dans le limon des Grottes d'Arcy des ossements fossiles (et en particulier une dent d'éléphant), qui y ont été entraînés et déposés par le courant.

§ 4. Grottes d'Osselles.

Les Grottes d'Osselles, les plus célèbres de la Franche-Comté, sont remarquables par leur étendue et leur profondeur.

Situées à cinq lieues de Besançon, sur le territoire de la commune de Roset-Fluans, elles sont pratiquées dans le flanc d'une colline peu élevée, et forment une suite de salles qui s'étendent à au moins huit cents mètres dans l'intérieur de la colline et contiennent des stalactites et des stalagmites des formes les plus variées et les plus fantastiques.

Les Grottes d'Osselles sont connues et fréquentées depuis longtemps. En 1763, une fête brillante y fut donnée par l'intendant de la province, Toulongeon. On montre la salle qu'il avait fait décorer pour cette circonstance, et que l'éclat des stalactites scintillant à la lumière des torches devait rendre magnifique à voir.

On fait aussi remarquer dans une petite salle une sorte de tribune, où l'on prétend que l'on a dit la messe pendant la Révolution.

Toutes les salles des Grottes d'Osselles se suivent et communiquent facilement les unes avec les autres; c'est à peine si, en certains endroits, elles sont resserrées par des blocs de pétrifications. On pourrait presque dire qu'elles ne forment qu'une seule galerie. Elles sont d'ailleurs généralement grandes et élevées, tantôt à parois lisses et brillantes, tantôt ornées de stalactites et de stalagmites qui affectent toutes les formes, mais principalement la forme cylindrique.

Une des premières excavations porte le nom de Salle des Chauves-souris, à cause du grand nombre de ces animaux qui en ont fait leur retraite.

Parmi les autres, les plus remarquables sont désignées, à cause des décorations naturelles qui s'y trouvent, sous le nom de Salle des orgues, Salle du tombeau, etc.

Grottes d'Osselles. La chaire à prêcher.

Les stalactites qui ornent à profusion toutes ces salles affectent les formes les plus singulières ; on admire surtout celles que l'on nomme le Rideau drapé, les Troncs de palmier, les Colonnades, etc.

Quelques stalactites en forme de colonnes sont si belles, que l'intendant Toulongeon avait songé à les employer à l'ornement de son château. Ce projet reçut même un commencement d'exécution, car on tailla quelques-unes de ces colonnes qui furent voiturées à l'aide d'un chariot jusqu'à la salle d'entrée; mais le peu d'étendue de l'ouverture extérieure empêcha qu'on pût les en extraire.

La masse de ces stalactites, quelle que soit d'ailleurs leur grosseur, est transparente. Quelques-unes sont creuses et, quand on les frappe, résonnent sourdement.

Aux trois quarts à peu près de la profondeur des grottes, on rencontre un ruisseau profondément encaissé, qui barrait autrefois complétement le passage, et sur lequel l'intendant Toulongeon fit construire, en 1763, un pont en pierres. Ce ruisseau, continuant son cours souterrain, va se jeter dans le Doubs à peu de distance de l'entrée des Grottes d'Osselles.

On voit aussi dans l'une des dernières salles une fontaine d'une eau vive très-bonne à boire.

La dernière salle est une profonde excavation, dont le sol et la pente sont recouverts d'un sable fin de nature calcaire, et qui se termine par un précipice rempli d'eau.

En 1826, on découvrit, dans la partie des grottes qui se trouve entre le pont et l'entrée, sous une croûte peu épaisse de stalagmites, une couche de terreau qui renfermait une grande quantité d'ossements fossiles, parmi lesquels dominaient les ossements de l'hyène et

Grottes d'Osselles. Le tombeau.

de l'ours des cavernes. Cette découverte ferait supposer qu'il existait autrefois des issues qui se sont bouchées depuis, car l'entrée actuelle des grottes est beaucoup trop petite pour donner passage à des animaux de cette taille.

§ 5. Grotte de Han-sur-Lesse.

Han-sur-Lesse est un petit village de Belgique, situé à vingt-quatre kilomètres environ de Dinant. La grotte, dont l'ancienneté se perd dans la nuit des temps, semble avoir été percée dans l'énorme rocher, dit le Rocher de Han, par la petite rivière de Lesse, un affluent de la Meuse, qui contournait primitivement ce rocher et qui a fini par s'ouvrir un passage au travers.

La Grotte de Han, connue depuis fort longtemps déjà, a été décrite par un grand nombre d'auteurs qui n'ont pas toujours su se garder des exagérations les plus grotesques. Un voyageur qui la visita en 1864, M. Philéas Collardeau, en a donné une description aussi exacte qu'intéressante.

L'entrée de la Grotte de Han se trouve dans un joli parc, appartenant au propriétaire même de la grotte, qui met à contribution la curiosité des voyageurs et s'en fait un revenu.

On pénètre dans la grotte par une voûte fort basse, puis on arrive sur les bords de la Lesse, qui se jette avec un certain fracas dans la grotte. On monte alors sur un petit bateau.

« Il y avait à peine quelques minutes que nous voguions sur la Lesse, dit M. Collardeau, quand, dans un détour de la galerie ténébreuse que nous visitions, nous aperçûmes un grand feu rougeâtre qui n'éclairait que faiblement la grotte, mais produisait un effet tout à fait magique. Je me croyais transporté au Cirque-Olympique ou à la Porte-Saint-Martin, à la représentation de quelque féerie. Les silhouettes de deux personnages se dessinaient auprès du feu ; nous entendîmes en même temps un chant agréable formé par deux voix d'hommes et que se renvoyaient les échos de la grotte ; nous applaudîmes avec plaisir et, peu d'instants après, nous fûmes débarqués sur le roc et salués à grands coups de chapeau par les deux visiteurs, dont nous avions vu les ombres et entendu les chants. »

Après une courte traversée, on met pied à terre sur un bloc de rocher formant quai.

La grotte est d'une profondeur immense ; elle se compose d'un grand nombre de salles, dont quelques-unes sont d'une élévation extraordinaire. Presque partout, le chemin qu'on suit tourne autour de mille rochers, de mille blocs énormes de pierres entassés pêle-mêle et formant un chaos épouvantable.

La grotte est riche en stalactites et stalagmites, dans lesquelles on a cru retrouver la représentation de colonnades, de cascades, de draperies, etc., etc., et qui ont fait donner les noms les plus bizarres parfois à quelques-unes de ces salles. Nous citerons entre autres la Salle des Scarabées, celle des Renards, de la Grenouille, de la Bûche, des Trophées, des Mamelons, de la Cascade, de l'Abîme, le Boudoir de Proserpine, la Salle du Dôme, celle des Draperies, le Passage du Diable, etc., etc. Pour faire ressortir la transparence de quelques stalactites, les guides placent des torches derrière, « ce qui produit, dit M. Collardeau, des effets de

Grotte de Han-sur-Lesse.

décors semblables à ceux des quinquets accrochés derrière les coulisses. » Pour compléter l'analogie, les parois de la grotte commencent à être noircies par la fumée des torches.

Il existe, dit-on, dans la Grotte de Han, des précipices très-profonds, de la profondeur desquels on peut se rendre compte en y jetant des pierres et des brins de paille enflammés; ces précipices ont la forme d'une fissure ou d'une brisure large quelquefois d'un pas; on les côtoie sans s'en douter, à cause de l'obscurité.

Le Trou de Han, par lequel on sort, n'est pas une des moindres curiosités de la Grotte de Han : on l'aperçoit sur les flancs escarpés du rocher; il a la forme d'un vaste entonnoir qui sert d'ouverture au gouffre.

L'entrée de la Grotte est disposée de telle sorte qu'il s'y produit de curieux effets d'acoustique, dont les guides ne manquent jamais de donner, moyennant rétribution naturellement, quelque échantillon au visiteur. On ne peut se former une idée du bruit épouvantable que fait, par exemple, la détonation d'une arme à feu : toutes les cavités de la montagne semblent mugir en même temps et les voûtes se détacher et crouler ensemble. A ce bruit affreux succède bientôt un calme imposant, qui n'est interrompu que par le cri lugubre des chauves-souris cachées dans l'intérieur de la grotte, ou par le bruit monotone des eaux filtrant avec lenteur à travers le rocher et tombant goutte à goutte dans la Lesse, qui semble à peine se mouvoir.

« En visitant la Grotte de Han, dit M. Philéas Collardeau, la première sensation que l'on ressent est la plus belle; au bout d'un quart d'heure, on s'accoutume aux spectacles qu'on a sous les yeux, et quoique les dispositions de la grotte changent souvent, ce qu'on a vu en premier paraît toujours le plus beau. Il y a en-

Grotte de Han-sur-Lesse.

core, cependant, un tableau qu'on ne peut s'empêcher d'admirer, c'est lorsqu'au bout d'une heure (durée ordinaire d'une visite consciencieuse) on arrive à la sortie et qu'on aperçoit peu à peu le soleil éclairer les parois déchirées de la grotte. Les émotions que l'on ressent en se retrouvant au jour après ce long voyage souterrain sont vraiment indescriptibles, et l'avis de tous les voyageurs qui ont visité cette grotte est que, ne fût-ce que pour jouir de cette dernière impression, il n'y a pas de fatigue et même de danger qu'on n'oublie aisément. »

Après avoir vu la Grotte de Han, on ne doit pas négliger de visiter une autre grotte très-curieuse, distante de cinq cent cinquante-six mètres, et à laquelle on arrive facilement sans guide, en côtoyant la montagne, par un chemin couvert pratiqué sur la lisière du bois; c'est le Trou de Belvaux, dans lequel la Lesse, après avoir serpenté dans un délicieux vallon, se précipite brusquement avec un mugissement effroyable, et où elle forme un gouffre d'une profondeur inconnue. Jamais on n'a pu sonder le fond de cet abîme.

Le 1er septembre 1818, M. le comte de Robiano de Borsbeck, ayant observé que l'écume, amoncelée à deux ou trois pouces, surnageait sur une partie de la surface des eaux, dans le fond de cette caverne, eut la témérité d'y descendre dans un cuvier fixé sur quelques planches et tenu par une corde; lui-même s'en était fixé une sous les bras. Il fit tenir ces cordes par les individus qui l'accompagnaient et se risqua, de cette manière, au-dessus d'un abîme sans fond, armé d'une simple perche de cinq mètres de long, qu'il plongea, de toute sa force, dans le gouffre, et qui resta quelques secondes avant de reparaître. Entraîné par le courant, il fut bientôt lancé au centre, où il remarqua que les flancs des rochers s'enfonçaient perpendiculairement. Il ne découvrit aucun passage praticable, et y trouva seulement deux fentes remplies d'eau, mais sans le moindre écoulement. Il sonda vainement avec sa perche et ne put rencontrer l'issue par où les eaux s'engouffrent; il présuma, cependant, qu'elle se trouvait un peu vers la gauche, en face de l'entrée, où il remarqua une espèce d'entonnoir, dans lequel la rivière se précipite et s'échappe ensuite par la face latérale qui répond au nord. Notre intrépide navigateur se tira de là sain et sauf, quoique, cependant, il eût vu à plusieurs reprises l'eau entrer dans son cuvier.

Les habitants du pays, et les touristes eux-mêmes, se sont amusés mainte et mainte fois à jeter dans ce gouffre divers objets, dans l'espoir de les voir reparaître à la sortie de la rivière, mais cet espoir a presque toujours été déçu : les corps pesants se précipitent au fond et n'en sortent pas; les corps légers, tels que la menue paille, entraînés d'abord par le courant, reviennent bientôt à la surface dans l'intérieur de la grotte, là où les eaux sont plus calmes, mais ils se trouvent arrêtés par des nappes de rochers ou des voûtes surbaissées, dont l'extrémité, ne descendant pas jusque dans le fond du lit de la rivière, laisse échapper l'eau, tout en retenant à la surface les corps qui y surnagent. Cependant, d'après la remarque de l'abbé de Feller, les corps légers et de petite dimension peuvent traverser la grotte, quand le niveau des eaux se trouve en dessous de la base de ces espèces d'écluses.

§ 6. Grottes de Mammouth (Kentuky).

Les Grottes de Mammouth (*Mammooth cave*) peuvent être regardées comme une des plus étonnantes merveilles naturelles que les États-Unis, et peut-être le monde entier, offrent à l'admiration du savant, aussi bien que du touriste.

« Je crois pouvoir affirmer, dit un voyageur français qui les a longuement et minutieusement explorées[1], qu'aucun spectacle, même celui des chutes du Niagara, ne m'a autant frappé, au milieu des merveilles si fréquentes aux États-Unis, que ce long voyage dans les entrailles de la terre, où il me semblait voir à chaque pas s'ouvrir devant moi un nouveau monde. »

Ces grottes sont situées dans le Kentuky, non loin de Louisville. Une station spéciale du chemin de fer de Louisville à Nashville, autour de laquelle se sont élevées quelques maisons, *Cave-City*, conduit l'explorateur à dix milles environ des grottes.

Le pays environnant est riche en curiosités géologiques de toutes sortes, il est criblé de cavernes et miné par les eaux souterraines ; les sources minérales, les fontaines intermittentes, les entonnoirs sans issue y abondent.

Un peu avant d'arriver à la caverne, on trouve un hôtel (*Mammooth-Cave-Hotel*) où l'on peut remplacer ses

1. M. Poussielgue, *Visite aux Grottes de Mammouth, dans le Kentuky* (*Etats-Unis*). (*Tour du Monde*, 1863, 2e semestre).

habits de voyage par de solides vêtements de drap, et où l'on trouve des guides munis de lampes de mineurs; ce sont ordinairement des nègres. Puis, on descend dans un petit sentier escarpé au milieu des rochers et l'on aperçoit dans les flancs de la montagne, au fond d'un entonnoir plein de verdure, une ouverture fort basse et à peine assez large pour laisser passer deux personnes de front : c'est l'entrée des fameuses grottes.

Après avoir eu soin d'allumer ses lampes, on s'avance dans un long corridor qui ressemble à un boyau de mine, puis on descend soixante à quatre vingts marches humides, taillées dans le rocher : on entre alors dans une longue galerie beaucoup plus haute et large d'une vingtaine de mètres, qui porte le nom du célèbre naturaliste Audubon. Elle aboutit à une salle, appelée la Rotonde, de laquelle rayonnent un grand nombre de corridors.

L'un d'eux, dit le Grand Vestibule, conduit par une pente assez rapide dans une salle de près de cent mètres de pourtour, et dont la voûte s'élève en nef immense. Sa forme, sa grandeur (elle peut contenir cinq mille personnes), les étranges stalactites qui la décorent, lui ont valu le nom d'Église Gothique.

« En effet, dit M. Deville [1], grâce aux jeux de lumière, et l'imagination aidant, on distingue ici tous les détails architecturaux d'une nef du moyen âge, piliers, colonnes, nervures, voûtes ogivales. Il y a même

1. Deville, *Visite aux Grottes de Mammouth.* (*Tour du Monde,* 1863, 2e semestre).

une chaire naturelle, où, dit-on, plus d'un de ces prédicateurs errants, dont abondent les États-Unis, est venu exposer ses doctrines. »

L'Église Gothique est déjà à une demi-lieue de l'entrée.

En la quittant, l'on s'enfonce dans une avenue qui n'a pas moins d'un quart de lieue, et où les lumières des torches éclairent et font resplendir d'admirables stalactites.

De là, on arrive à la Chambre des Revenants, ainsi nommée parce qu'on y a trouvé des momies indiennes; cette salle servait peut-être de lieu de sépulture à quelques-unes des anciennes tribus qui ont peuplé le sol américain; malgré son nom sinistre, la Chambre des Revenants est fort animée et très-éclairée. « Les femmes des guides y ont établi une espèce de café où l'on vend des liqueurs de toute espèce et où on lit les journaux. O profanation! » (M. Poussielgue.)

On y voit aussi des invalides, des malades, et spécialement des poitrinaires, sur lesquels l'atmosphère de ces souterrains exerce une salutaire influence, selon ce que prétendent les médecins du pays.

Mais ce qu'on y voit de plus remarquable, c'est un immense squelette de mastodonte presque entier, dressé au milieu de la salle, et qui parfois est l'objet de questions les plus saugrenues de la part de quelques touristes, fort peu au courant des travaux de l'immortel Cuvier.

Un peu plus loin, dans un étroit couloir nommé le Labyrinthe, la voûte s'abaisse tellement qu'il faut ramper sur les pieds et sur les mains. On l'appelle aussi le Chemin de l'Humilité, et, en effet, on ne peut lever la tête sans la frapper contre le rocher, aussi les plus fiers la portent-ils aussi humblement que possible.

On arrive ainsi à la Chapelle Gothique, réduction en miniature de l'église que nous avons déjà décrite, puis au Fauteuil du Diable (*Devil's chair*), gigantesque cristallisation en forme de siége, qui se trouve suspendue tout étincelante au-dessus de la gueule noire d'un gouffre appelé l'Abîme sans fond (*Bottomless pit*).

« Le spectacle, dit M. Ernest Duvergier de Hauranne[1], est surprenant et terrible. Imaginez une galerie horizontale brusquement interrompue : profondeur sombre sous les pieds, profondeur sombre au-dessus de la tête. Un pont de bois franchit le précipice. Imaginez enfin le silence, la solitude, l'atmosphère étouffée et sépulcrale, et nos deux ombres penchées sur l'abîme à la lueur faible de nos lampes vacillant dans les ténèbres. »

Plus d'une sombre légende se rattache au *Bottomless pit :* chaque guide a la sienne, et les voyageurs. dont l'âme s'ouvre facilement aux récits dramatiques, n'ont là que l'embarras du choix.

Voici, par exemple, une triste aventure qui se serait passée, il y a quelques années, dans ce lieu effrayant, s'il faut s'en rapporter à la véracité des guides.

Deux jeunes amants, séparés par l'inflexible volonté de leurs parents, au lieu de s'adresser à la complai-

1. *Huit mois en Amérique, lettres et notes de Voyage*, 1864-1865.

sance d'un ministre, avaient préféré s'unir dans la mort, et s'étaient précipités dans le gouffre, attachés l'un à l'autre par une ceinture de soie : une lettre et le mouchoir de la jeune fille, qu'on retrouva dans la salle, firent connaître leur fatale résolution. Les deux familles voulurent rendre les derniers devoirs aux pauvres amants, et offrirent des sommes considérables à qui oserait descendre dans le puits sans fond. Un guide se fit attacher à une corde à nœuds et tenta l'aventure, mais, arrivé à une profondeur de plus de deux cents pieds, il fut effrayé et étourdi par des bruits mystérieux et une odeur de soufre, et forcé de se faire remonter précipitamment.

Nous rapporterons encore, toujours sur la foi des guides, l'effrayante aventure suivante, « simple épisode, dit M. Deville, de cette vieille et hideuse institution de l'esclavage, qui a tant tardé à mourir sur le sol des États-Unis. »

Deux esclaves fugitifs d'une ville de l'Alabama, s'efforçant de gagner les États du Nord, étaient venus de nuit demander un asile temporaire aux Grottes de Mammouth, dans l'espoir de s'y tenir cachés assez longtemps pour faire perdre leurs traces aux gens envoyés à leur poursuite. Mais on ne met pas facilement en défaut les chasseurs d'hommes, aidés qu'ils sont presque toujours, dans leur tâche diabolique, par l'instinct carnassier de féroces limiers, dressés spécialement à la *quête* du nègre. Aussi, peu d'heures après que les pauvres marrons se furent blottis dans un recoin bien secret, la meute avide attachée à leur piste donnait de la voix à l'entrée de la caverne et annonçait à ses dignes piqueurs la présence de la proie cherchée. Alors, commença, dans les mille replis du sombre labyrinthe, une chasse nouvelle, une chasse aux flambeaux, à laquelle ne

Grotte de Mammouth. L'abîme sans fond.

manquèrent ni les sons des cors, ni les clameurs joyeuses des nombreux gentlemen du voisinage, propriétaires ou éleveurs de bétail humain. Cette poursuite acharnée se prolongea tout un jour. Enfin les deux fugitifs, traqués de couloir en couloir, de crypte en crypte, furent poussés dans la galerie qui aboutit à l'abîme sans fond. Là, ayant derrière eux les fers et la torture et devant eux la mort, ils n'hésitèrent pas. Aux hurlements des dogues furieux, à l'hallali des pourvoyeurs de chair humaine, ils répondirent par un cri de défi. On les vit un instant, à la lueur des torches projetées de leur côté, debout, se tenant par la main, dans l'embrasure ouverte sur le *Bottomless pit*, puis, ils se précipitèrent dans l'abîme, si profond que la chute de ces malheureux n'y retentit même pas!

Le *Bottomless pit* n'est pas le seul gouffre de ce genre que l'on rencontre dans les Grottes de Mammouth; il y existe une foule de crevasses gigantesques, semblables à des puits, et où jadis les eaux s'engouffraient sous la terre et se précipitaient dans les réservoirs souterrains. Les voûtes de ces puits sont ogivales, et leurs parois taillées en piliers comme par une main cyclopéenne; quand on s'y trouve suspendu dans l'espace, on se croirait dans la nef de quelque cathédrale haute de trois cents pieds.

En 1864, un Anglais voulut explorer la profondeur d'un de ces puits pour immortaliser son nom. Il se fit descendre au bout d'une corde, et parvint au fond du puits, où il trouva un lac, dont l'eau était vive et courante; de tous côtés s'élevait une infranchissable barrière. « Je m'étonne, dit M. Duvergier de Hauranne, que le nouvel Empédocle n'ait pas plongé dans le gouffre et tenté l'aventure originale d'un voyage aquatique dans ce monde inexploré. »

A quelque distance de là, on arrive sous le Dôme Géant (*Mammooth Dome*), qui n'a pas moins de cent trente mètres de hauteur et qui couvre un espace immense de sa vaste coupole. Il est impossible d'en apercevoir le faîte, qui se perd dans de profondes ténèbres.

Plus loin enfin se trouve le site le plus merveilleux de ces belles grottes ; c'est la Chambre des Étoiles ou Chambre étoilée.

« Vous arrivez par une large galerie, dont la voûte élevée s'enveloppe d'ombre, ancien lit de quelque grand fleuve du monde des ténèbres. Les murs s'éloignent, le ciel s'élève, et vous regardez au-dessus de vos têtes : oui, c'est bien le ciel qui brille là-haut.

« La terre s'est donc ouverte? Il fait nuit ; notre promenade aura duré jusqu'au soir ! Mais voyez ces deux murailles blanches et leur profil qui se découpe là-haut sur le ciel ; on dirait un ravin désert, lit desséché d'un torrent. Je ne vois pas encore d'étoiles ; c'est bien là pourtant le ciel de la nuit, nuit sans lune, calme et pure, animée d'une douce lueur bleue.

« Vous faites un pas ; regardez bien, que voyez-vous briller là-haut comme une étoile qui scintille et disparaît ?

« Ne croyez-vous point voir passer sur le ciel des nuées blanches et légères ?

« Comme le silence est profond ! Quelle immobilité dans cette nuit sereine !

« Quelle est donc cette contrée aride, muette, désolée, où la nature perd jusqu'à ce vague et léger murmure qui accompagne son sommeil ?

« Vous écoutez, vous retenez votre haleine, non, pas un bruit, pas un souffle, pas une brise tiède et vivifiante dans cet air glacé.

« Vous vous taisez, comme si votre voix n'y pouvait retentir.

« Vous vous croiriez sur une de ces planètes mortes et nues où la nature minérale règne au sein d'une solitude silencieuse et terrible, sur quelque terre que le soleil ne chauffe pas et où il n'anime aucun genre de vie. » (Duvergier de Hauranne.)

Toute cette fantasmagorie est obtenue par les reflets des lumières projetées avec adresse et de plusieurs points différents par les guides sur la voûte de la salle, laquelle est d'une autre pierre que les murailles, d'un gypse noir à reflets verdâtres et tout couvert de cristallisations étincelantes.

Voici maintenant l'Avenue de Cléveland, dont les parois semblent couvertes de charmantes fleurs d'une délicatesse extrême. Cette observation vient à l'esprit des voyageurs les plus prosaïques.

L'avenue aboutit à la Salle de bal aux murailles de neige (*Snowballroom*) ; l'enduit brillant qui recouvre les parois est effectivement d'une éclatante blancheur.

Des chemins tour à tour larges ou étroits, unis ou escarpés, conduisent de là aux Montagnes Rocheuses (*Rockymountains*), où il faut sans cesse gravir d'énormes quartiers de roches qui se sont détachés de la voûte.

A travers leurs aspérités et de larges fissures, qui semblent présager d'autres éboulements considérables, on parvient enfin à la Grotte des Fées (*Fairy-grotte*), où d'innombrables stalactites, rangées en immenses colonnades, forment d'élégants arceaux d'un aspect vraiment féerique. De tous côtés suinte l'eau; de tous côtés l'on entend tomber des gouttelettes, dont la chute retentit dans ces ténébreuses retraites.

Au fond de la salle, on remarque un groupe imitant la cime d'un immense palmier ; les branches, gracieusement inclinées, semblent sculptées dans un bloc d'albâtre oriental; au sommet de ce gracieux ensemble jaillit une source, créatrice séculaire de tous ces dépôts calcaires qui brillent du reflet des torches. La lumière, promenée dans les vides laissés entre ces formations sédimentaires, en fait ressortir toute la transparence. Les délicats arceaux, ornés de franges bizarrement découpées, qui s'étendent au-dessus de la tête des voyageurs, peuvent également figurer à leurs yeux une élégante tonnelle de marbre blanc. Aussi désigne-t-on ce singulier groupe tantôt sous le nom de Palmier et tantôt sous celui de Tonnelle merveilleuse.

La Grotte des Fées, située à une des extrémités des grottes, se trouve à seize kilomètres de l'entrée.

Nous voici arrivés à la partie basse des Grottes de Mammouth, à laquelle conduit un dédale de corridors raboteux, dont l'un, plus étroit que les autres, a reçu le nom significatif et pittoresque de *fatman's misery* (la misère de l'homme gras).

On redresse la tête à *Great-relief*, puis, descendant toujours, on traverse le chaos de la Grotte des Bandits

Grottes de Mammouth. La Mer morte.

et l'on arrive enfin à la Mer morte, grand lac intérieur en communication avec le Styx, petite rivière qui, suivant tranquillement son cours dans les profondeurs de la terre, s'accroît par l'infiltration des eaux pluviales et des nappes d'eau intérieures, et va sans doute se réunir par des canaux souterrains au *Green-River*, qui contourne la montagne, dans laquelle sont pratiquées les grottes.

On s'embarque sur un bateau, qui attend les visiteurs pour les transporter sur l'autre rive.

La Mer morte a parfois jusqu'à trente pieds de profondeur et deux cents pieds de large; dans les basses eaux, quand rien ne la trouble, elle est si transparente que les rochers de son lit peuvent s'apercevoir et le bateau semble flotter dans les airs.

Aucun pinceau ne saurait rendre les jeux de lumières, les contrastes d'ombres saisissants, que la lueur des torches, reflétée par l'eau, produit dans la nuit profonde.

Après mille détours on arrive sous une arche élevée et grandiose, où la voix résonne et se répercute en traînant comme sous les arceaux d'une cathédrale.

Parfois la Mer morte déborde et s'élève à une hauteur de soixante pieds; quelquefois même la galerie est entièrement submergée.

On met pied à terre pour marcher dans la vase le long du lac infernal.

Çà et là coasse une grenouille solitaire, entraînée dans ce triste monde par les infiltrations de la Rivière Verte (*Green-River*).

C'est ici que se pêche le poisson aveugle, indigène des Grottes. Cet étrange animal est vivipare et d'une entière blancheur : il a des rudiments d'yeux, mais point de nerf optique.

On trouve aussi dans le Styx des écrevisses, aveugles comme les poissons.

Plus loin, dans un gouffre appelé le *Maëlstroum*, on a pris des rats d'une espèce singulière, gros comme des lapins, gris sur le dos et blancs sous le ventre; ainsi que de gros grillons jaunes, lourds et muets, qui ne sautent ni ne chantent, mais se traînent comme des crapauds et se dirigent avec d'énormes antennes; et enfin des lézards jaunes et tachés de noir, qui ont de gros yeux hors de la tête. On suppose qu'il y a près de là quelque ouverture cachée, par où les ancêtres de ces races mystérieuses ont pu pénétrer.

Le gouffre du *Maëlstroum*, dont nous venons de parler, a été exploré pour la première fois il y a quelques années par un intrépide jeune homme de Louisville. M. Oscar Comettant a donné, d'après un témoin oculaire, une émouvante relation de cette effrayante descente[1].

Le propriétaire des Grottes de Mammouth, M. Preector, avait offert six cents dollars à un guide nommé Stephen et connu par son intrépidité, s'il consentait à descendre jusqu'au fond du gouffre et à rendre compte de son excursion périlleuse. Malgré l'appât de cette somme, énorme pour un homme sans autres ressources

1. *L'Amérique telle qu'elle est*, par Oscar Comettant (chap. XVIII).

que celles de son industrie médiocrement lucrative, Stephen refusa.

Il y a quelques années, un professeur du Tennessee, homme aussi déterminé qu'instruit, entreprit ce que nul n'avait osé entreprendre avant lui. Il fit de longs préparatifs Le jour venu, il se laissa glisser dans l'abîme à l'aide d'une forte corde et descendit ainsi à environ cent pieds ; mais, arrivé à cette profondeur, sentant sa raison s'égarer, sa poitrine s'oppresser, et une frayeur invincible s'emparer de lui, il crut qu'il allait devenir fou et donna avec horreur le signal convenu pour le remonter. En arrivant à l'ouverture du précipice, il s'évanouit ; plus tard, il avoua qu'il avait ressenti une telle épouvante, en touchant la première galerie, que, plutôt que de recommencer ce voyage infernal, il préférerait la mort.

Depuis cette époque, une forte somme avait été tenue offerte à quiconque tenterait l'aventure ; quelques hardis explorateurs l'avaient entreprise, mais aucun ne l'avait accomplie jusqu'au bout.

Enfin, un jeune homme de Louisville, d'un tempérament complétement inaccessible à la peur, manifesta l'intention de descendre jusqu'au fond de l'abîme. Ayant persisté dans sa résolution, malgré les représentations qui lui furent faites, on prépara tout pour cette descente. On envoya chercher à Nashville une corde d'une longueur et d'une grosseur suffisantes, et l'on se rendit au point désigné pour l'exploration, c'est-à-dire au gouffre situé à neuf milles de l'entrée des grottes.

On attacha d'abord une lourde pierre à l'extrémité de la corde, et on la descendit jusqu'à ce qu'elle eût touché le fond, ce qui demanda un assez long laps de temps. On eut soin de heurter la pierre avec le plus de force possible aux parois du gouffre, afin d'en détacher les roches branlantes, dont la chute aurait pu blesser plus ou moins grièvement le voyageur dans sa ténébreuse excursion. Plusieurs quartiers de roc tombèrent. La répercussion du bruit de leur chute remontait à l'orifice de l'abîme, en rendant un roulement semblable à celui du tonnerre. A ce bruit sinistre, les assistants tressaillirent; seul, l'intrépide jeune homme demeura calme, aucune contraction ne vint accuser chez lui la moindre émotion.

Après s'être enveloppé la tête avec une sorte de bourrelet pour se garantir contre les pierres qui pourraient se détacher au-dessus de lui, et s'être muni d'une lanterne allumée, le jeune héros se fit attacher la corde autour du corps et donna le signal de la descente. Cette descente s'accomplit lentement, pour éviter tout accident. Néanmoins, des fragments de rochers et des portions de terre se détachaient de temps à autre autour du voyageur. Rien, heureusement, ne l'atteignit.

Tout en descendant, le jeune homme promenait autour de lui sa lanterne.

A trente pieds environ de l'ouverture, il distingua un rebord, à partir duquel, à en juger par les apparences, deux ou trois galeries allaient se perdre dans des directions différentes; il fit alors le signal de halte, constata sur son calepin l'existence de ces galeries, et ordonna ensuite de lâcher de la corde pour continuer la descente.

A cent pieds, l'explorateur ordonna de nouveau d'arrêter; il venait de découvrir une source d'eau qui s'échappait par l'un des côtés du gouffre et retombait dans l'abîme avec un bruit sinistre. Ceci constaté et inscrit sur son calepin, il redemanda de la corde.

A partir de ce moment, l'eau de la source, qui s'éparpillait en une pluie fine, rendit presque nulle la lumière de la lanterne. L'air se raréfia. Le courageux explorateur, mouillé de toute part et respirant avec peine, n'en continua pas moins sa marche. Déjà la corde marquait une longueur de cent cinquante pieds, quand tout à coup un bruit sourd se fit entendre, comme un terrible avertissement pour toutes les personnes penchées à l'orifice de l'abîme. Instinctivement la corde fut retenue; mais le jeune homme aussitôt donna le signal de continuer la descente. Ce bruit provenait de la chute d'un énorme quartier de roc, qui, en tombant au fond du gouffre, avait failli écraser le téméraire, et ne l'avait que fortement contusionné.

Descendant de quelques pieds encore, il constata que la chute d'eau prenait subitement une direction presque horizontale; il l'entendit gronder, non plus sous lui, mais à côté de lui. En essuyant les verres de sa lanterne, sur laquelle l'eau ne tombait plus, il put alors jouir d'une clarté suffisante pour distinguer les objets à quelque distance autour de lui. Cependant, comme on lâchait toujours de la corde et que le jeune homme ne faisait aucun mouvement, une des personnes témoins de cette effrayante descente, le docteur Wright, ordonna d'arrêter pour s'assurer si un accident ne serait pas arrivé au trop audacieux jeune homme.

Rien ne bougea.

Grottes de Mammouth.

« Remontez, remontez vite ! » cria le docteur.

On hissa précipitamment celui qu'on croyait asphyxié, ou tout au moins évanoui de terreur ou faute d'air. Mais presque aussitôt celui-ci, qui comprit ce qui se passait au-dessus de lui et qui tenait à toucher, comme il se l'était promis, le fond de l'abîme, donna vigoureusement, et à plusieurs reprises, le signal de la descente.

Un soupir de satisfaction s'échappa de toutes les poitrines. Ceux qui tenaient la corde ayant obéi, l'explorateur atteignit enfin le fond. Il avait parcouru dans les entrailles de la terre, dans l'eau, dans l'obscurité, manquant d'air et au milieu des pierres qui se détachaient de partout autour de lui, au-dessus de sa tête et au-dessous de ses pieds, la distance de cent quatre vingt-dix-neuf pieds.

Il put alors constater que le fond du *Maëlstroum* est circulaire et qu'il mesure dix-huit pieds de diamètre. Une petite ouverture donnait accès dans une autre cavité de peu d'étendue : notre héros y pénétra et en rapporta les plus beaux spécimens de silice noir qui se puissent voir, ainsi que plusieurs morceaux de stalactites aussi blancs que le plus pur cristal.

Bientôt après, il donna le signal de le hisser à une certaine hauteur, son intention étant d'explorer les galeries qu'il avait aperçues auparavant.

Après avoir atteint l'ouverture d'une de ces galeries, pour l'explorer plus facilement dans toute son étendue, il détacha de sa ceinture la corde qui l'avait suspendu dans l'espace, et se borna à en tenir le bout à la main. C'était manquer de prudence, et l'événement ne vint que trop le prouver. Par suite de l'effort qu'il fit pour s'élancer dans l'intérieur de la galerie, sautant à pieds joints une assez large crevasse, la corde lui échappa. C'était la mort s'il ne parvenait pas à la ressaisir, la mort par le froid et par la faim dans cet horrible tombeau ! Tout autre que l'intrépide jeune homme serait mort de peur. Sans rien perdre de son sang-froid, il se fit une sorte de crochet avec l'anneau de sa lanterne, en se servant de ses dents comme d'un outil, puis, plaçant le pied à l'extrémité d'une pierre suspendue au-dessus de l'abîme, il allongea le bras, atteignit la corde flottante dans l'espace et réussit à la ramener à lui ; il eut soin cette fois de la fixer solidement au rocher ; cette précaution prise, il continua son exploration comme s'il ne venait pas de courir le danger le plus effrayant. Il ne s'arrêta que devant un éboulement qui lui barra le passage. Enfin, grelottant de froid, épuisé de fatigue, et voyant sa lanterne près de s'éteindre, il revint à l'entrée de la grotte, et, s'étant passé la corde autour du corps, donna le signal du retour.

L'opération s'accomplit assez difficilement, à cause de la mauvaise disposition de la corde mal nouée autour du corps de l'explorateur, ce qui le fit cruellement souffrir. Mais cette sensation s'évanouit bientôt devant l'imminence d'un nouveau péril, qu'il ne dépendait pas cette fois du courageux jeune homme de conjurer.

Il n'était plus qu'à quatre vingt-dix pieds de l'ouverture du *Maëlstroum*, lorsqu'il entendit tout à coup des exclamations et des cris de terreur au-dessus de sa tête. Malgré la grande profondeur où il se trouvait encore, il put distinguer ces paroles : « La corde est en feu ! de l'eau ! de l'eau ! »

En effet, le frottement de la corde sur la longue planche qui lui servait d'appui l'avait enflammée et, comme on n'avait point d'eau sous la main, on devait s'attendre à chaque seconde à voir l'infortuné jeune homme tomber dans l'abîme béant sous ses pieds. Heureusement un des assistants avait sur lui une gourde d'une boisson mélangée d'eau et d'eau-de-vie. On vida la gourde sur la corde enflammée, et l'explorateur put enfin, sans autre accident, arriver à l'orifice du *Maëlstroum*, où il se montra aussi calme qu'au moment du départ; le docteur Wright, lui ayant tâté le pouls, le trouva dans un état tout à fait normal.

Les témoins de l'aventure furent plus émus que celui qui en avait été le héros et qui avait failli tant de fois en être la victime; tout danger disparu, ils s'étendirent sur le sol, brisés par la fatigue et l'émotion.

L'intrépide jeune homme se contenta de revêtir des vêtements chauds qui avaient été préparés à son intention, but la valeur d'un petit verre de rhum et raconta dans tous ses détails son excursion, dont on n'avait pas encore soupçonné toutes les dangereuses péripéties.

La relation terminée, on s'aperçut qu'en l'écoutant le docteur Wright s'était évanoui.

Le hardi explorateur avait tracé son nom sur la pointe d'un rocher, au plus profond de l'abîme.

Revenons maintenant à la Mer Morte.

C'est ici, et à la rivière du Styx, que s'arrêtent généralement les visiteurs; il s'en faut de beaucoup cependant qu'ils soient au terme de ces excavations, car elles s'étendent dans d'autres directions jusqu'à des limites inconnues. Un voyageur a pénétré cinq lieues plus avant que la Mer Morte et a pu s'assurer, malgré l'impossibilité de passer, que les grottes se prolongeaient beaucoup plus loin.

Quoi qu'il en soit, on a compté dans ces immenses excavations jusqu'à deux cent vingt-six avenues, cinquante-sept dômes, onze lacs, sept rivières, huit cataractes, et trente-deux puits ou plutôt trente-deux abîmes, dont quelques-uns sont d'une profondeur et d'un diamètre extraordinaires.

La sortie des grottes est à trois lieues de l'entrée. On y arrive après avoir passé dans une étroite galerie, où l'on est presque forcé de ramper.

C'est avec une satisfaction délicieuse que l'on revoit la clarté du jour après ce long et fatigant voyage souterrain.

« Il y a six heures que nous errons dans ces cavernes, dit M. E. Duvergier de Hauranne ; enfin voici un rayon jaune qui se glisse là-bas par une fissure, voici les parois du rocher qui brillent comme de l'or, puis comme un monceau de neige éblouissante en face de nous. Verdure, pierre, gazon, tout dégage une lumière éclatante et surnaturelle. Je chancelle aveuglé ; la terre que je foule étincelle ; mille bruits joyeux m'assourdissent. Voilà l'air tiède et caressant, l'azur resplendissant du ciel, les chansons des oiseaux, les cris des cigales, les rayons glorieux du soleil inondant de gaieté la clairière. Je ne puis vous dire la joie, le ravissement, l'éblouissement des premières minutes; il semble qu'on ressuscite et qu'on sorte d'un tombeau. »

§ 7. Caverne d'Albâtre (Californie).

La province de l'Eldorado, sur les côtes de Californie, possède aussi une grotte à stalactites d'une merveilleuse beauté; elle est située sur le flanc d'une montagne de rochers à l'apparence marmoréenne, qui coupe la vallée de l'Eldorado.

Sa découverte est due au hasard. Un riche propriétaire, M. Will Gwinn, faisait fouiller des rochers afin de bâtir un four, lorsque ses ouvriers mirent au jour la splendide caverne. Voici comment il raconte lui-même cette découverte[1] :

« Nous allons d'étonnement en étonnement. Hier, en extrayant des roches, nous fîmes une ouverture d'environ quinze pieds au milieu d'un espace de cent pieds sur trente environ. On dirait une magnifique chaire à prêcher dans le style des églises épiscopales, que chacun connaît. Il semble que ce soit, et on pourrait l'appeler, le Saint des Saints. Le spectacle est complété par une splendide draperie d'albâtre de toutes nuances, depuis le blanc jusqu'au rose-rouge, qui est suspendue au-dessus du spectateur. Immédiatement après le Pupitre, se trouve un lac d'eau s'étendant à une distance inimaginable. Nous vîmes tout cela; mais, à notre

1. *Lettre de M. Gwinn à M. Holmes, à Sacramento*, publiée dans *l'Abeille de Sacramento*.

grande admiration, en arrivant au centre de la première chambre, nous découvrîmes l'entrée d'une autre chambre encore plus splendide, de deux cents pieds sur cent, avec une voûte du plus bel albâtre, reproduisant diverses formes de draperies. — Là règne une grandeur qui impressionne de suite les pauvres hommes, une puissance qui défie la ruine, une antiquité qui révèle de nombreux âges, des beautés que le temps embellit tous les jours, source inépuisable de jouissances. »

La curiosité attira beaucoup de monde, et bientôt les visiteurs affluèrent en si grand nombre à la grotte que, pour la garantir des curiosités indiscrètes et dévastatrices, le propriétaire dut la fermer pendant quelque temps, afin d'y faire exécuter certains travaux d'aménagement qui permissent de tout voir et non de détruire.

La caverne s'ouvre sur la route même qui traverse la vallée : on descend trois ou quatre marches, et l'on se trouve devant une porte toujours soigneusement fermée quand il n'y a pas de visiteurs dans la grotte.

Cette porte franchie, on pénètre dans une première chambre de trente-cinq pieds de long sur dix-sept de large et d'une hauteur qui varie de cinq à douze pieds. Cette chambre est fort curieuse, quoique les parois en soient tout unies; la voûte est ornée de belles stalactites qui ressemblent beaucoup à des mousses gelées ou à un très-fin corail, et de longs glaçons qui pendent et rappellent l'albâtre. Aussi donne-t-on à cette belle chambre tantôt le nom de Grotte de corail, et tantôt celui de Grotte d'albâtre.

Vient ensuite un passage, à l'extrémité duquel est une autre chambre, dont la voûte, inclinée en pente douce, est couverte de concrétions, dont les unes imitent le corail à s'y méprendre, et dont les autres affectent la forme de gros bouquets de mousses de rocher.

Puis on arrive au Cachot de l'Enchantement. C'est une large chambre d'une forme bizarre, au plafond bas, d'environ cent trente pieds de long, sur cinquante de large, et de quatre à trente pieds de hauteur. D'éclatantes stalactites, encore semblables à du corail, pendent en colonnes irrégulières et offrent presque toutes une grande variété de formes, et des nuances qui varient du blanc le plus pur à la couleur café au lait : leurs reliefs admirables contrastent avec les voûtes sombres de la salle.

En descendant à gauche, on aperçoit d'autres groupes de stalactites du plus bel aspect. Quelques-unes semblent de fines colonnettes pas plus grosses qu'un tuyau de pipe, et longues de deux à cinq pieds; trois ou quatre d'entre elles ont plus de huit pieds de long; malheureusement les premiers visiteurs, admis dans la grotte, ont eu le mauvais goût d'en détruire ou d'en briser plusieurs. D'autres ressemblent à des oreilles d'éléphant blanc, tandis que d'autres enfin présentent l'aspect de longs et minces cônes retournés. En examinant plus exactement ces groupes de stalactites et quelques autres, on remarque à leur base de nombreuses saillies d'une grande beauté. « Ici, dit l'auteur américain Hutchings[1], on croit voir des mousses pétrifiées, d'un éclat, d'une transparence admirables; là un joli champignon garni de diamants; plus loin, une forêt de pins qui, pour s'accommoder à la circonstance, ont poussé la cime en bas; ailleurs enfin on dirait des flocons de fine laine mérinos, ou de soie plate. »

On tourne ensuite à droite, on monte un escalier et l'on arrive à la plus magnifique partie de la grotte. On a devant soi une longue stalagmite de l'aspect le plus bizarre, haute de quatre pieds huit pouces et dont la circonférence, prise à la base, est de trois pieds un pouce; on lui a donné plusieurs noms : l'Épouse de Loth, la Massue d'Hercule, etc.

Un peu plus loin, au-dessus d'un petit monticule qui ressemble à un amas de neige gelée, on voit une ouverture assez étroite, par laquelle l'œil plonge dans une caverne d'une immense profondeur, dont la voûte est couverte de glaçons semblables à du corail et dont les côtés sont comme drapés de jais. Dans cette effrayante solitude est suspendue une concrétion qui a l'aspect d'un cœur énorme, d'un cœur de géant!

« Sur les côtés est un parquet élevé et presque horizontal; une table et des siéges y ont été dressés à l'usage d'un orchestre de musiciens et d'un public choisi. Nous fûmes charmés outre mesure en y entendant des virtuoses de grande route jouer des symphonies des plus grands maîtres, Mozart, Haydn et

1. *Scenes of Wonder and curiosity in California*, by James Hutchings.

Mendelsohn. Quelques-unes des harpes, qui pendaient de la voûte, renvoyaient de chambre en chambre des échos d'une délicieuse harmonie. » (Hutchings.)

Après ces vastes chambres, il en est d'autres plus petites, aux voûtes desquelles on voit des concrétions qui ressemblent à des jets d'eau arrêtés dans leur course et congelés.

Puis, en avançant le long d'un défilé, on arrive à la plus belle chambre de la grotte, qu'on appelle la Chapelle de cristal.

« Impossible de trouver un langage ou des compaparaisons pour décrire cette magnificence. La sublime grandeur de cet imposant spectacle remplit l'âme d'un étonnement qui croît de façon à rendre le spectateur muet. » (Hutchings.)

Quand l'esprit, remis de la première impression, peut examiner ce somptueux spectacle en détail, on aperçoit un plafond entièrement couvert d'une myriade de pierreries et de glaçons, d'un éclat incomparable. D'espaces en espaces, on voit des carrés ou des panneaux, dont les barres semblent formées de diamants, tandis que les panneaux eux-mêmes ressemblent aux vitres couvertes de givre dans les hivers rigoureux. Des mousses, des coraux, des toisons de soie et de laine, des arbres et beaucoup d'autres détails charmants remplissent les intervalles des stalactites. D'un autre côté est un vaste amas de roches qui ressemble à un amas de glaçons, et paraît avoir été formé en plusieurs fois par des dépôts successifs; quelques-unes des roches sont rattachées à la voûte qui les surplombe par des sortes de colonnes. Tous ces reliefs sont de diverses couleurs; cependant la couleur blanc-rosé prédomine. Au bas de cette chambre, on voit l'entrée par laquelle on y est arrivé. Sur la droite est une large stalagmite dont la tête est couronnée d'une sorte de dôme et recouverte de très-beaux plis ondulés; on croirait voir une draperie arrangée avec une élégance inimaginable et taillée dans l'albâtre par le grand architecte de l'univers : c'est ce qu'on a nommé le Pupitre.

Plusieurs autres chambres encore méritent d'être visitées, par exemple celle appelée la Galerie des peintures : mais, comme elles ressemblent assez à celles que nous avons déjà décrites, nous ne nous y arrêterons pas.

Nous ne pouvons mieux terminer la description de cette magnifique et imposante caverne qu'en empruntant à Hutchings la phrase, par laquelle il achève lui-même, en forme de réclame, la relation de la visite qu'il y fit il y a peu d'années :

« La promenade étant agréable, le prix doux, le *Coachman* obligeant, les guides attentifs et le spectacle des plus singuliers et imposants, nous disons à tous : Allez-y voir. »

Grottes et cavernes à concrétions autres que les concrétions calcaires.

Il existe quelques grottes et quelques cavernes qui renferment des dépôts, des concrétions d'une autre nature que les stalactites et les stalagmites décrites jusqu'ici.

C'est ainsi que les rochers, dont les Alpes sont composées, sont remplis, en quelques endroits, de grottes d'où les habitants de la Suisse vont tirer le cristal de roche. On reconnaît la présence de ces cavités, lorsqu'en frappant avec de gros marteaux de fer sur les roches, elles rendent un son creux. Ce qui les indique d'une manière encore plus sûre, c'est une veine ou zone de quartz blanc, qui coupe la roche en différents sens; elle est beaucoup plus dure que le reste de la roche; les habitants de la Suisse la nomment Bande ou Ruban. Un autre signe auquel on connaît la présence d'une grotte contenant du cristal de roche, c'est lorsqu'il suinte de l'eau au travers du roc, près des endroits où l'on a observé ce qui précède. Lorsque toutes ces circonstances se réunissent, on ouvre la montagne avec une grande probabilité de succès, soit à coups de ciseau, soit à l'aide de la poudre à canon; on forme ensuite un passage à peu près semblable aux galeries des mines. On a remarqué qu'il se trouvait toujours de l'eau dans ces grottes; elle s'amasse dans le bas, après être tombée goutte à goutte par la partie supérieure. Il y aurait intérêt à étudier la formation des cristaux et des pierres, en examinant attentivement la manière dont la nature opère dans ces grottes, et en analysant, par les moyens que fournit la chimie, les eaux qu'on y rencontre et auxquelles sont dus tous les phénomènes qu'on y remarque.

A ce que nous avons dit sur les concrétions calcaires, il faut ajouter qu'on aurait tort de les attribuer toutes exclusivement aux eaux d'infiltration : il est fort vraisemblable que de véritables sources calcarifères ont pu contribuer, en certains cas, à la formation des lits tabulaires stalagmitiques, souvent très-épais, qui tapissent le sol de nombreuses grottes et remplissent les fissures à brèches osseuses. On voit, à l'issue extérieure d'un si grand nombre de cavités souterraines, les sources qui les traversent déposer des amas considérables de tufs calcaires; on voit si fréquemment les fentes de dislocation entièrement bouchées par d'épaisses concrétions dont l'origine est la même, qu'il doit s'en être déposé quelquefois aussi dans les cavités intérieures, quand les circonstances physiques auront permis l'évaporation de l'eau calcarifère.

Grotte des Demoiselles.

Entrée de la Glacière de la Grâce-Dieu.

CHAPITRE IV.

GLACIÈRES NATURELLES.

§ 1. Glacière naturelle de l'Abbaye de la Grâce-Dieu (Doubs).

On cite dans le Jura et dans d'autres chaînes de montagnes de nombreux exemples de glacières naturelles enfouies au sein de profondes cavernes : la formation de la glace paraît y être le résultat de la circulation intérieure d'un froid pénétrant et se renouvelant aisément dans ces cavités; mais on n'est pas d'accord sur cette intéressante question.

Un des plus remarquables exemples que l'on puisse voir de ce phénomène naturel est la Glacière naturelle de l'Abbaye de la Grâce-Dieu, caverne très-curieuse, située au milieu d'une antique forêt, sur le territoire de Chaux-lès-Passavant, non loin de Baume-les-Dames et à cinq ou six lieues de Besançon.

Son nom lui vient de l'ancienne abbaye de la Grâce-Dieu, dont elle est toute voisine. Cette ancienne abbaye se trouve à l'extrémité d'une gorge profonde et sinueuse, pratiquée entre les roches calcaires de la chaîne du Jura, si riche en cavernes de toute sorte.

« Il n'y a place dans cette étroite vallée que pour un ruisseau qui descend par une pente douce, et pour le chemin qui conduit maintenant à des forges. On trouve là des habitations et des hommes, quand on croyait se perdre dans les bois et dans les rochers sauvages. Mais ce n'est plus par des moines que ces hautes murailles sont habitées, ce n'est plus pour la prière ou les travaux des champs que sonne la cloche du monastère; aujourd'hui ce sont de grands bâtiments couverts de mousse et noirs de fumée, des eaux écumantes qui tombent des montages pour tout mettre en mouvement dans l'usine; c'est l'activité bruyante des forgerons avec le frottement plaintif des machines, le bourdonnement des roues et les longues flammes bleues des fourneaux. Derrière l'usine la vallée se prolonge encore, mais bientôt elle finit brusquement au pied d'une de ces écluses larges et hautes, qui paraissent avoir servi tout à la fois de passage et de barrière à de puissants courants d'eau, lorsque les mers déchiraient nos continents. C'est du haut de cette écluse que roule, se brise et tombe en pluie le ruisseau qui plus bas baigne la vallée. On arrive au sommet de la cascade en gravissant à gauche par un sentier creusé dans la roche, d'où la vue plonge presque verticalement jusqu'au fond du ravin. La glacière est près de là, de toutes parts ombragée par une vieille forêt qui la rend inaccessible aux rayons du soleil. » (*Magasin pittoresque.*)

La Glacière de l'Abbaye de la Grâce-Dieu paraît avoir été connue il y a fort longtemps déjà : elle servit, dit-on, de refuge aux habitants du pays en 1636 et leur permit d'échapper aux soldats du duc de Weimar qui dévastaient toute la contrée. La première description qui fut faite de cette glacière, à notre connaissance du moins, remonte à 1712 : elle fut publiée dans les *Mémoires de l'Académie royale des sciences*. En 1731, le marquis de Croismare en fit sur les lieux mêmes une description fort savante et fort exacte. Enfin on en trouvera encore une autre, celle-ci datant de 1743, dans le premier volume des *Mémoires des savants étrangers*, imprimés par l'ordre de l'Académie. Nous avons à peine besoin d'ajouter que depuis cette époque tous les auteurs qui ont décrit les nombreuses curiosités naturelles de la Franche-Comté, ont fait une large place à cette belle glacière.

L'entrée de la grotte, large de soixante pieds et haute

de quatre-vingts environ, est ornée de deux lits de rocailles horizontaux, qui forment au-dessus de l'ouverture deux espèces de corniches ou corps avancés, coupés carrément, et dont le plus élevé et le plus saillant est surmonté d'un grand massif de pierre grisâtre coupé verticalement.

Jadis l'entrée de la glacière n'était pas fermée et tous les habitants du pays allaient y détacher la glace à mesure qu'elle s'y formait, pour leur agrément particulier. Un *Camp de paix*, placé à Saint-Jean de l'Osne en 1724, fit surtout un grand dégât dans cette belle grotte : par bonheur, un intendant de la Franche Comté, dont le nom doit être cher à tous ceux qui sont curieux des beautés naturelles de notre pays, M. de Vanosse, fit fermer l'entrée de la grotte par une muraille de vingt pieds de haut, dans laquelle on pratiqua une petite porte, dont la clef fut remise aux échevins du village, avec défense de laisser entrer personne pour enlever de la glace.

On pénètre dans la glacière par une pente large, rapide et pierreuse, où se trouvent d'abord quelques traces de végétation qui ne tardent pas à s'effacer.

Bientôt la grotte s'élargit pour prendre la figure d'un ovale irrégulier et disposé de façon qu'une extrémité de son grand diamètre se rencontre dans son entrée. Cet ovale, avant de se terminer, forme une sorte de cabinet demi-circulaire large d'une dizaine de mètres et long de seize mètres.

Dans la première partie, le roc s'élève tout autour verticalement, comme une muraille, à la hauteur d'environ dix mètres et soutient une voûte élevée de vingt-cinq à trente mètres : la paroi du roc est assez unie et formée de couches de pierres parallèles mais inégales, et sa couleur tire sur le vert. La voûte, quoique sa surface soit raboteuse et brute, présente cependant à l'œil une courbe fort agréable : on y voit à droite une ouverture longue, étroite et profonde, mais qui ne donne point de jour; les bords sont ornés de festons de glace et il en découle sans cesse des gouttes d'eau, qui se réunissent dans le bas de la grotte et finissent par former un large plancher de glace d'une dizaine de mètres de diamètre. On trouve aussi sur la gauche en entrant une semblable masse de glace, mais plus petite, l'eau n'y tombant pas en si grande quantité et ne sortant de la voûte que par des fentes et des crevasses à peine visibles. Ces deux masses de glace étaient autrefois d'une grande élévation et formaient des colonnes qui touchaient à la voûte de la caverne; mais il paraît qu'en 1727, la glace étant venue à manquer à Besançon, on détruisit ces colonnes pour le plus grand agrément des habitants de cette ville et au détriment du pittoresque.

A mesure que l'on descend dans la glacière, de grandes masses blanchâtres, que la distance et l'obscurité ne laissaient qu'entrevoir, deviennent de plus en plus éclatantes; elles forment de hautes stalactites qui s'appuient sur le sol, et semblent autant de colonnes d'argent qui soutiendraient la voûte d'un immense et sombre édifice. Contre les murailles pendent de larges nappes hérissées de glaçons et semblables, par endroits, à des cascades solides. C'est enfin toute la variété des formes de l'albâtre dans les grottes calcaires, avec une blancheur qui n'est tempérée que par l'obscurité du lieu.

Le sol, ou le bas, de la grotte est formé par un roc assez uni, et entièrement couvert d'un lit de glace, dont l'épaisseur varie beaucoup : ce plancher glacé remplit tout l'espace que décrit l'ovale de la grotte et vient se terminer à l'ouverture du cul-de-lampe, où l'on monte par un talus de deux mètres. L'intérieur de la grotte forme une voûte, taillée dans une fort belle pierre, en partie rouge-brun clair, en partie bleu-pâle, qui semble d'un seul morceau de roc : on jurerait qu'on est en présence des restes d'une sculpture antique et dégradée, entrecoupée par des bandes vermiculées. Dans le haut, on voit une petite crevasse d'où tombent des gouttes d'eau qui viennent former peu à peu un plancher de glace semblable aux précédents.

On a cru remarquer qu'en hiver une partie de la glace fondait, tandis qu'en été, au contraire, il s'en reformait de grandes quantités. Un observateur digne de foi affirme avoir été visiter cette glacière une fois tous les dix jours pendant plusieurs années et y avoir constaté la vérité de cette assertion : au commencement de juillet il n'y trouva qu'en un seul endroit un morceau de glace de quinze à vingt livres; mais au milieu du mois d'août, il y trouva un grand nombre de morceaux, dont chacun était assez grand pour faire la charge d'une charrette.

On voit aussi, dit-on, pendant l'hiver, sortir de la

glacière un brouillard très-épais qui la dérobe à la vue ; ce brouillard ne se dissipe jamais entièrement avant le mois de juillet.

La glace qui se forme dans la grotte est sensiblement plus dure que celle des rivières ; elle est mêlée de moins de bulles d'air et se fond plus difficilement.

Un coup de pistolet tiré dans la caverne y fait un bruit considérable ; mais, si l'on veut se donner la fantaisie de cette expérience, il faut se garder de s'exposer à la chute de la glace qui est attachée à la voûte de la grotte, comme les stalactites de glaçons qui pendent le long des toits en hiver.

Vue intérieure de la Glacière de la Grâce-Dieu.

Le plaisir que l'on éprouve en admirant les merveilles de cette belle caverne est légèrement amoindri, il faut bien en convenir, par le froid très-vif que l'on y ressent. Cette fraîcheur, sensible dès l'entrée de la grotte, augmente peu à peu d'intensité, à mesure que l'on descend et se convertit bientôt en un froid très-vif et pénétrant. Aussi est-ce avec une satisfaction très-sensible que l'on retrouve, au sortir de la grotte, la chaleur bienfaisante des rayons du soleil. La verdure, les fleurs, le ciel bleu et sans nuage vous semblent alors plus merveilleux qu'ils ne vous ont jamais semblé. Le contraste de la caverne où vous vous êtes vu environné de frimas, où vous avez respiré l'air glacial de l'hiver, avec cet air doux et chargé des exhalaisons des plantes, est délicieux.

§ 2. Glacière naturelle de Vergy.

La Glacière naturelle de Vergy est située dans la vallée du Reposoir, non loin de Cluses.

Nous empruntons à un savant professeur à l'Académie de Genève, M. Thury, le récit[1] d'une visite qu'il fit en 1861 à cette belle glacière, en compagnie de quelques autres savants.

« Nous partîmes de Genève pour Cluses le 18 janvier de l'année 1861.

« Au confluent de la vallée du Reposoir et de la grande vallée de l'Arve, à deux lieues en avant de Cluses, se trouve le village de Scionzier, clef de la vallée du Reposoir. Là nous prîmes pour guide un cordonnier qui connaissait le chemin de la glacière de Vergy. Nous passâmes la nuit au couvent de la Chartreuse, situé

1. Extrait d'un mémoire intitulé : *Études sur les Glacières naturelles*, tiré des *Archives des sciences de la Bibliothèque universelle.* (Février 1861.)

vers le milieu de la longueur de la vallée, dans un passage d'une sévère beauté.

« Du monastère on descend par un chemin rapide, d'un quart de lieue de longueur, au village Pralong du Reposoir. Ayant fait là une petite halte pour disposer nos effets, nous interrogeâmes les montagnards. Ils affirmèrent unanimement que nous ne trouverions pas de glace dans la « grand'cave de Montarquy, » comme ils appellent la grotte, mais de l'eau et un air tiède. Cependant, à nos questions : « Y avez-vous été ? Connaissez-vous quelqu'un qui ait visité la grotte en hiver ? » la réponse non moins unanime fut toujours : « En hiver, il n'y fait pas beau; on ne va pas là en hiver. »

« Le temps était magnifique : nous gravîmes des pentes de neige sans aucune sérieuse difficulté. Les derniers pas, dans le vallon de la glacière, furent seuls un peu pénibles, à cause du ramollissement de la neige et de l'accélération du pouls (cent vingt à cent quarante pulsations).

« Il faisait très-chaud : le thermomètre, au soleil, marquait vingt-un degrés au-desssus de zéro; nous dûmes attendre quelques moments avant de pénétrer dans la grotte. Il était midi. Nous entrâmes dans une vaste salle de quarante à soixante mètres de profondeur, dont le sol, jonché de débris de roches, s'abaisse vers le fond et vers l'un des côtés. Nous vîmes de la glace très-sèche sous forme de stalactites, de stalagmites, de colonnes, de planchers et de plans inclinés de glace[1]. Nulle part de l'eau; une atmosphère immobile et froide.

1. M. Thury, ayant visité une première fois cette grotte en été, n'y avait vu ni stalactites ni colonnes, et les planchers de glace

« A quelque distance de l'entrée de la grotte, dans la paroi latérale de droite, au niveau du sol, on remarque une ouverture qui mène dans une cavité circulaire (la chapelle) ayant peut-être quatre mètres de diamètre. Au fond de cette cavité, il y a une fissure de rocher.

« Toute la grotte est creusée dans le roc, qui est un calcaire jaunâtre. Il y avait deux planchers, un grand et un petit : la glace de l'un et de l'autre était transparente, unie et sèche. Quinze grandes stalactites et beaucoup de petites descendaient de la voûte; du sol s'élevaient, à un mètre au plus, de nombreuses stalagmites coniques, claviformes, fusiformes, paraboloïdes; les unes en forme de bouteille à long col ou de toupie renversée, les autres à un ou plusieurs ventres superposés; celles-ci ramifiées ou simples, celles-là à base épatée ou très-amincie.

« Parmi les colonnes ou pilastres de glace, adhérentes par leurs deux extrémités, il y en avait une fort remarquable, vers l'angle intérieur du grand plancher de glace et près de la paroi du fond. Haute d'environ quatre mètres, adhérente par sa base au plancher de glace par son sommet au rocher, et libre dans tout le reste de son pourtour, elle était composée d'une glace particulière, parfaitement sèche, homogène, translucide, et dont l'aspect ne saurait être comparé qu'à celui de la plus belle porcelaine.

étaient en fusion; mais il arrive souvent que pendant les grandes chaleurs les habitants des environs viennent s'y approvisionner de glace.

Glacière naturelle de Vergy.

« Dans cette grotte, comme dans les autres glacières, le temps de la formation de la glace doit être l'époque de l'année où l'eau et le froid se rencontrent, c'est-à-dire l'automne et surtout le printemps, le temps de la première fonte des neiges. A cet égard, il est parfaitement juste de dire qu'il ne s'y forme point de glace en hiver.

« A quatre heures et demie nous quittions la glacière. La descente ne fut pas difficile ; le ciel offrait ces teintes élémentaires et vives que l'on ignore dans les plaines ; à l'est, d'un rose sombre, vert-pomme, passant au brun métallique près de l'horizon, au couchant.

« Nous fîmes halte au premier village. Lorsque notre guide, interrogé sur ce qu'il avait vu dans la grande cave, affirma qu'elle renfermait de la glace et qu'il y faisait froid, un montagnard s'écria, après un moment de silence : « C'est égal, dans les véritables glacières il n'y a point de glace en hiver. »

C'est précisément cette observation populaire, ordinairement juste, qui donne de l'intérêt aux discussions des savants. — Quelle est la part des courants d'air? — Quelle est celle du refroidissement de l'air par saturation de vapeur d'eau ? — « Dans la question des cavernes à glace, dit M. Thury, le plus urgent est de recueillir les faits ; ils ne sont pas encore assez nombreux pour servir de contrôle à une véritable théorie. »

Glacière artificielle de Saint-Ouen.

Ce ne fut guère avant la fin du seizième siècle que l'on connut en France l'usage de la glace et des glacières. Les Français qui accompagnaient François Ier à Nice, lors de son entrevue avec Paul III et Charles-Quint, furent grandement surpris en voyant les Italiens et les Espagnols envoyer chercher de la neige dans les montagnes afin de boire frais. Cette coutume de faire rafraîchir les boissons avec de la neige fut introduite à la cour de France à la fin du même siècle, par Henri III, ce qui motiva ce passage d'un fameux pamphlet du temps, intitulé l'*Ile des Hermaphrodites* : « En été, on aura toujours en réserve, en lieux propres à cet effet, de grands quartiers de glace et des monts de neige pour mêler parmi le breuvage. » Ce sont les premières glacières dont il ait été fait mention chez nous. Au siècle suivant, l'usage de la glace était devenu très-répandu, et son commerce était si lucratif qu'une compagnie de traitants demanda à l'affermer par privilége exclusif. Le prix de la glace devint alors excessif, et on fut bientôt obligé d'en rendre le commerce libre comme par le passé.

Les glacières les plus généralement adoptées aujourd'hui sont des espèces de caves ou de larges puits, placés dans certaines conditions spéciales, où l'on enfouit et on entasse pendant l'hiver de la glace recueillie dans les réservoirs naturels ou artificiels placés dans le voisinage. Ces caves, dont l'entrée doit être tournée au nord, sont entourées de paille et d'un toit de chaume

Glacières artificielles.

afin d'intercepter la chaleur; de plus, la disposition de ces caves doit être telle qu'une légère évaporation puisse s'y établir librement et y entretenir une fraîcheur constante.

L'immense glacière, située dans le milieu de la plaine qui sépare Saint-Denis de Saint-Ouen, n'est cependant pas conçue dans ces conditions. Elle est construite et aménagée pour produire artificiellement une grande quantité de glace, en même temps du reste que pour emmagasiner la glace des grands réservoirs situés dans les environs de Paris.

Le procédé, sur lequel repose la construction de cette grande glacière, est celui usité au Bengale, où l'ardeur du climat rend la production de la glace très-difficile en même temps qu'elle rend son usage très-désirable. Voici en quoi consiste ce procédé, et comment il est appliqué au Bengale : on prépare de grandes jarres plates en terre cuite, semblables à de grandes assiettes; on y verse une couche d'eau; puis, on les isole à une certaine hauteur au-dessus du sol, sur une base de paille sèche, au milieu de la plaine. L'eau placée dans ces jarres ne reçoit aucune chaleur de la plaine, puisqu'elle en est séparée par des corps très-peu conducteurs, tandis qu'au contraire celle qu'elle possède rayonne en toute liberté vers les espaces célestes, qui, étant très-froids, ne lui renvoient pour ainsi dire pas le moindre rayon en échange; l'eau se refroidit donc continuellement, et, au matin, elle se trouve glacée.

Ce procédé a été appliqué en grand par M. Lenoir, dans la Glacière de Saint-Ouen. L'eau, amenée par des pompes au sommet de gradins en charpente, en descend par cascades et en nappes excessivement minces, se refroidit par l'évaporation et le contact de l'air dans ce trajet, et arrive alors dans d'immenses bassins de bois, élevés à un mètre au-dessus du sol et de plusieurs centaines de mètres de longueur; elle y coule avec lenteur, en les remplissant sur une hauteur de quelques millimètres seulement, et finit par s'y congeler. Des ouvriers la ramassent, lorsqu'elle a acquis une épaisseur suffisante par la superposition de plusieurs couches successivement ajoutées l'une à l'autre, et la transportent dans une vaste glacière construite tout auprès. Cette glacière est probablement la plus vaste qu'il y ait au monde. Elle se compose d'un énorme puits circulaire, séparé de la masse du sol par une double enceinte de murailles, et, par conséquent, par une couche d'air assez épaisse et dont rien ne trouble jamais le repos. La couverture, formée par une belle charpente et surmontée par un pavillon où se trouvent les pompes pour l'épuisement des eaux de fusion, est assez épaisse pour s'opposer efficacement à l'introduction de la chaleur. Le diamètre de ce puits est de trente-trois mètres, sa profondeur de dix. Il peut contenir quatre-vingt-huit millions de kilogrammes de glace. Les voitures destinées au transport de la glace pendant l'été sont des glacières ambulantes revêtues d'un toit de chaume. Le procédé de M. Lenoir a parfaitement réussi, et l'on est arrivé à produire des masses de glace considérables dans des matinées où la température était de plusieurs degrés au-dessus de zéro.

Mais cette glace revient toujours plus cher que celle que l'on recueille dans la Seine.

Les immenses glacières de Chelsea, près de Londres, sont construites d'après un autre système tout nouveau, en Europe du moins, car il est usité depuis longtemps en Amérique et dans l'Inde. Ces glacières se composent de quatre grands magasins, construits à l'air libre et pouvant contenir chacun mille tonnes, soit quarante mille pieds cubes, de glace. Pour prévenir l'introduction de l'air, on a imaginé de doubler intérieurement la muraille massive de briques avec un revêtement en charpente. Entre la brique et les poutres, de la sciure de bois convenablement tassée ferme toute issue à l'air extérieur. Ces glacières fournissent à peu près seules à l'immense consommation de la ville de Londres.

Entrée de la Glacière naturelle de Vergy. (Page 308.)

Kluterhohle (Wetsphalie).

CHAPITRE V.

GROTTES ET CAVERNES A OSSEMENTS.

Lorsque l'on fouille le sol des cavernes, même des cavernes les plus étroites et les plus basses, on y trouve souvent une quantité prodigieuse d'ossements, de crânes brisés, de mâchoires disloquées, confusément mêlés avec du limon, du sable et des cailloux. Or, on a reconnu que ces ossements étaient ceux d'une multitude d'animaux qui auraient été fort étonnés, non-seulement de se voir dans ces abîmes, mais surtout de s'y rencontrer : des rhinocéros, des hippopotames, des éléphants, des lions, des tigres, des cerfs, des sangliers, des ours, des hyènes, des chevaux, des écureuils et des lièvres, jusqu'à des oiseaux. Faut-il donc admettre qu'autrefois tous ces animaux de nature et de mœurs si diverses, ont vécu côte à côte dans nos campagnes, où sans doute les conditions climatériques n'étaient pas les mêmes à cette époque reculée qu'aujourd'hui ?

Quant à la question de savoir comment les ossements de ces animaux se trouvent ensevelis les uns avec les autres, et en aussi grand nombre, dans les cavernes, on y répond de plusieurs façons.

Bien que les géologues ne soient pas tous d'accord sur ce chapitre, on est cependant autorisé à croire aujourd'hui que le plus grand nombre des ossements, que l'on trouve dans le limon des cavernes, y a été introduit par des eaux courantes, torrentielles ou périodiques.

Ajoutons aussi que les mœurs de certains mammifères sont singulièrement propres à venir en aide, en quelques circonstances, à ces enfouissements. Les hyènes, par exemple, dont les habitudes sont bien connues, ont pu non-seulement vivre passagèrement dans ces cavernes, mais y introduire aussi parfois leur proie; les ours et un certain nombre d'autres animaux d'espèce voisine sont connus pour passer une partie de leur vie dans des cavités souterraines; les insectivores et quelques petits carnassiers fouisseurs, les rongeurs hibernants, et autres animaux qui ont l'habitude de passer une partie de leur vie sous terre, ont pu être, en bien des circonstances, surpris dans leurs retraites par des cours d'eau passagèrement souterrains, et entraînés dans des cavités plus profondes et plus vastes, au milieu de limons qui auront contribué à préserver de la destruction leurs petits squelettes si délicats.

« D'autres circonstances encore, dit M. Desnoyers[1], ont pu se présenter sur les continents, puisqu'elles s'y reproduisent encore aujourd'hui : des animaux ont pu chercher dans les cavernes des retraites passagères pendant de grandes inondations et s'y trouver enfouis par les conséquences de ce fait même ; fréquemment des animaux herbivores, ruminants, et autres, ont pu tomber et mourir dans les gouffres et dans les nombreuses crevasses qu'ils trouvaient sur le trajet de leurs courses, et leurs débris y ont été cimentés par les concrétions calcaires, ainsi que cela paraît être arrivé le plus fréquemment pour les brèches osseuses. »

Toutes ces causes diverses semblent souvent s'être combinées et avoir agi soit isolément, soit successivement, dans certaines grottes.

Il est même une autre cause, tout historique, toute moderne, à laquelle les traditions populaires se rattachent en certains lieux, mais qui n'a dû se présenter que bien rarement et dans des circonstances tout à fait exceptionnelles : c'est l'enfouissement des animaux par le fait de l'homme, soit pendant des épidémies, soit par l'effet de croyances et d'usages religieux. Le témoignage historique d'un écrivain ancien digne de foi, d'Ælien, nous paraît mériter d'être cité.

« Chez les Indiens d'Aria, » dit Ælien[2], « il existe

1. *Dictionnaire universel d'Histoire naturelle*, au mot *Grottes*.
2. *Des animaux qui sont jetés dans le gouffre de Pluton*.

un gouffre consacré à Pluton, au fond duquel sont des cavernes inconnues et d'immenses galeries souterraines que les hommes n'ont jamais parcourues. Comment un gouffre si profond s'y est-il formé? c'est ce que les Indiens n'expliquent pas et ce que je ne me fatiguerai pas à rechercher. Les Indiens y conduisent chaque année plus de trois mille animaux différents, des brebis, des chèvres, des bœufs et des chevaux, cherchant ainsi à détourner, chacun selon ses ressources, les effets de quelque terreur panique ou de la rencontre de quelque oiseau de funeste présage. Ils précipitent les animaux dans ce gouffre. Ceux-ci, poussés par quelques charmes inconnus, s'y laissent conduire de bon gré et sans être liés, et, quand ils sont arrivés sur les bords du gouffre, ils s'y précipitent sans répugnance; et, dès qu'ils sont tombés dans ces profondeurs immenses, obscures, on ne les revoit plus. Seulement, on entend les mugissements des bœufs, les bêlements des brebis, la voix des chèvres, le hennissement des chevaux, et, si l'on approche l'oreille de ces cavernes, on entend pendant longtemps encore les mêmes bruits; ces sons confus ne cessent pas de se reproduire , car chaque jour on y précipite de nouveaux animaux; sont-ce les victimes récentes précipitées. ou les plus anciennes qu'on entend? c'est ce que j'ignore. »

Assurément, comme le dit M. Desnoyers, il est peu probable que l'on ait à faire une application fréquente de ce mode particulier d'enfouissement des mammifères; toutefois il nous a semblé utile de le citer, ne fût-ce que pour mettre en garde contre toute explication par trop exclusive d'un phénomène naturel aussi compliqué que l'introduction dans les anfractuosités du sol d'un si grand nombre d'animaux dissemblables.

Nous n'essaierons pas de parler ici de toutes les cavernes, dans lesquelles on a trouvé des ossements enfouis : ces cavernes sont répandues en grand nombre, non-seulement dans toutes les contrées de notre Europe, mais encore en Asie, en Afrique et en Amérique. Nous nous bornerons à passer successivement et rapidement en revue les plus remarquables des cavernes à ossements des quatre pays où elles sont les plus nombreuses et les plus intéressantes, l'Angleterre, la France, la Belgique et l'Allemagne.

§ 1. Cavernes à ossements d'Angleterre.

C'est en Angleterre, dans la Caverne de Kirkdale, que l'attention fut appelée pour la première fois sur ce fait, à première vue si étrange, d'ossements d'animaux extrêmement dissemblables, enfouis ensemble dans les cavernes.

La Caverne de Kirkdale est située dans le comté d'York (*Yorkshire*) : elle est creusée dans le calcaire jurassique et atteint à peine quelques centaines de mètres, sous forme de boyaux étroits, allongés, hauts à peine d'un ou deux mètres.

On y a trouvé accumulés une quantité incroyable d'ossements fossiles, appartenant à un grand nombre d'animaux différents. Ce sont cependant les ossements d'hyènes qui dominent : un savant explorateur et géologue anglais, M. Buckland, assure qu'on a trouvé dans cette caverne les restes de deux cents à trois cents individus de cette espèce ; on y a trouvé aussi, disséminés au milieu des argiles, des fœces fossiles de cet

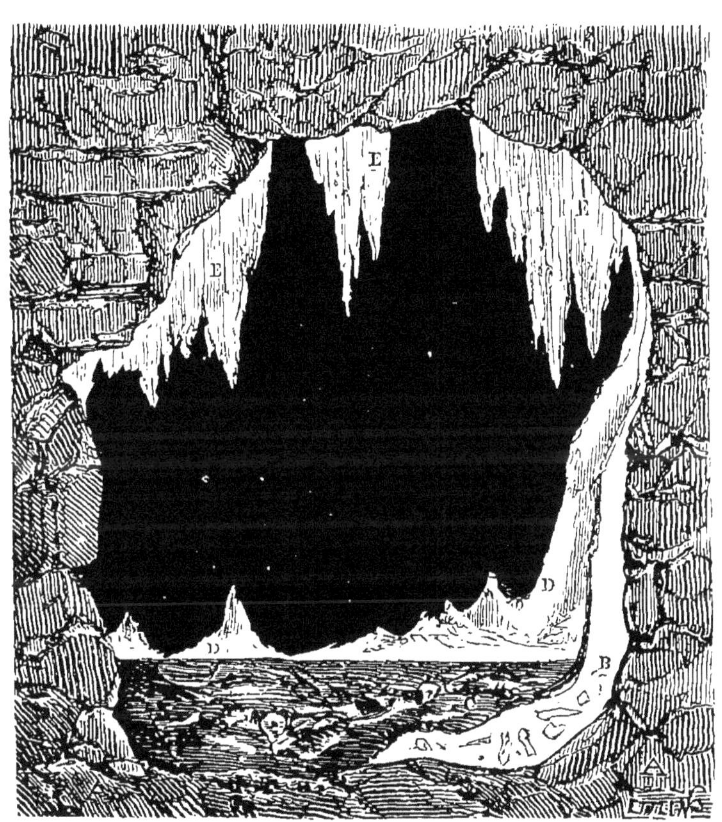

Coupe de la Caverne à ossements de Kirkdale.

animal et des os de ruminants qui semblent avoir été rongés par ces mêmes hyènes, circonstance qui viendrait à l'appui de l'avis de ceux qui croient que ces hyènes ont vécu et sont mortes naturellement dans cette caverne, et par conséquent n'ont pas eu besoin d'y être entraînées par les eaux courantes.

Après les hyènes, les animaux qui sont représentés dans la Caverne de Kirkdale par un plus grand nombre d'ossements, sont, parmi les carnassiers, l'ours, la belette, le loup, le renard, le tigre; parmi les rongeurs, le lièvre, le lapin, le rat d'eau et la souris; parmi les pachydermes, l'éléphant, le rhinocéros, et l'hippopotame; parmi les ruminants, le bœuf ou aurochs, et trois espèces de cerf de la taille, l'une du cerf commun, l'autre du daim, la troisième de l'élan; parmi les oiseaux enfin, le corbeau, le pigeon, l'alouette, le canard et la grive.

Après la Caverne de Kirkdale, nous citerons celle de Kent (*Kent's hole*), située dans le *Devonshire* près de Torquay. C'est dans cette caverne que l'on a trouvé le plus grand nombre d'ossements d'ours. On y a trouvé aussi un grand carnassier rapporté au genre *Félis* par M. de Blainville et regardé avant lui comme un sous-genre d'ours. Les autres ossements sont à peu près les mêmes que ceux que nous avons vus dans la Caverne de Kirkdale, en y ajoutant les ossements de chauves-souris, de blaireau, de putois et de campagnol.

Citons encore les Cavernes de Hutton, de Banwel et autres, dans la chaîne calcaire des Mendips (*Sommersetshire*), où l'on a trouvé, avec les espèces analogues à celles que nous avons déjà citées plus haut, un grand nombre de petits ossements, dont les espèces n'ont pas été déterminées.

Dans la Caverne de Paviland (*Glamorganshire*), on

a trouvé le squelette presque entier d'un cerf, de la taille d'un élan, puis, avec les autres espèces ordinaires aux cavernes, des ossements de taupe commune et de musaraigne.

Dans la Caverne de Wirksworth (*Derbyshire*), on a découvert un squelette entier de rhinocéros au milieu d'une masse considérable de gravier et d'ossements, dont toutes les espèces n'ont pas été reconnues.

Citons enfin la Caverne de Crawley-Rochs, près de Swansea dans le *Glamorganshire*, et la Caverne d'Yealmbridge au S.-E. de Plymouth, où l'on a trouvé, outre un grand nombre d'ossements d'hyène, de cheval, de bœuf, etc., ceux d'oiseaux de grande taille.

§ 2. Cavernes à ossements de France.

Les premières grottes où l'on ait découvert, en France, des ossements fossiles, sont celles de Fouvent, près Champlitte, dans le département de la Haute-Saône.

Il y a trois grottes à Fouvent. La première, appelée Trou de la Roche Sainte-Agathe, est un couloir long de soixante mètres, large de deux mètres, et dont la hauteur varie de soixante-dix centimètres à trois mètres; les jeunes femmes du pays y vont en pèlerinage. La seconde, dite de Saint-Martin, a la forme d'une demi-calotte sphérique, dont le rayon et la hauteur sont d'environ cinq mètres. C'est dans la troisième, située au pied du flanc opposé du vallon, qu'on a découvert, en 1800, des ossements fossiles d'éléphant, de rhinocéros, d'hyène, d'ours et de cheval : ces ossements ont été décrits par Cuvier dans son grand ouvrage, impérissable monument de ce génie investigateur qui a fait une révolution dans les sciences géologiques. En 1827, M. Thirria, ingénieur des mines à Vesoul, fit faire de nouvelles fouilles dans cette caverne et y découvrit, outre les espèces déjà nommées, des ossements de bœuf et de lion.

Le même département renferme aussi la Caverne d'Échenoz, à quatre kilomètres de Vesoul, qu'on nomme dans le pays le Trou de la Baume, et dans laquelle M. Thirria découvrit, en 1827, un grand nombre d'ossements fossiles. Le limon qui couvre le sol de cette caverne, présente aussi des débris de stalagmite, ce qui témoigne de l'action passagère des eaux courantes succédant à une époque du dépôt tranquille des concrétions.

La Caverne de Lunel-Viel, aux environs de Montpellier, est, avec les cavernes de Kirkdale et de Belgique, celle où l'on a trouvé l'ensemble d'espèces le plus complet que l'on connaisse jusqu'ici. Elle renferme, à elle seule, près de la moitié des cent et quelques espèces qui composent la faune des cavernes de l'Europe. Quelques-uns de ces ossements étaient entourés d'un argile moucheté de taches noirâtres : cet argile taché a été habilement et soigneusement analysé par M. Balard, le savant chimiste, qui a constaté la présence de matières organiques azotées, ce qu'on ne peut expliquer qu'en supposant que des parties de cadavres auront été enfouies avant la décomposition complète du squelette. La Caverne de Lunel-Viel, creusée dans le calcaire des terrains tertiaires, atteint à peine, comme celle de Kirkdale, une étendue de quelques centaines de mètres : elle a la forme d'un long boyau étroit et fort peu élevé.

Citons, dans le département du Gard, les cavernes de Poudres et de Souvignargues, près Sommières, creusées dans les calcaires des terrains jurassiques; on y a trouvé, avec les espèces qui sont ordinaires aux cavernes, les ossements d'un ours de très-petite taille qui est assez rarement représenté, puis des ossements abondants de sangliers, de moutons, de gallinacés, de tortues terrestres et de lézards.

Citons encore, dans le département du Gard, la Caverne de Mialet, près d'Anduze, où l'on a trouvé deux espèces d'antilope de la taille du bouquetin et du chamois.

Le département de la Lozère renferme un certain nombre de cavernes à ossements, qui ont été décrites par MM. Marcel de Serres, de Christol, Tournal et Dumas. La plus riche de ces cavernes est celle de Nabrigas, aux environs de Meyrincis.

La Caverne de Bize, dans le département de l'Aude, renferme un grand nombre d'ossements de cheval, de chien, de bœuf domestique, puis de renne, d'aurochs, etc. On a cru reconnaître, parmi les ossements des chevaux, ceux d'une race ayant servi d'animal domestique : c'est M. Marcel de Serres qui semble avoir le premier fixé l'attention des naturalistes sur la possibilité de reconnaître, parmi les débris fossiles de chevaux, plusieurs races qui auraient subi l'influence de la domesticité. On a trouvé également dans cette caverne des ossements de chauves-souris mélangés avec les grandes espèces des mammifères des cavernes.

Notons encore, dans le département de la Gironde, la Caverne de Saint-Macaire, creusée dans le calcaire du terrain jurassique et fort riche en ossements.

Enfin, on a découvert en plusieurs points, dans un gisement de grès, à quelques lieues au midi de Corbeil, sur le prolongement de la chaîne des grès de Fontainebleau, des ossements d'ours, d'hyène, de rhinocéros, de renne, entièrement analogues à ceux des cavernes.

§ 3. Cavernes à ossements de Belgique.

Les ossements fossiles des différentes cavernes de Belgique, parfaitement étudiées par M. de Schmerling, ont entre eux de très-grandes analogies. Elles sont extrêmement riches en ossements et offrent, à peu près à elles seules, comme celle de Lunel-Viel, la moitié des cent et quelques espèces dont se compose la faune des cavernes d'Europe. M. de Schmerling a recueilli dans ces seules cavernes plus de mille dents; il y a reconnu jusqu'à cinq espèces d'ours et deux variétés l'*Ursus giganteus*, l'*Ursus leodiensis*, outre les *Ursus spelæus*, *arctoideus* et *priscus*, plus anciennement reconnus; il est vrai que M. de Blainville considère les différences spécifiques indiquées dans les espèces d'ours fossiles, comme ne tenant la plupart qu'à l'âge et au sexe. La taupe, la musaraigne, le hérisson, le blaireau, le glouton, la marte, la fouine, le chien, le chat sauvage, l'écureuil, le castor, l'âne, le tapir, le daim, le chevreuil, le mouton, etc., sont aussi très-communs dans ces grottes; on y voit également deux variétés de renard, cinq espèces de tigre, quatre espèces de campagnol, trois espèces de bœuf, deux espèces de cerf et des débris de huit espèces d'oiseaux différentes, assez semblables au canard, à l'oie, au coq, au martinet, au corbeau, à un très-grand oiseau de proie et à deux petites espèces de passereau.

Toutes les cavernes à ossements de Belgique sont situées dans la province de Liége.

La plus riche, celle dans laquelle on a trouvé le plus de débris fossiles, est la Caverne de Chokier, près de Liége. C'est l'une des plus célèbres qui existent et celle peut-être où l'on a trouvé accumulés le plus grand nombre d'ossements; elle était d'une étendue fort peu considérable; il n'en reste plus aucune trace aujourd'hui, par suite de l'exploitation des roches calcaires au milieu desquelles elle était pratiquée. On a observé dans cette caverne, ainsi que dans plusieurs cavernes d'Allemagne et d'Angleterre, des alternances de limon à ossements et de travertin calcaire; celui-ci avait même cimenté par places, surtout dans la couche inférieure, le limon, le gravier et les ossements, de manière à former une véritable brèche osseuse, qui remplissait aussi les fissures latérales et s'étendait au dehors de la caverne suivant les directions des eaux calcarifères. On y a observé aussi, comme à Échenoz, la présence de débris de stalagmite dans le limon, ce qui prouve que l'action passagère des eaux courantes et le dépôt tranquille des concrétions s'y sont succédé.

Après la Caverne de Chokier, les plus célèbres cavernes à ossements de Belgique sont celles d'Engis et d'Engihoul, sur la Meuse, et celles de Fond de Forêt et de Goffontaine sur la Verdre : c'est dans cette dernière surtout qu'on a trouvé des ossements d'ours en grande abondance.

§ 4. Cavernes à ossements d'Allemagne.

Cuvier a fait la remarque que les trois quarts et plus des ossements des cavernes de l'Allemagne appartiennent à des ours, la moitié de l'autre quart à une espèce d'hyène, le surplus à diverses espèces de carnassiers. La quantité souvent prodigieuse de ces ossements d'ours, qui appartiennent évidemment à plusieurs générations et paraissent toutefois n'avoir subi presque aucune altération extérieure, a fait supposer que ces animaux y avaient vécu, ou du moins qu'ils s'y étaient réfugiés en troupes et y avaient été surpris par des inondations violentes et passagères.

Les plus nombreuses et les plus célèbres cavernes à ossements de l'Allemagne se trouvent situées en Franconie et dans la Carniole.

Nous citerons en première ligne la célèbre Caverne

de Gaylenreuth, près Muggendorf, dans le pays de Bamberg, en Franconie. M. Goldfuss a porté à près de cent le nombre des individus d'une seule espèce d'ours (*Ursus spelæus*), dont on a retrouvé les ossements dans cette caverne. On a remarqué aussi dans la Caverne de Gaylenreuth, et dans celle de Kuhloch, autre caverne de Franconie, un fait que nous avons déjà vu se produire dans celle de Lunel-Viel : nous voulons parler de ces taches de couleur noirâtre remarquées sur l'argile autour de certains groupes d'ossements. Des analyses habilement et soigneusement faites de cet argile taché de la Caverne de Gaylenreuth et de celle de Kuhloch, par M. Laugier et M. Chevreuil, ont démontré la présence de matières organiques azotées; on a conclu cette fois encore que des parties de cadavres avaient été enfouies avant la décomposition totale du squelette.

La Franconie possède de plus, entre autres remarquables cavernes à ossements, celle de Rabenstein, peu distante de celle de Gaylenreuth, et celle de Brunberg. La faune de ces cavernes est la même que celle de Gaylenreuth; elle est seulement moins abondante.

Dans le Wurtemberg, nous trouvons les cavernes d'Erpfingen et de Witlingen, où l'on rencontre, avec l'ours, le chien, le renard, la fouine, le lynx, le cerf, le chevreuil, le bœuf, le mouton, etc.

En Wetsphalie, nous citerons les Cavernes de Sundwich et de Kluterhohle; dans le duché de Brunswick, la Caverne de Bauman, sur la pente nord-est de la chaîne du Hartz, et la Caverne de Scharzfelds, près Goëttingue, sur la pente ouest du Hartz.

Enfin, non loin d'Iéna, en Saxe, il existe dans le gypse de Kostritz des cavités verticales, où l'on a trouvé des ossements de taupe, de musaraigne, de marte, de belette, d'écureuil, de hamster, de rat, de rhinocéros, de cerf, de chèvre, de poule, de hibou, de grenouille, etc. On y a remarqué également des ossements de chauves-souris mélangés avec les grandes espèces des mammifères des cavernes.

Cavernes où l'on a trouvé des ossements humains, et des vestiges de l'industrie humaine.

Les cavernes, dans lesquelles on a trouvé des traces de l'homme et de son industrie, avec ou sans des débris de mammifères aujourd'hui détruits, sont assez nombreuses; on en connaît en France, en Angleterre, en Allemagne; mais c'est en France que jusqu'ici on en cite le plus grand nombre d'exemples. Les vestiges de l'industrie humaine, que l'on a découverts dans ces cavernes, offrent généralement, à côté des objets les plus grossiers de l'époque celtique, tels que des armes de silex, des aiguilles en os, des colliers de coquilles ou de dents d'animaux, des poteries noires cuites à peine, etc., d'autres objets incontestablement romains, tels que des statuettes et des lampes en bronze ou en

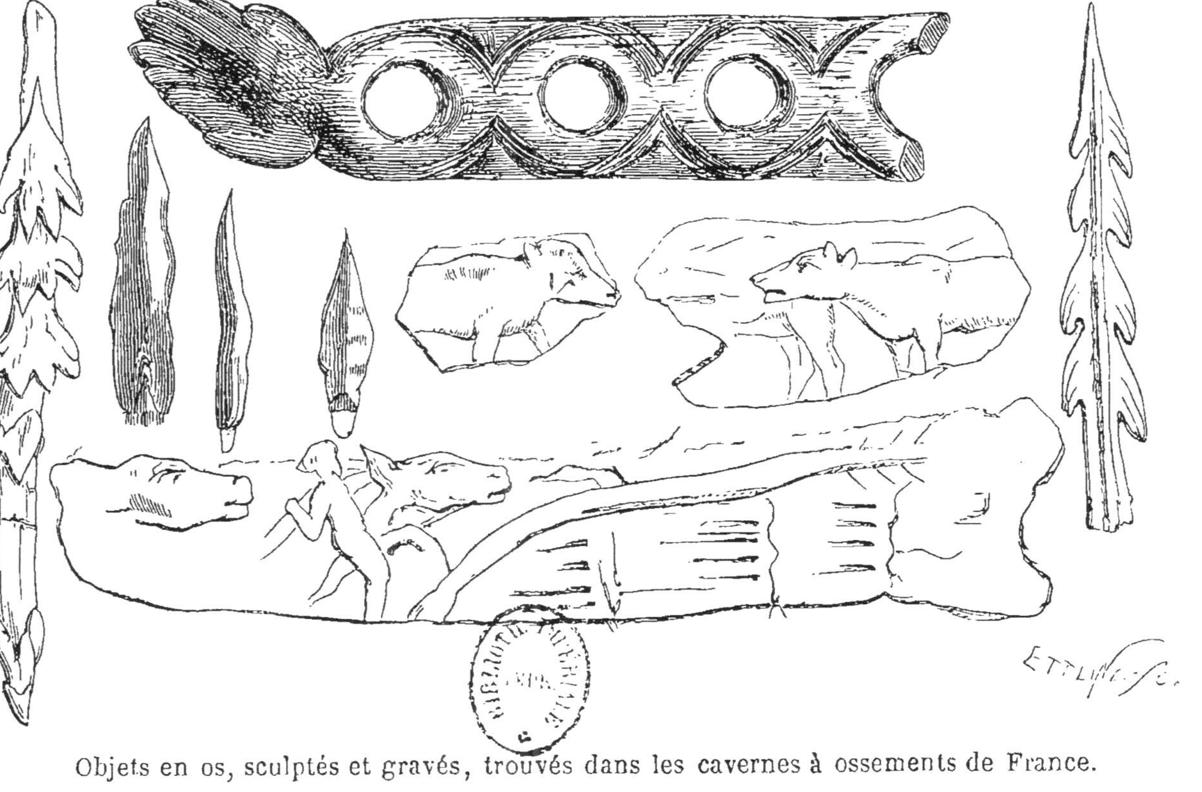

Objets en os, sculptés et gravés, trouvés dans les cavernes à ossements de France.

terre fine, des bracelets de jade ou de métal, des vases en poterie rouge à reliefs, des verres recouverts d'émaux colorés et même des fragments de tuiles à rebords, etc.

Nous allons passer rapidement en revue les plus intéressantes de ces cavernes; puis, nous dirons quelle conclusion on croit pouvoir tirer de la présence des vestiges humains.

En France, nous avons d'abord les Cavernes du Périgord et du Quercy, où l'on a trouvé de nombreux indices du séjour des populations gauloises avant et pendant la domination romaine, entre autres une grande quantité de silex diversement taillés en forme d'armes. Dans la Caverne de Brengues on a découvert, avec un grand nombre de débris de mammifères, un squelette humain; dans les Cavernes du Languedoc on a trouvé des ossements humains dans le même état et au même degré d'altération que les ossements de mammifères, des poteries dont quelques-unes paraissent avoir été tournées, des ossements de cerf et de cheval travaillés de main d'homme, et des coquilles marines; dans celles du Vivarais, on a trouvé des débris de poteries grossières et des fragments de tuiles romaines à rebords. M. Marcel de Serres a signalé dans les Cavernes de Fausan l'existence de verres recouverts d'émaux colorés et de poteries, mêlés aux ossements d'ours d'espèces détruites; dans la Caverne de Mialet on a trouvé, avec des ossements d'hyènes et d'ours, des os humains, ainsi que des objets d'art, des poteries, des lampes, une statuette en terre cuite jaune figurant un sénateur revêtu de sa toge, mêlés à d'autres objets d'origine gauloise, tels que des silex et des jades travaillés de main d'homme; enfin, dans la Caverne de Durfort on a trouvé des squelettes humains entassés comme dans un charnier.

En Angleterre, nous citerons la Caverne de Paviland (*Glamorganshire*), dans laquelle on trouva un squelette de femme presque entier, accompagné de nombreux objets paraissant avoir servi à une parure grossière, tels que des petits ornements d'ivoire, des épingles en os, une grande quantité de petites nérites et de plus grandes coquilles marines; on trouva aussi dans la Caverne de Burringdon un grand nombre de squelettes humains; dans celles de Vokey et celle de Swansea, on découvrit des ossements humains brisés et cimentés par le limon rouge et les stalagmites; enfin, la petite Grotte de Lloeandefri, dans le comté de Caernathen, renfermait une douzaine de squelettes humains d'une origine fort ancienne.

En Allemagne il faut noter les Cavernes de Gaylenreuth et de Zahnloch en Franconie, où l'on trouva, dès 1774, une couche de charbon et de très-nombreux débris d'urnes de différentes formes, généralement assez grossières, paraissant être, pour la plupart, d'origine germaine; quelques-unes de ces urnes avaient la forme de lacrymatoires, et, par conséquent, devaient être d'origine romaine. On trouva aussi, dans une partie plus reculée de cette même caverne, des ossements humains et même plusieurs squelettes entiers, qui semblaient y avoir été déposés comme dans un lieu de sépulture.

Dans les Cavernes de gypse de Kostritz on signala, au milieu de nombreux ossements de mammifères, des crânes humains, qui furent considérés comme appartenant à la race des Goths. On a aussi reconnu récemment l'existence de débris humains dans les deux Cavernes ossifères de Witlingen et d'Erpfingen (Wurtemberg).

En Belgique, les Cavernes d'Engis, de Chokier, de Fond de Forêt, etc., ont offert, confondus dans le limon et le gravier avec des ossements de grands mammifères, des ossements humains, des bois de cerf travaillés et des silex taillés en couteau et en pointe de flèche.

Maintenant faut-il conclure de la réunion, dans les cavernes ossifères, des ossements humains et des vestiges de l'industrie humaine avec des débris de mammifères d'espèces aujourd'hui détruites, que l'homme a été contemporain de ces mammifères, c'est-à-dire que l'*homme fossile* existe? C'est ce que, vers 1830, plusieurs géologues avancèrent après les premières découvertes de ce genre faites dans les cavernes du midi de la France, et c'est ce que soutiennent encore aujourd'hui un certain nombre d'esprits distingués, entre autres MM. Boucher de Perthes, Joly, Simonin, etc.

Mais quelques-uns de nos géologues repoussent cette théorie et croient pouvoir expliquer la réunion sur le même sol souterrain, avec les espèces perdues, des ossements humains et des vestiges de l'industrie humaine, par plusieurs causes fortuites, non simultanées, postérieures au comblement de la plus grande partie des cavernes, et pouvant indiquer des dépôts et des remaniements plus modernes. Ils rappellent que, des nombreuses cavernes qui ont conservé les traces de la présence de l'homme, les unes lui ont servi d'habitation et de refuge, les autres de lieu de sépulture ; dans d'autres ses ossements ou les objets de son industrie ont pu pénétrer à l'aide de courants d'eau successifs, les unes étant vides, les autres étant déjà en partie remplies, quand ces transports plus récents ont eu lieu. Postérieurement, des cours d'eau, pénétrant à divers intervalles dans ces grottes, auront pu, soit empâter dans des lits distincts les ossements humains de diverses époques et les débris d'animaux contemporains, soit les confondre dans les mêmes graviers avec les ossements d'animaux qui y étaient déjà enfouis peut-être bien longtemps avant eux. Les concrétions calcaires auront ensuite, sur certains points, cimenté le tout en agrégats solides, les os d'ours, d'hyène et autres des lits inférieurs, et les coquilles terrestres alors vivantes, avec les os humains et les poteries brisées de la surface.

Bien que les géologues, que nous avons cités plus haut, et quelques autres encore non moins dignes de foi, affirment très-nettement que l'homme fossile existe, en se fondant d'ailleurs sur un certain nombre d'observations qui semblent difficiles à réfuter, pour nous nous croyons prudent de nous en tenir aux diverses explications que nous avons données ci-dessus, du moins jusqu'à ce que des découvertes plus concluantes, des preuves plus irréfragables soient venues mettre hors de doute l'existence de l'homme fossile.

Erpfingen (Wurtemberg).

TABLE DES GRAVURES.

FIN DE LA TABLE DES GRAVURES.

TABLE DES MATIÈRES.

PREMIÈRE PARTIE.

TRADITIONS RELIGIEUSES ET HISTORIQUES.

CHAPITRE I. ANTIQUITÉ ÉGYPTIENNE.

CHAPITRE II. ANTIQUITÉ HINDOUE.

CHAPITRE III. ANTIQUITÉ GRECQUE.

CHAPITRE IV. ANTIQUITÉ ROMAINE.

CHAPITRE V. TEMPS MODERNES.

DEUXIÈME PARTIE.

PHÉNOMÈNES SCIENTIFIQUES ET NATURELS.

CHAPITRE I. GROTTES ET CAVERNES D'ORIGINE VOLCANIQUE.

CHAPITRE II. GROTTES ET CAVERNES CREUSÉES PAR LES EAUX.

CHAPITRE III. GROTTES A STALACTITES.

FIN DE LA TABLE DES MATIÈRES.

9163. — Imprimerie générale de Ch. Lahure, rue de Fleurus, 9, à Paris.

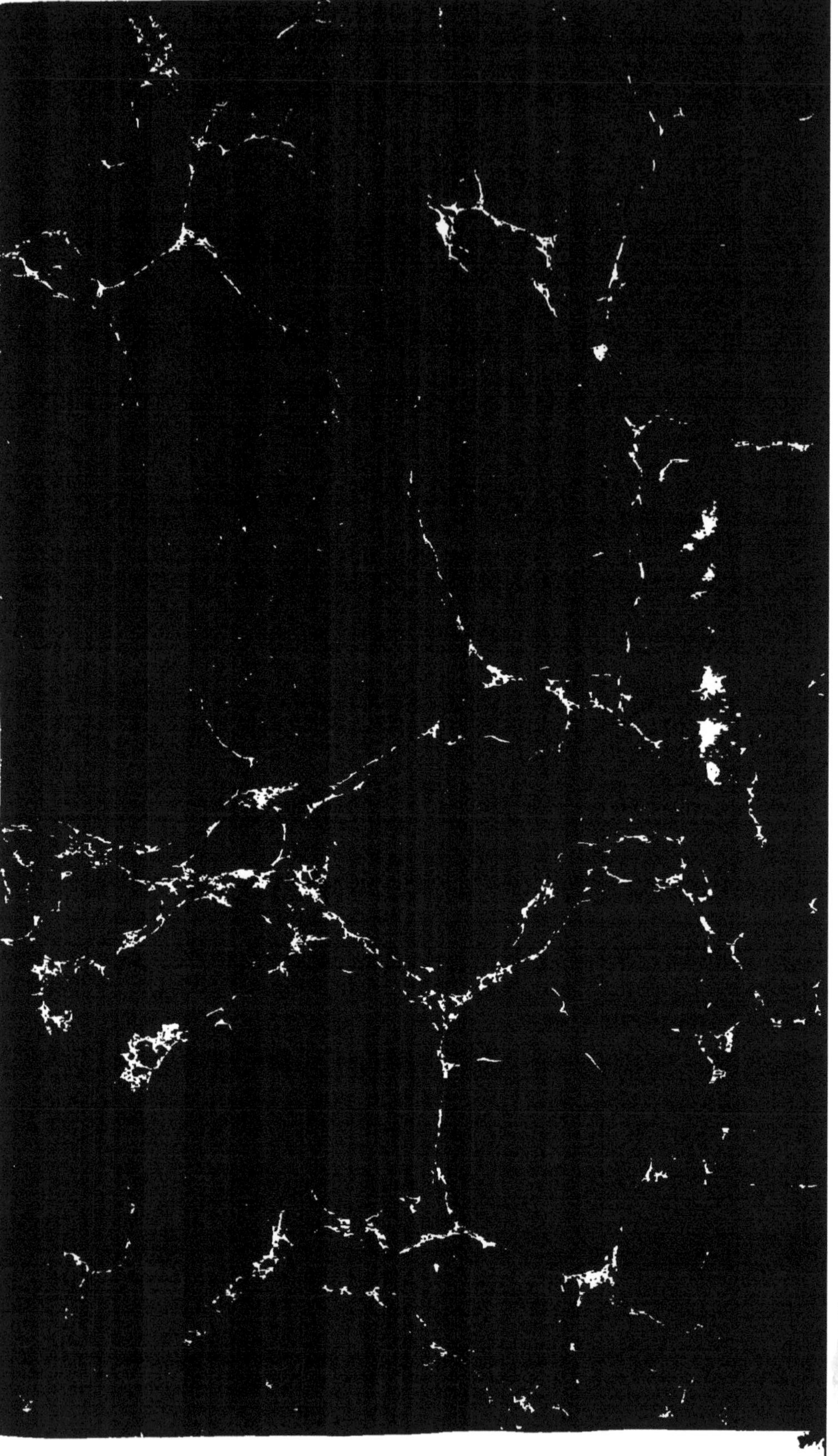

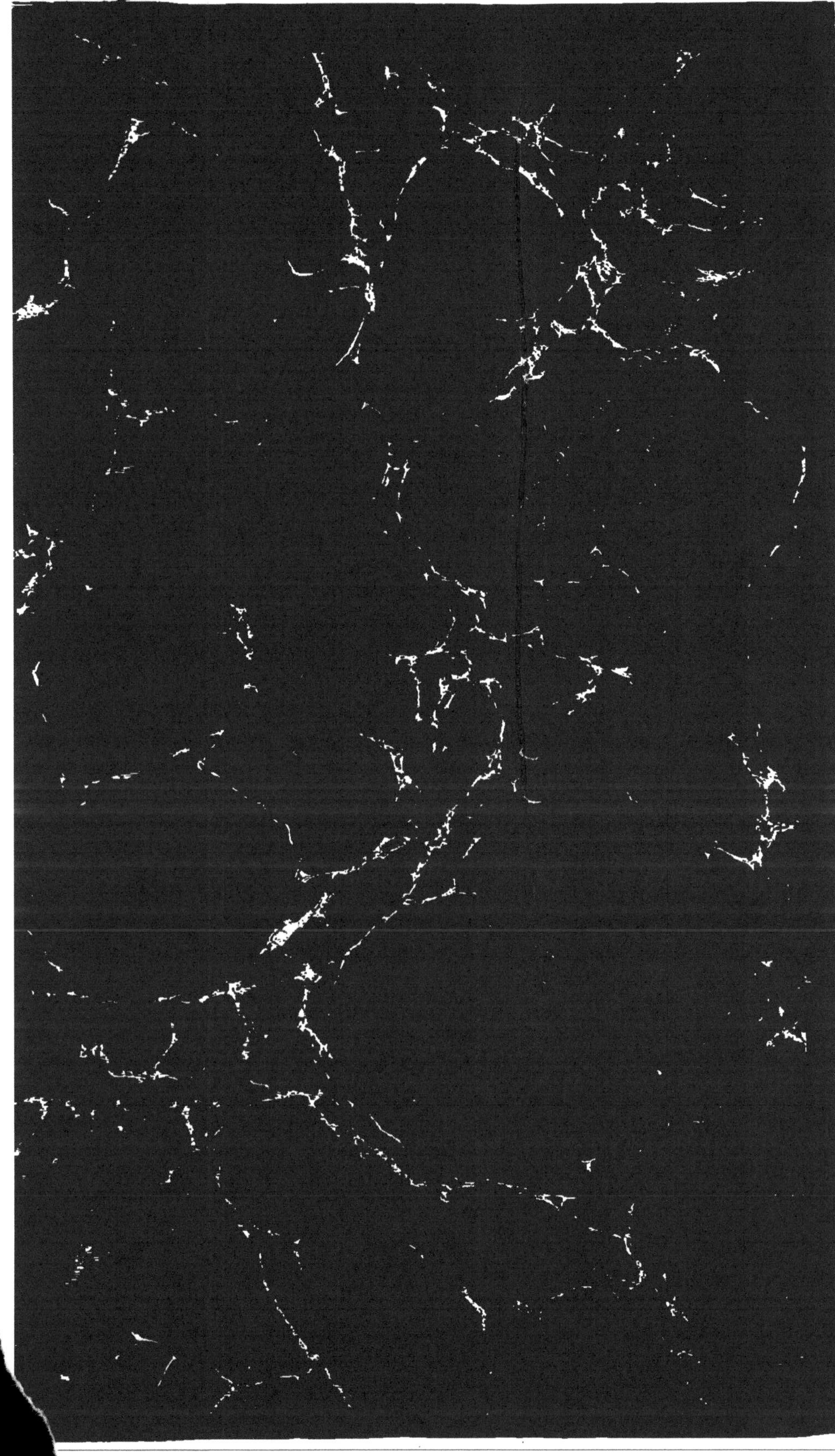

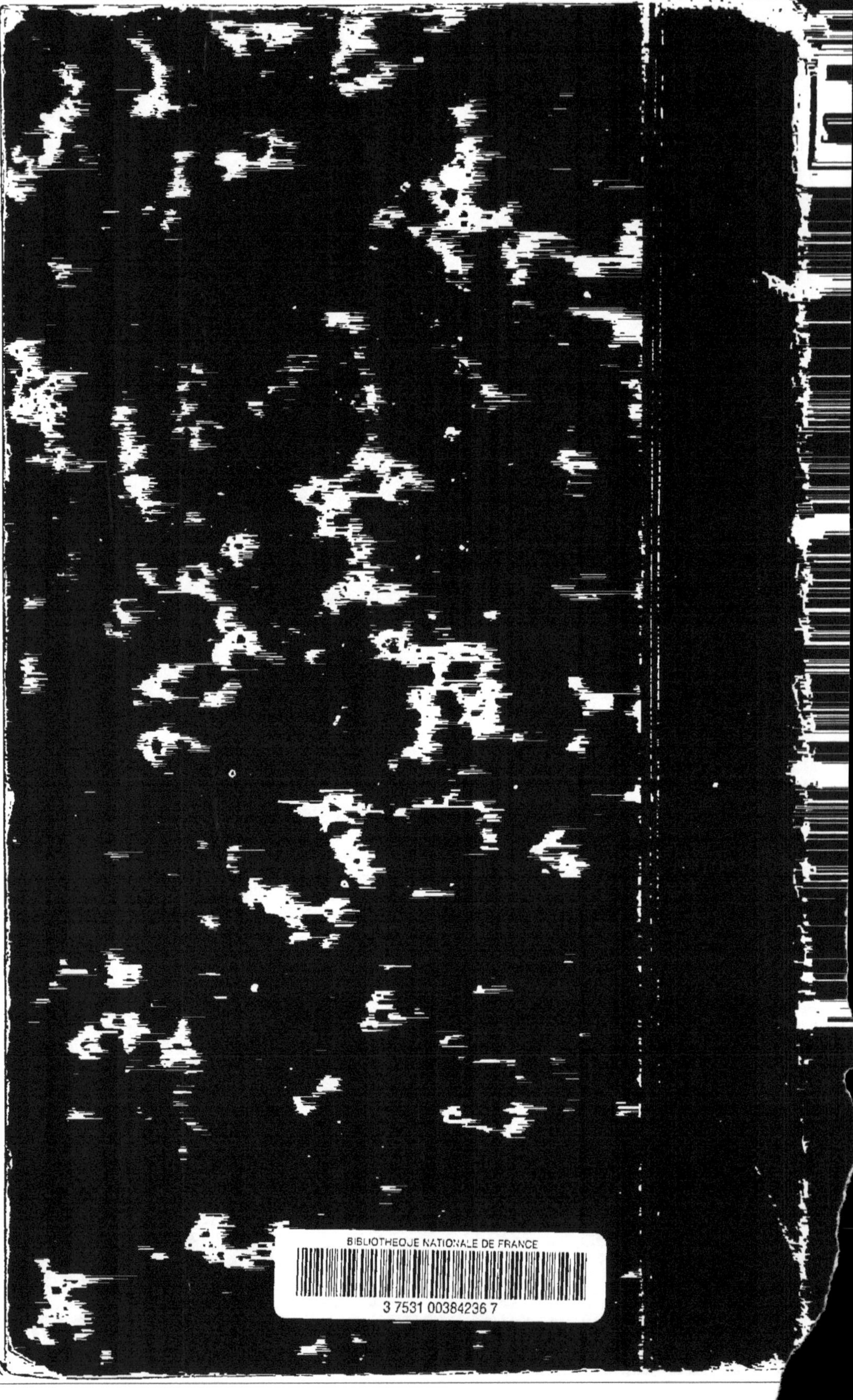
BIBLIOTHEQUE NATIONALE DE FRANCE
3 7531 00384236 7

www.ingramcontent.com/pod-product-compliance
Ingram Content Group UK Ltd.
Pitfield, Milton Keynes, MK11 3LW, UK
UKHW020303230726
13925UKWH00001B/196

9 782013 688222